2018—2019 名城名校融合发展战略项目阶段性成果
苏州大学中国史重点学科建设经费资助出版

中国红十字历史编年,2015—2019

池子华　邓　通　主编

合肥工業大學出版社

图书在版编目(CIP)数据

中国红十字历史编年.2015—2019/池子华,邓通主编.—合肥:合肥工业大学出版社,2020.8

(红十字文化丛书)

ISBN 978-7-5650-4956-9

Ⅰ.①中… Ⅱ.①池…②邓… Ⅲ.①红十字会—编年史—中国—2015-2019 Ⅳ.①D632.1

中国版本图书馆 CIP 数据核字(2020)第135941号

中国红十字历史编年,2015—2019

池子华 邓 通 主编

责任编辑	章 建
出版发行	合肥工业大学出版社
地　　址	(230009)合肥市屯溪路193号
网　　址	www.hfutpress.com.cn
电　　话	总 编 室:0551-62903038
	市场营销部:0551-62903198
开　　本	710毫米×1010毫米 1/16
印　　张	16
字　　数	283千字
版　　次	2020年8月第1版
印　　次	2020年8月第1次印刷
印　　刷	安徽昶颉包装印务有限责任公司
书　　号	ISBN 978-7-5650-4956-9
定　　价	56.00元

如果有影响阅读的印装质量问题,请与出版社市场营销部联系调换。

《红十字文化丛书》编辑委员会

总　序

150年前，高举人道主义旗帜，旨在促进人类持久和平的红十字运动在欧洲兴起并迅速走向世界。100多年来，红十字会为世界和平与发展做出的巨大贡献有目共睹，因而日益受到世界各国、各地区的欢迎，已发展成为与联合国、奥委会并称的世界三大国际组织之一。究其原因，乃其所奉行的七项基本原则——也是红十字文化的内核——涵盖了世界上各种不同文化的共同点，能为文化和制度不同的国家所接受，故而具有强大的生命力。

100年前，红十字运动东渐登陆中国。在其中国化的发展过程中，红十字会不断吸取中国传统文化的精髓，茁壮成长，逐步形成了“人道、博爱、奉献”的文化内涵，并成为中华文化的瑰宝之一。

百余年来，红十字运动在波澜壮阔的实践中积累了丰富的经验，也留下了许多教训。经验与教训需要上升为理论，也只有理论才能更好地指导红十字事业持续、健康发展。学界、业界对此都进行了持续的关注。

2005年12月7日，苏州大学社会学院与苏州市红十字会携手合作，成立全国首家红十字运动研究中心，旨在通过学界和业界的联合，推动和加强红十字运动的理论研究，探究红十字运动中国化的过程与特色，凝练红十字文化价值，探求红十字运动在构建国家软实力和促进中华民族伟大复兴中的地位与作用。同年12月9日，中国红十字会总会也提出，“确定一批研究课题，组织专家学者开展对国际红十字运动及中国红十字运动的深入研究”[①]。由此，学界、业界共同开展了对红十字运动

① 中国红十字会总会：《关于加强和改进宣传工作的意见》，红总字〔2005〕19号。

的学术研究与理论探讨。

多年来，红十字运动研究中心除通过专业网站（http：//www.hszyj.net）发布和交流学界、业界动态外，已出版研究成果数十部；帮助一些地方红十字会建立与高校的合作，搭建平台，共同开展研究；举办了首届红十字运动与慈善文化国际学术研讨会；培养了一批专门研究红十字运动的生力军；积累了大量的学术资料。中心主要研究人员还借助在各地讲学的机会，传播重视红十字运动研究的理念。正是在红十字运动研究中心的引领之下，红十字运动研究在中华大地上呈现出生机勃勃的发展态势，并取得了丰硕的成果，“新红学”① 呼之欲出。仅以2011年为例，各地以纪念辛亥革命100周年为契机，纷纷整理、编辑出版了地方红会百年史；有的红会还与高校合作组建相关研究中心；等等②。这些方式有力地推动了红十字运动研究向更深更广的方向发展。

当今世界正处于大发展大变革大调整时期，多极化、经济全球化深入发展，科学技术日新月异，各种思想文化交流交融交锋更加频繁，文化在综合国力竞争中的地位和作用更加凸显。2011年10月18日，党的十七届六中全会通过的《中共中央关于深化文化体制改革 推动社会主义文化大发展大繁荣若干重大问题的决定》，提出要推动社会主义文化大发展大繁荣。11月7日，教育部发布了《高等学校哲学社会科学繁荣计划（2011—2020年）》，强调要大力提升高等学校人才培养、科学研究、社会服务、文化传承创新的能力和水平。12月7日，全国人大常委会副委员长、中国红十字会会长华建敏在中国红十字会九届三次理事会上提出，“要深化理论研究，充分挖掘红十字文化内涵，推进红十字文化中国化，广泛传播人道理念，在全社会推动形成良好的道德风尚”③。红十字“文化工程”已然成为红十字会总体建设目标之一④。进一步加

① 在2009年4月于苏州大学召开的“红十字运动与慈善文化”国际学术研讨会上，红十字运动研究中心主任、江苏红十字运动研究基地负责人、苏州大学教授池子华指出，经过100多年波澜壮阔的实践发展和学术界呕心沥血的开拓性研究，在人文社科领域构建一门“新红学”——红十字学，条件已经具备，时机已经成熟。见池子华：《创建“红十字学”刍议》，《中国红十字报》2009年4月17日。

② 池子华、郝如一：《2011年红十字理论研究之回顾》，《中国红十字报》2012年1月3日。

③ 《中国红十字会九届三次理事会召开》，《中国红十字报》2011年12月9日。

④ 池子华：《“文化工程”应成为红十字会总体建设目标之一》，《中国红十字报》2009年12月11日。

强与拓展红十字运动理论研究，尤其是对红十字文化中国化的研究，已成为历史与现实的呼唤。

有鉴于此，红十字运动研究中心继续发挥高等学校与业界合作的优势，汇聚研究队伍，科学选题，出版一套“红十字文化丛书”，弘扬有利于国家富强、民族振兴、人民幸福、社会和谐的思想和精神，凸显红十字文化在中国文化园地中的地位，使红十字文化在神州大地上更加枝繁叶茂，促进中国红十字事业可持续发展，推动红十字文化的国际交流。

“红十字文化丛书”的出版，得到了中国红十字基金会、江苏省红十字会、苏州大学社会学院、上海市嘉定区红十字会、浙江省嘉兴市红十字会、江苏省盐城市盐都区红十字会等单位的鼎力支持，也得到红十字国际委员会东亚代表处及中国红十字会总会的关心和指导，在此谨致衷心感谢。

池子华

2012年6月于苏州大学

目　　录

2015 年 …………………………………………………………（001）

2016 年 …………………………………………………………（037）

2017 年 …………………………………………………………（079）

2018 年 …………………………………………………………（123）

2019 年 …………………………………………………………（171）

后　记 …………………………………………………………（245）

2015 年

1 月 5 日至 9 日　中国红十字会副会长兼秘书长王汝鹏率团先后访问香港和澳门红十字会，观摩了两地红十字会的特色工作，与两地红十字会进行了交流座谈，评估分享了过去 3 年合作的成果与经验，并就未来的合作交流进行了深入的沟通和探讨。香港红十字会副主席胡郭秀萍、秘书长陈启明、副秘书长苏婉娴，澳门红十字会主席黄如楷、副主席曹国希、理事长马健华等分别与王汝鹏一行进行了会见和座谈。

1 月 5 日至 14 日　中国红十字会总会训练中心举办了为期 10 天的彩票公益金生命健康安全教育项目培训班，来自甘肃、广西、青海、海南、新疆等省（自治区）的 53 名救护培训师资参加了培训。

1 月 19 日至 22 日　中国红十字基金会“天使之旅”再次出发，前往江西、山西两省，探访中国红基会通过国家彩票公益金项目资助过的白血病、先天性心脏病患儿。志愿者们分为 4 组，探访了江西和山西共 31 户白血病和先天性心脏病患儿家庭，了解患儿的治疗和恢复情况，并给他们送去慰问品。合生元和上汽通用五菱等爱心企业对此次“天使之旅”行动给予了大力支持。

1 月 21 日　中国造血干细胞捐献者资料库（又称“中华骨髓库”）志愿捐献者数据突破 200 万人份情况通报会隆重举行，中华骨髓库再次迎来里程碑式发展成就。中国红十字会会长华建敏，副会长郭长江、郝林娜，以及中央文明办、中国民航局、国家卫生计生委、国家检验检疫局等相关部门领导出席会议，与骨髓捐受者代表、志愿者代表、各界爱心人士共同见证了这一振奋人心、感人至深的重要时刻。活动现场，华建敏向中华骨髓库第 200 万名志愿捐献者李一鸣颁发荣誉证书，郭长江向中华骨髓库爱心大使王霞、温兆伦颁发荣誉证书。来自安徽淮南的造血干细胞捐献者张宝分享了他的捐献经历和感受。世界骨髓库主席麦驰特·奥索恩博士发来贺信，对中华骨髓库取得的成就表示祝贺。他说，近年来中华骨髓库捐献成功的数量逐年递增，挽救了境内外大量患者的生命，中华骨髓库已和美国、德国、巴西三国的骨髓库一起并列全球四大骨髓库。

1月23日　在第62届“世界防治麻风病日”暨第28届“中国麻风节”即将到来之际，中国红十字会副会长王海京率由国家卫生计生委、中国红十字会总会、中国残疾人联合会等相关部门的领导和工作人员组成的联合慰问团，赴广西开展“世界防治麻风病日”主题宣传慰问活动，亲切看望、慰问麻风病休养员和防治工作者。慰问活动中，中国红十字会总会和广西红十字会共同发放了140个温暖箱和2万元慰问金，用于支持广西亭凉医院改善麻风病患者的生活质量。

2月9日　中国红十字会党组成员、副会长王海京，总会直属机关党委副书记兼工会主席王世涛，总会训练中心主任邵锋等一行前往困难职工田思家中走访慰问，并启动总会工会2015年度“送温暖——情系困难职工”活动。

2月11日　中国红十字会总会与云南省政府在昆明举行鲁甸灾后恢复重建援建项目备忘录签字仪式。根据《国务院鲁甸地震灾后恢复重建总体规划》和《国务院关于支持鲁甸地震灾后恢复重建政策措施的意见》，中国红十字会将提供3亿元捐赠资金用于援助云南鲁甸地震灾后恢复重建工作，重点支持灾区教育、卫生等基本公共设施建设及民房重建，同时支持社区开展“博爱家园”等项目，以提升社区抗灾能力和可持续发展能力。

3月2日至6日　红十字国际委员会项目官员、中国红十字会总会训练中心代表及云南省红十字会工作人员一行，赴云南省麻栗坡县、弥勒市开展“博爱家园”项目生计援助金发放活动，为当地150户村民发放87万元生计援助金。

3月3日　中国人民政治协商会议第十二届全国委员会第三次会议在北京开幕。全国政协委员、中国红十字会副会长、中国红十字基金会理事长郭长江参加会议，并向大会递交了《关于修订〈人体器官移植条例〉适应人体器官捐献移植工作新形势的建议》《关于加快遗体捐献工作立法的建议》《关于提高公益慈善领域就业吸纳能力的建议》《关于进一步加强学校生命健康安全教育工作的建议》和《关于加快解决南丁格尔奖章获得者参照享受全国劳模待遇问题的建议》共5个提案。

3月5日　广东省中山市红十字会主办的第28届“慈善万人行”活动在中山市兴中道举行。作为中山市一年一度的慈善盛典，今年的“慈善万人行”共吸引了180支队伍2万余名群众参加，募集款物逾

9000 万元。国务院参事、外交部原副部长乔宗淮，广东省原常务副省长汤炳权，广东省侨办主任吴锐成，中国红十字会副会长郝林娜，广东省红十字会常务副会长梁健，以及红十字国际委员会、红十字会与红新月会国际联合会东亚地区代表处相关负责人参加活动。海南、福建、江西、贵州等全国多地红十字会领导嘉宾 128 人组团观摩了本次活动。

3 月 10 日 十二届全国人大三次会议举行记者招待会，全国人大教科文卫委员会主任委员柳斌杰表示，本届人大已经把《中华人民共和国红十字会法》列入修法规划，计划今年内提请全国人大常委会审议。柳斌杰表示，加快推进修订《红十字会法》，将为促进我国社会公益事业和红十字事业发展提供重要的法律依据，也是在我国社会公益法定机构立法方面的一个探索。

本月 中国红十字基金会收到中国船级社质量认证公司颁发的《质量管理体系认证证书》。该证书的正式颁发，表明中国红基会建立的质量管理体系符合 GB/T 19001-2008/ISO 9001：2008 标准，中国红十字基金会也因此成为国内首家获得 ISO 认证的 5A 级基金会。

本月 中国驻阿富汗使馆经商处受中国红十字会委托，与阿富汗红新月会正式签署非紧急人道主义物资援助项目交接证书。此次援助是中国红十字会首次对阿富汗红新月会进行非紧急物资援助，旨在提升阿富汗红新月会的救灾备灾能力，并惠及当地最易受损人群。中国红十字会援助的物资包括帐篷、毯子、睡袋等救灾物品和电脑、扫描仪、打印机、复印机等办公设备，共计 120 万元人民币，由中国红十字会援外物资供应站负责实施。

4 月 9 日 中国驻埃塞俄比亚使馆经商处受中国红十字会委托，与埃塞俄比亚红十字会正式签署社区项目物资援助交接证书。此次援助是中国红十字会第三次对埃塞俄比亚红十字会进行物资援助，包括课桌、文件柜、篮球架、电脑、图书架等教学用品和蚊帐、发电机等救灾物资，总价值 170 万元人民币，将全部用于埃塞俄比亚阿尔巴门奇地区的社区项目。该项目由中国红十字会援外物资供应站负责实施。

4 月 15 日 《红十字会法》修法调研座谈会在河南南阳召开。中国红十字会副会长兼秘书长王汝鹏、全国人大教科文卫委员会人口卫生体育室主任丁巍出席座谈会。南阳市副市长刘树华致辞，洛阳、信阳等市的相关负责人参加座谈会。

4 月 21 日 2015 年探索人道法全国师资培训班在北京开幕。中国红十字会副会长郭长江、红十字国际委员会东亚地区代表处主任高兰博等出席开幕式。来自北京、天津、上海、江苏等10个省（自治区、直辖市）和香港、澳门特别行政区的探索人道法骨干教师、青年同伴教育者和项目协调员共40余人参加培训。

4月22日 中国船级社质量认证公司支持中国红十字基金会规范管理和风险管控能力建设捐赠仪式在中国红基会举行。中国船级社质量认证公司党委书记李跃进代表中国船级社质量认证公司向中国红基会捐赠11.9万元，支持中国红基会制度建设和能力建设，以促进中国红基会规范管理和加强风险管控。

4月25日 尼泊尔发生8.1级地震，造成重大人员伤亡和财产损失。地震发生后，中国红十字会会长华建敏代表中国红十字会向尼泊尔红十字会发出慰问电，中国红十字会决定在紧急救援阶段向灾区提供500万元人民币和50万元港币的人道援助（其中包括2000顶帐篷），中国红十字救援队随时准备赴尼泊尔地震灾区实施救援工作。

4月26日 受尼泊尔8.1级强烈地震影响，4月25日，我国西藏自治区日喀则市定日县发生5.9级地震。地震发生后，中国红十字会紧急启动三级应急响应，开展人道援助。26日下午，中国红十字会援助日喀则地震灾区的物资从中国红十字会成都备灾救灾中心装车启运，该批物资包括棉帐篷200顶、棉被4000床、夹克衫3000件。与此同时，中国红十字基金会紧急启动“天使之旅——尼泊尔西藏救援行动”，决定向西藏自治区红十字会紧急援助抗震救灾资金50万元，用于紧急救援阶段的救灾工作。

5月4日 中国红十字会第九届常务理事会第八次会议在北京召开。中国红十字会会长华建敏主持会议并讲话。会议听取了常务副会长徐科关于中国红十字会第十次全国会员代表大会筹备情况的说明，审议通过了九届八次常务理事会议决议案。

5月5日 中国红十字会第十次全国会员代表大会在京开幕。中共中央总书记、国家主席、中央军委主席习近平会见全体代表，并发表重要讲话。他强调，我国红十字事业是中国特色社会主义事业的重要组成部分，中国红十字会是党和政府在人道领域联系群众的桥梁和纽带，党和国家高度重视这支力量。

习近平指出，国际红十字运动已经有150多年的历史，红十字组织是全世界影响范围最广、认同程度最高的国际组织。红十字是一种精神，更是一面旗帜，跨越国界、种族、信仰，引领着世界范围内的人道主义运动。

习近平强调，中国红十字会是国内历史最悠久的人道组织，成立110多年以来不断发展。近年来，中国红十字会在重大灾害救援、保护生命健康、促进人类和平进步等方面发挥了重要作用，涌现出郭明义等一批优秀红十字志愿者，为党、为国家、为人民做了很多好事、善事。

习近平指出，各级党委和政府要加强对红十字工作的领导和支持，热情帮助解决红十字事业发展中遇到的困难和问题。要结合培育和践行社会主义核心价值观，在全社会弘扬“人道、博爱、奉献”精神，弘扬正能量，引领新风尚。希望中国红十字会适应新形势新任务，紧紧围绕党和国家中心任务，增强责任意识，推进改革创新，加强自身建设，开展人道救助，真心关爱群众，努力为国奉献、为民造福。

中共中央政治局常委、国务院总理李克强，中共中央政治局常委、中央书记处书记刘云山参加会见。

国务院副总理刘延东参加会见并在开幕式上代表党中央、国务院致辞。她说，要紧紧围绕“四个全面”战略布局，将中华民族孝慈仁爱传统与国际红十字运动原则相结合、红十字精神传播与培育社会主义核心价值观相结合，坚持深化改革、依法治会，面向贫困地区和困难群体，开展人道救助，补足民生短板，实现高效透明规范运作，增强社会公信力感召力，为保护生命与健康、促进社会进步和国际人道主义事业做出新贡献。

大会开幕式由中国红十字会会长华建敏主持。红十字志愿者宣读了《国际红十字与红新月运动七项基本原则》，红十字国际委员会代表宣读了该组织主席彼得·莫雷尔的致辞，红十字会与红新月会国际联合会代表宣读了该组织主席近卫忠辉的致辞。中国残疾人联合会主席张海迪代表群众团体致贺词。会议表彰了32个全国红十字会系统先进集体和10位先进工作者。

5月6日 中国红十字会第十次全国会员代表大会在北京闭幕。中国红十字会十届一次理事会根据《中国红十字会章程》，聘请中共中央政治局委员、国家副主席李源潮为中国红十字会名誉会长，全国政协副主席韩启德为中国红十字会名誉副会长；选举全国人大常委会副委员长陈竺为中国红十字会会长，徐科为中国红十字会常务副会长，郭长江、郝林娜、王海京、王汝鹏为中国红十字会专职副会长，李保东、胡祖才、郝平、邹铭、王保安、马晓伟为兼职副会长，王汝鹏兼秘书长。大会审议通过了《关于中国红十字会第九届理事会工作报告的决议》《关于中国红十字事业2015—2019年发展规划纲要的决议》和《关于修改中国红十字会章程的决议》。

5月6日 中国红十字会在北京召开工作会议，对贯彻落实第十次全国会员代表大会精神进行研究部署。全国人大常委会副委员长、中国红十字会会长陈竺，中国红十字会执行委员会成员、各省级红十字会常务副会长、铁路系统红十字会负责人、总会机关各部室及直属单位主要负责人参加会议。

陈竺发表讲话指出，做好新时期的红十字会工作，使命光荣，责任重大。作为新一任会长，将恪尽职守、夙夜在公，认真向多年从事红十字会工作的老领导、老同志，向在地方、在基层工作的红十字会工作者、志愿者和广大会员学习，和全体红十字人同舟共济、共担重任，努力开创我国红十字事业发展的新局面。

陈竺强调，开展红十字会工作，要立足国情省情市情，客观分析问题和挑战；要从实践中学习，深入基层，加强调查研究；要积极推进《红十字会法》修订工作，建立健全事业发展长效机制；要不断加强自身建设，积极争取各方面支持，形成促进事业发展的合力；尤其要努力将红十字会五年发展规划纲要的核心内容纳入正在编制的国民经济和社会发展"十三五"规划，切实为新时期红十字事业发展创造有利条件。

5月7日至10日 中国红十字会会长陈竺带队赴西藏自治区看望慰问受灾群众，调研抗震救灾和基层红十字会工作。西藏自治区党委书记陈全国会见了陈竺一行，自治区党委副书记、自治区人大常委会主任白玛赤林陪同调研。中国红十字会常务副会长徐科、副会长王海京等参加调研。

5月12日 中国红十字基金会举办"天使之旅——看得见的人道"2014年年报发布会。会上，中国红基会发布了展示10年来红十字天使计划历程的微媒体图片，发布并解读了《中国红十字运动文化与价值体系研究》报告，和清华大学新闻与传播学院共同宣布启动"红十字天使计划·人道公益传播奖"评选。

5月12日 中国红十字会总会报刊社微信公众号——"中红在线红报馆"正式上线运行。该微信公众号是中国红十字会总会报刊社适应全媒体时代要求推出的又一种新媒体形式，旨在为读者提供优质的个性化阅读服务和体验。

5月19日 中国红十字会与加拿大红十字会在渥太华举行合作备忘录续签仪式，中国红十字会副会长郭长江与加拿大红十字会总顾问塞缪尔·斯文伯格分别代表两会续签了2015—2018年合作备忘录。根据此次续签的备忘录，两会将在卫生项目、能力建设、技术交流等共同感兴趣的领域继续深化合作。

5月20日　中国红十字会会长陈竺赴江苏省考察调研红十字工作，并就学习贯彻中国红十字会“十大”精神、做好新形势下红十字工作做出指示。陈竺会长高度评价江苏省委、省政府多年来对红十字会工作的重视和支持，充分肯定江苏红十字事业在各个阶段所取得的成绩，对江苏学习贯彻中国红十字会“十大”精神各项措施表示满意。他说，做好新时期红十字工作，要认真学习贯彻习近平总书记在会见中国红十字会“十大”代表时的重要讲话精神和刘延东副总理在“十大”开幕式上所做的重要讲话精神，结合本地实际，研究制定具体、有效措施，狠抓落实，用实际行动推进红十字事业健康发展。

陈竺指出，要围绕中心、服务大局，坚定不移走中国特色红十字事业发展道路；要坚持中国共产党的领导，遵守国家宪法和法律，紧紧围绕“四个全面”战略布局，把传播红十字精神与培育践行社会主义核心价值观结合起来，把红十字事业与以民生改善为重点的社会建设结合起来；要适应新形势新任务，增强责任意识和使命意识，真心关爱群众，努力为国奉献、为民造福。

陈竺强调，要坚持深化改革、依法治会，不断提升人道服务能力和水平；要探索完善高效、透明、规范的体制机制，切实加强红十字会自身建设，为红十字事业发展提供强大动力；要加强制度建设，以修订《红十字会法》为契机，推进依法建会、依法治会、依法兴会，促进红十字事业沿着法制化、规范化轨道发展；要大力弘扬“人道、博爱、奉献”的红十字精神，紧密联系党委政府中心工作，充分发挥自身在人道领域联系群众的桥梁和纽带作用，努力为最困难、最需要帮助、最易受损害群体服务。江苏省政协副主席、党组副书记、省红十字会会长何权，中国红十字会副会长王海京等陪同调研考察。

5月20日　中国红十字会副会长王海京一行到南京市鼓楼区凤凰社区红十字生命安全体验馆参观调研。江苏省红十字会副会长徐国林、南京市红十字会副会长张杰等陪同调研。

5月21日　中国红十字会副会长郝林娜赴苏州大学红十字运动研究中心（简称“红研中心”）调研。红研中心主任池子华教授介绍了中心成立10年来的发展历程，以及红研中心建设的近期目标和长远规划。郝林娜对中心取得的成绩表示赞赏，她指出，中国红十字会总会对理论研究高度重视，全国红十字理论研究会也在筹备中，希望红研中心再接再厉，取得更丰硕的研究成果，为红十字事业发展、繁荣做出新贡献。

5 月 21 日 中国驻赞比亚使馆经商处受中国红十字会委托，与赞比亚红十字会正式签署非紧急人道主义援助项目交接证书。中国驻赞比亚大使杨优明与赞比亚红十字会主席 Simasiku 参加交接仪式。此次援助是中国红十字会首次对赞比亚红十字会进行非紧急物资援助，包括帐篷、毯子、GPS 定位仪等救灾物资，血压器、听诊器、除颤监护仪等医疗设备及电脑、投影仪等办公设备，价值 170 万元人民币。该项目由中国红十字会援外物资供应站负责实施。

5 月 22 日 中国红十字会副会长郭长江率团访问美国红十字会总会，与美红会相关部门进行工作交流。美国红十字会副会长哈罗德・布鲁克斯会见了郭长江一行，双方就风险管理、国际筹资、宣传与媒体应对、志愿者管理等领域的工作进行了深入交流。

5 月 27 日至 29 日 全国人大常委会副委员长、中国红十字会会长陈竺，中国红十字会副会长王海京等一行赴陕西调研。陈竺等首先来到延安，视察了延安市红十字医院和市红十字会，并与工作人员和志愿者进行座谈。陈竺等还深入延川县、延安新区、安塞工业园区等地调研。全国政协副秘书长、农工党中央副主席何维，陕西省委常委、延安市委书记姚引良，陕西省人大常委会副主任朱静芝，陕西省副省长、省红十字会会长王莉霞等陪同调研。

5 月 28 日 由中国红十字会总会报刊社、红十字国际委员会东亚地区代表处联合举办的全国红十字会系统新闻传播业务培训班在苏州举办。中国红十字会副会长郭长江出席开班仪式并讲话，江苏省红十字会常务副会长盛放、苏州市红十字会常务副会长严晓凤参加开班仪式，来自全国红十字会系统的 370 余名宣传工作者参加培训，中国红十字会总会报刊社副社长金宝杰主持会议。培训期间，郭长江一行考察了苏州大学，对该校红十字运动研究中心致力于推动红十字文化理论研究表示感谢，对多年来取得的研究成果给予高度评价。他表示，中国红十字会将以“两论一动”为指导，努力创造条件，加强与苏州大学的合作，在理论研究、干部培训、人才培养等方面探索合作的新路径，鼓励中国红十字基金会给予红十字理论研究以力所能及的支持。

6 月 3 日至 4 日 全国人大常委会副委员长、中国红十字会会长陈竺到总会机关及在京直属单位进行视察和调研，听取了中国红十字会常务副会长徐科所做的总体工作汇报和各部门做的信息化、赈济救护、筹资与财务、组织与宣传以及国际合作工作汇报。陈竺对中国红十字会各项工作给予充分肯定。他指出，中国红十字会在中国特色人道事业建设发展中成绩巨大、效果卓著，以“三救”“三献”为核心形成了较为完善的工作体系，为最困难、最需要帮助、最易受损害人群服务，在和谐社会建设中发挥了不可替代的作用。他要求各部门按照习近平总书记和刘延东副总理重要讲话精神，结合实际落实“十大”精神，切实做好各项工作，为中国特色红十字事业开创新局面。他强调，要依法治会、依法兴会，进一步加强自身建设，尤其是公信力建设，坚持改革创新，按照“四个全面”战略布局，将工作稳步提升到一个新的水平。中国红十字会常务副会长徐科，副会长郭长江、郝林娜、王海京，副会长兼秘书长王汝鹏等陪同调研。

6月14日至19日 以“生命救护与人道传播”为主题，突出关爱民生、造福两岸民众核心理念的第五届海峡两岸红十字博爱论坛先后在福建厦门和浙江舟山举办。本届论坛共有来自海峡两岸的100名红十字组织的代表、专家和志愿者参加。

6月16日 “中国红十字会应急能力建设培训班暨灾害管理信息系统培训班”在河南郑州开班。来自全国30个省（区、市）以及总会备灾救灾中心、总会援外物资供应站等单位的120名学员参加培训。“灾害管理信息系统”是中国红十字会信息化工程的重要组成部分，该系统依托中国红十字会现有救灾规则和流程设计开发，涵盖了报灾、救灾物资采购、储备、运输、分配等救灾工作的各个环节，并综合汶川、玉树、芦山、鲁甸等重特大地震经验，设计开发了“重大自然灾害管理”模块，可对日常灾害和重特大灾害救助进行有效管理。

6月18日 全国人大常委会副委员长、中国红十字会会长陈竺一行在广西壮族自治区调研红十字会工作。

在自治区红十字会，陈竺亲切接见工作人员，听取自治区红十字会工作汇报，并和地市级红十字会主要负责人及志愿者代表进行了交流。随后，陈竺一行来到南宁市青秀区凤岭北社区考察。看到红十字应急救护培训和志愿服务工作在社区开展得有声有色，陈竺十分欣慰。他表示，要把更多的社区建设成为红十字志愿服务基地，使红十字会工作向基层更好延伸。在南宁市第四人民医院，陈竺认真听取艾滋病临终关怀红十字志愿服务团队的工作介绍，和红十字志愿者、第45届南丁格尔奖获奖者杜丽群亲切交谈，并前往病房看望正在接受治疗的艾滋病病毒感染者。他向在场医务人员表示感谢，嘱托他们继续做好病人的治疗和护理工作。中国红十字会副会长郭长江，自治区副主席、自治区红十字

陈竺（左）和第45届南丁格尔奖获奖者杜丽群亲切交谈

会会长李康，自治区红十字会常务副会长冯国平等陪同调研。

6月23日至25日 红十字会与红新月会国际联合会在蒙古乌兰巴托举办东亚地区国家红十字会领导人会议，中国红十字会副会长郝林娜率团出席，香港、澳门特别行政区分会领导随团与会。会议在蒙古外交部隆重开幕，蒙古副总理、议会代表、东亚各国驻蒙使馆代表、国际联合会及国际委员会代表等出席开幕式并讲话。会议以各国红会通过《红十字与红新月运动基本原则东亚承诺》拉开序幕，为庆祝运动基本原则通过50周年，与会各方共同承诺将始终拥护和坚持基本原则，按照基本原则要求开展各项人道主义工作。

会议围绕“加强地区合作，推动人道创新”的主题，就东亚地区国家红会加强交流，建立合作机制尤其是加强灾害管理方面的合作，履行第九届亚太地区大会成果——《北京创新呼吁》的承诺，增强青年在红十字运动中的作用等议题进行了深入讨论。

6月30日 日本秋田县大馆市举行慰灵仪式，悼念70年前在“花冈暴动”中遇难的中国劳工。幸存中国劳工张广勋及多名中国劳工遗属、中国红十字会及中国驻日本大使馆代表、秋田县政府官员和日本各界友好人士等200多人出席。中国红十字会副会长郝林娜致悼文说，中国劳工在花冈的这段悲惨历史深刻反映出日本军国主义者的野蛮残暴罪行，中日两国人民作为战争的受害者，不能忘却过去悲惨的历史，要珍惜今天来之不易的和平。

本月 中国驻乌干达使馆经商处受中国红十字会委托，与乌干达红十字会正式签署物资援助项目交接证书。中国驻乌干达大使赵亚力与乌干达红十字会秘书长罗伯特·奎思杰出席仪式并签字。中国红十字会与乌干达红十字会签署了在马纳富瓦地区开展社区恢复项目合作备忘录，为期3年。此次援助是为了配合该社区项目的开展而进行的，援助物资为输液架、急救包、医用口罩、婴儿培养箱、手术床和救护车等医疗器械用品，共计价值170万元人民币，以帮助马纳富瓦地区社区诊所提升医疗条件。该项目由中国红十字会援外物资供应站负责实施。

7月7日 在澳门出席世界医学峰会的陈竺会长到澳门红十字会及其爱心医疗护送中心访问考察。陈竺会长对澳门红十字会工作给予高度评价，认为澳门红十字会服务方式灵活多样，社区工作扎实细致，注重青少年培训和志愿者管理，尤其在义务献血的组织动员和非紧急医疗爱心护送方面很有特色。陈竺对澳门红十字会在内地历次重大灾害发生后所给予的大力支持表示衷心感谢，并简要介绍了今年5月召开的中国红十字会第十次全国会员代表大会的有关情况，表示今后内地红十字会将进一步加强与澳门红十字会的交流与合作，取长补短，共同推动红十字事业发展。澳门红十字会中央委员会主席黄如楷等陪同访问考察。

7月7日 中国红十字会总会捐助的第一批医用敷料由北京首都国际机场启运赴台，用于台湾省新北市粉尘爆炸事故伤员紧急救治。

6月27日，自新北市粉尘爆炸事故发生以来，大陆方面和各界高度关注事故后续处理，十分关心受伤同胞救治情况。国台办、卫生计生委、中国红十字会、海协会与台湾有关方面积极联系，表示大陆方面愿意提供医疗协助和医疗物资捐赠。大陆有关企业和个人本着同胞大爱，纷纷提出捐赠救治所需医疗材料。

7月2日，得知台湾方面急需指定品牌的4种型号的敷料产品，中国红十字会总会迅速动员有关地方红十字会，多方查找，核实货源。经紧急调度，成功筹措到首批敷料产品共1264盒迅速启运赴台。后续批次正在紧张备货运送过程中。

7月7日至9日 中国红十字会总会与香港红十字会合作举办的2015年省级红会筹资工作培训班在内蒙古赤峰市举办。中国红十字会副会长兼秘书长王汝鹏、香港红十字会秘书长苏婉娴出席开班式并讲话，内蒙古自治区政府副秘书长许宏智、自治区红十字会常务副会长刘菊茹等出席开班仪式。来自全国省级红十字会和副省级城市红十字会的90余名学员参加了为期3天的筹资培训。

7月7日至9日 中国红十字会副会长兼秘书长王汝鹏在内蒙古赤峰市以及敖汉旗、克什克腾旗进行工作调研，先后走访了市、旗红十字会机关、备灾仓库、应急救护培训中心，考察了博爱卫生站、博爱学校等援建项目以及城市社区的红十字会工作，与红十字会工作人员进行了座谈交流。赤峰市委书记王程熙、市长毕力夫会见了王汝鹏一行。总会筹资与财务部部长查慧勤、香港红十字会秘书长苏婉娴参加调研，内蒙古自治区红十字会常务副会长刘菊茹等陪同调研。

7月8日至10日　中国红十字会总会报刊社在北京举办《博爱》作者座谈会，来自全国各地的26位作者代表与《博爱》编采人员共商杂志发展大计。中国红十字会副会长、《博爱》杂志编委会主任郭长江出席会议并讲话；报刊社社长、总编辑吴苾雯代表总会报刊社致欢迎辞；副总编辑吕进福介绍了杂志定位、栏目设置等。座谈会开幕式由副社长金宝杰主持。座谈会后，与会作者参观了中国人民抗日战争暨世界反法西斯战争胜利70周年主题展览《伟大胜利　历史贡献》。

7月10日　全国人大常委会副委员长、中国红十字会会长陈竺在重庆调研红十字会工作。在重庆市红十字会医院，陈竺建议医院负责人，要充分利用医保报销这一杠杆，加强基层医疗力量，让百姓享受到更加方便、高效、廉价、安全的医疗服务。在重庆市红十字会，他视察了人体器官捐献管理办公室、赈济救护部等机关工作部门，召开了座谈会，听取了市红十字会的工作汇报。座谈会上，陈竺充分肯定了重庆市红十字会近年来在“三救三献”、宣传筹资、志愿服务、组织建设、对外合作等工作中取得的成绩。他说，重庆“既是大都市，又是大农村”，自然灾害频发，作为长江经济带和“一带一路”的结合点，红十字工作在这里有着更加重要的意义。

陈竺指出，中央召开的群团工作会议，把群团工作明确列为党的群众路线的重要组成部分，这对红十字事业是巨大的鼓舞。做好新时期红十字会工作，一定要认真学习好、落实好习近平总书记在会见“十大”代表时的重要讲话精神和刘延东副总理在“十大”开幕式上的重要讲话精神，不断提高人道服务能力和水平，努力为最困难、最需要帮助、最易受损害的群体服务。要进一步认识做好红十字会工作的重大意义，切实当好党和政府在人道领域的重要助手，做好联系群众的桥梁和纽带。红十字事业是中国特色社会主义事业的重要组成部分，希望各级党委和政府一如既往地重视和支持红十字会工作。

陈竺强调，要进一步围绕中心，服务大局，坚定不移地走中国特色红十字事业发展道路。必须坚持党的领导，必须和政府工作形成良好互动。要与政府相关工作做好衔接，在做好助手的同时，充分发挥红十字会的独特优势，走到最需要帮助的群众中去，和群众打成一片。要充分发挥新闻媒体和志愿者的作用，调动积极因素，着力增强红十字会在全社会的凝聚力和影响力。

陈竺要求，各级红十字会要积极推进改革创新，坚持依法治会，通过加强自身建设，不断提高社会公信力。公开和透明是提高公信力的关键，不仅要公开善款的预算和使用情况，还要加强绩效评估，把人道救助工作产生的绩效，客观及时准确地向社会发布。要加大对红十字会先进典型、先进事迹的宣传力度，积极探索多元化信息时代的群众工作新途径。

中国红十字会副会长兼秘书长王汝鹏参加调研，重庆市人大常委会副主任沈金强，重庆市副市长、市红十字会会长刘伟，市人大常委会副秘书长喻体金，市红十字会常务副会长周清梅等陪同调研。

7月16日 日本“中国归国者·日中友好之会”访问团一行访问了中国红十字会总会。中国红十字会副会长兼秘书长王汝鹏会见了访问团一行。访问团一行54人，由团长池田澄江女士带队，成员均为日本侵华战争遗孤及其家属。

7月17日 全国人大常委会副委员长、中国红十字会会长陈竺在黑龙江考察调研红十字会工作。陈竺会长视察了黑龙江省人体器官捐献管理中心、省造血干细胞管理中心，召开了座谈会，听取了黑龙江省红十字会和哈尔滨市红十字会的工作汇报，并与志愿者代表就特殊人群的关爱工作展开交流。

座谈会上，陈竺充分肯定了黑龙江省红十字会与哈尔滨市红十字会在“三救三献”、社区工作、志愿服务、关爱特殊人群等工作领域中取得的成绩；对黑龙江省各级红十字会在开展工作中面临的困难和问题提出了指导性意见；对黑龙江省志愿者队伍在红十字工作中发挥的积极作用给予了高度赞扬，并感谢他们为红十字事业做出的无私奉献。他说，红十字会是扎根基层的组织，只有和群众打成一片，才能更好地发挥这个组织的积极作用。

黑龙江省副省长、省红十字会会长孙东生陪同参加调研并主持座谈会，他要求全省各级红十字会认真学习、传达陈竺会长的重要指示精神，找准切入点，围绕黑龙江省发展的中心工作，发挥红十字的独特作用，促进全省红十字事业发展。黑龙江省红十字会专职副会长鞠海洋，哈尔滨市副市长、红十字会会长张显友陪同调研考察。

7月27日 “为和平行走——麦克·贝茨勋爵徒步中国”活动在

北京启动。54岁的英国内务部国务大臣、枢密院顾问官麦克·贝茨勋爵以北京天坛公园圜丘为起点，历时60余天，徒步1500公里至杭州市，纪念世界反法西斯战争胜利70周年、庆祝首届中英文化交流年。中国红十字会副会长郝林娜、国务院侨办等有关方面负责人出席启动仪式。仪式由郝林娜主持。

7月28日 全国人大常委会副委员长、中国红十字会会长陈竺在贵州调研红十字会工作。陈竺指出，红十字会要发挥自身优势，为留守儿童健康成长创造良好环境。

在中国红十字会救护总队部旧址，陈竺听取了国际援华医疗队和中国红十字会救护总队的事迹介绍。他说，中国人民的抗日战争是世界反法西斯战争的重要组成部分，也是自鸦片战争以来中国人民在反抗侵略的斗争中第一次取得完全胜利的民族解放战争。在当时艰苦卓绝的环境下，红十字组织发挥了重要作用，既得到了国际红十字组织的宝贵支援，也为世界反法西斯战争的胜利做出了特殊贡献，成为中国红十字运动与国际红十字运动的重要结合点。

在贵州省红十字会备灾救助与文化传播服务基地，陈竺详细地了解了救灾物资储备情况，听取了省红十字会工作汇报，并与相关部门负责人和志愿者代表进行了深入交流。他说，贵州省发展任务繁重，自然灾害多发，少数民族众多，又是革命老区，人道需求较大。在当地党委、政府的正确领导和大力支持下，贵州省红十字会发挥主观能动性，克服客观条件所限，创造性地开展工作，在相对艰苦的条件下做出了一流的成绩。

陈竺强调，各级红十字会要认真学习贯彻习近平总书记在中国红十字会第十次全国会员代表大会期间和中央群团工作会议上的重要讲话精神，切实保持和增强政治性、先进性、群众性，按照“四个全面”战略布局的要求，发挥好党和政府在人道领域的助手作用。

陈竺要求，各级红十字会要坚持深化改革，依法治会，不断提高人道服务的能力和水平。红十字运动的生命力来自广大人民群众，要把筹集人道资源和弘扬红十字精神结合起来，注意加强小额捐赠的宣传、动员和管理，思考研究如何发挥“互联网+”等新业态和新媒体及其意见领袖的积极作用，联合其他社会组织围绕核心任务共同开辟新的工作渠道，带动更多的社会力量加入红十字事业。

座谈中，陈竺还特别关注留守儿童问题。他指出，留守儿童问题的解决关系到我国全面建成小康社会的进程，红十字会在关爱留守儿童方面是大有可为的。红十字会可以发挥自身优势，结合当前开展的“博爱家园”项目和红十字青少年活动等，在心理援助、安全知识普及等方面积极探索，为留守儿童健康成长创造良好环境。

贵州省委常委、统战部部长刘晓凯，省人大常委会副主任袁周等陪同调研。

7月31日 全国人大常委会副委员长、中国红十字会会长陈竺，中国红十字会副会长郭长江一行到浙江调研红十字会工作。在富春江曜阳国际老年公寓，陈竺详细询问了老人们的生活情况和养老院运营状况，尤其关注失能老人救助项目。他还走进关靖华老人家中，和老人亲切交谈。得知老人退休后还发挥余热，帮助孩子们补习英语，陈竺竖起大拇指，称他为“一名热心的红十字志愿者”。

在杭州市江干区九堡社区，“最美红十字人——红十字感动人物”先进事迹展、红十字凉茶摊、社区红十字爱心中转站等众多红十字元素吸引了陈竺的注意。看到志愿者正在给社区居民讲解应急救护知识，陈竺也加入进来，并询问孩子们学习救护知识的经历和感受。他还勉励在场的工作人员：“普及应急救护知识，搭建邻里互助的平台，让更多爱心得到传递，基层红十字组织大有可为。”

在浙江省红十字会机关，陈竺亲自体验省红十字会信息化综合演示平台，仔细询问社会捐赠收支和信息公开情况，详细了解造血干细胞捐献、人体器官捐献、应急救护培训和志愿服务等工作，并和多名红十字志愿者亲切交流。

调研过程中，陈竺对浙江省委、省政府对红十字会工作给予的重视和支持表示赞赏，并对全省红十字会取得的成绩给予充分肯定。他说，浙江省红十字会各方面工作都很扎实，在组织管理、社会动员、信息公开和“三救”“三献”核心业务等方面进行了大量有益的探索，积累了很多宝贵经验，形成了一套有效机制。

在听取了志愿者代表的汇报后，陈竺说，志愿者是红十字精神的实践者和传播者，是发展红十字事业的重要力量。他强调，红十字会不仅要抓好各项业务，也要加大宣传力度，让更多的人了解和支持红十字会的工作。要在广大红十字志愿者当中发掘一批典型人物，把他们的先进事迹传播出去，让他们的精神感染更多人，在社会上形成“人道、博爱、奉献”的良好风气，促进红十字事业持续健康发展。

7月31日至8月4日 中国红十字会副会长兼秘书长王汝鹏应邀率团对红十字国际委员会、红十字会与红新月会国际联合会以及德国红十字会进行工作访问。

在日内瓦访问期间，红十字国际委员会副总干事巴萨扎·施特赫林，红十字会与红新月国际联合会秘书长助理亚甘·扎普干先后会见了王汝鹏一行，并进行了工作会谈。王汝鹏对红十字国际委员会和国际联合会一直以来给予中国红十字会的支持和帮助表示感谢，对即将召开的红十字国际大会的筹备情况以及有关重要议题进行了深入了解和交流，对国际联合会秘书处正在进行的机构改革表示赞赏和期待。

在红十字国际委员会，王汝鹏还会见了红十字国际委员会大会委员、国际人道法和人道行动独立顾问以及《红十字国际委员会与保护战争受难者》一书的作者弗朗索瓦·比尼翁博士，并向他赠送了该书的中文版精装本。王汝鹏一行还受邀参观了设在日内瓦的国际红十字运动博物馆，代表团成员、青海省红十字会常务副会长孙林将自己抄录的《日内瓦公约》书法长卷捐赠给该博物馆收藏。

8 月 3 日，代表团赴柏林对德国红十字会进行工作访问，德国红十字会副会长夫尔柯玛·希恩会见了王汝鹏一行并进行双边会谈。夫尔柯玛·希恩向王汝鹏介绍了德国红十字会在应急救援、资源动员、内部治理等方面情况，表示愿意在国际救援、能力建设和筹资动员等方面与中国红会开展合作。

王汝鹏对德国红会在中国汶川地震救援以及灾后重建等方面提供的人道援助和支持表示感谢。他说，中德两国红会是重要的合作伙伴，双方在高层互访、人员培训、国际救援等方面一直保持着良好的合作和友谊，希望通过此次访问，进一步加深了解，推动两国红十字会关系取得更大发展。

中国驻日内瓦常驻代表团大使吴海龙、中国驻德国大使史明德先后会见了王汝鹏一行，并对中国红十字会在人道外交领域所发挥的独特作用和开展的工作表示充分肯定和高度赞赏。

8 月 1 日　全国人大常委会副委员长、中国红十字会会长陈竺一行来到中国红十字会援外物资供应站和上海市红十字备灾救灾中心视察、调研。

在援外物资供应站，陈竺认真察看供应站负责采购的各类援助物资，详细了解供应站对外援助工作情况及未来发展规划。陈竺对援外物资供应站在中国红十字会对外援助方面发挥的重要作用给予了充分肯定。他说，援外物资供应站配合国家外交大局，认真执行国家有关部门和总会的国际人道主义援助项目，圆满完成了一系列紧急状态和非紧急状态下的对外援助任务，充分发挥了中国红十字会作为民间外交重要渠道的独特作用。他指出，要从国家外交全局的高度认识援外工作，进一步加强同国家有关部门和受援国政府的协调配合，不断提高对外援助的能力和水平。

在上海市红十字备灾救灾中心，陈竺对物资储备和管理情况进行调研，并和上海市、区两级红十字会负责人及志愿者代表座谈。陈竺说，上海是中国红十字运动的发源地，上海市红十字工作尊重规律、求真务实、敢为人先，在很多方面都处于全国前列。下一步上海市要努力从党和国家工作全局出发规划红十字会工作，同时要因地制宜，将红十字运动基本原则与国情、市情、区情相结合，在全国发挥引领作用。他说，上海市红十字会设立的少儿住院互助基金独具特色，为全国儿童大病医保工作积累了十分有益的经验。希望上海市今后在“三献”，尤其是在造血干细胞捐献和器官捐献与医保的政策衔接方面积极进行探索，为全国创造经验，最终让“三献”全过程都能闪耀人道主义的光辉。

中国红十字会常务副会长徐科、副会长郭长江，上海市副市长、市红十字会会长翁铁慧，上海市红十字会常务副会长高解春等陪同调研。

8月1日至2日　中国红十字会外事工作会议在上海召开。全国人大常委会副委员长、中国红十字会会长陈竺，中国红十字会常务副会长徐科出席开幕式。中国红十字会副会长郭长江、郝林娜等参加会议，开幕式由郭长江主持。

开幕式上，陈竺会长做重要讲话。他指出，近年来，红十字会的外事工作取得了长足的进步和发展，在国际组织中的影响力和话语权显著增强，开展国际人道援助的能力显著提高，民间外交重要渠道的作用得到显著提升。

针对今后工作，他强调，要认真贯彻落实中央群团工作会议精神和关于做好外事工作的部署要求，努力为国家外交大局服务；要充分认识做好外事工作的重要意义，切实增强使命感和责任感；要进一步发挥红十字人道外交的优势和作用，不断开创对外交流合作新局面。

他指出，积极开展红十字国际交流与对外合作是国际红十字运动的应有之义，是服务国家外交大局的必然要求，也是中国特色红十字事业的重要组成部分。要做好这项工作，就要围绕中心，服务大局，加强规划设计；要面向基层，扎实推进，形成鲜明特色；要加强统筹协调，积极争取各方支持；同时要着力加强外事工作队伍建设。

徐科在开幕式上致辞。她指出，长期以来，在各级党委、政府的正确领导下，在相关部门和社会各界的关心支持下，中国红十字会外事工作不断取得新进展。面对新形势、新任务，各级红会要按照中央部署要求，紧紧围绕“四个全面”战略布局，坚持服务国家总体外交和红十字事业发展，充分发挥政府人道领域助手和民间外交重要渠道作用，积极参与国际红十字运动事务，依法履行国际责任和义务；要主动服务国家“一带一路”建设，秉持亲、诚、惠、容的周边外交理念，不断巩固和拓展双边、多边人道事务合作；要积极参与国际人道救援救助，完成好政府委托相关工作；要加强国际交流人才队伍和对外援助能力建设，提升国际交流合作专业化水平，努力开创对外工作新局面。

会议听取了郝林娜所做的中国红十字会外事工作报告，外交部、中联部、国台办、港澳办等相关部门领导所做的有关国际形势、社会组织“走出去战略”、台海局势和港澳问题的专题讲座，以及红十字国际委员会和红十字会与红新月会国际联合会代表所做的工作介绍。上海市、辽宁省、云南省、福建省红十字会以及援外物资供应站先后介绍了开展外事工作的经验。会议还就贯彻落实“一带一路”倡议，更好地发挥政府人道领域助手、民间外交渠道作用等内容进行了讨论。

8 月 16 日　全国人大常委会副委员长、中国红十字会会长陈竺会见了国际伊斯坦布尔宣言监管组织主席、国际器官移植协会前任主席弗朗西斯·德尔莫尼克一行，双方就进一步加强器官移植领域的沟通与合作进行了深入交流。

陈竺介绍了中国器官捐献体系建设情况。他指出，做好器官捐献工作必须根据中国国情，立足于中国的文化传统，同时遵循世界公认的伦理原则，建立起基于法治的国家器官捐献和移植体系，依法推动器官移植事业进步。他表示，中国红十字会作为独立的第三方积极参与器官捐献体系的建设，是中国器官捐献移植事业的创新，与红十字会“人道、博爱、奉献”的精神和“保护生命与健康”的宗旨高度契合，充分发挥了红十字会独特的组织优势、群众优势和既有工作基础的优势。实践表明，红十字会参与器官捐献事业是可行的、富有成效的，得到了社会各界的认可和肯定。

陈竺对近年来国际社会对中国器官移植事业改革的支持和帮助表示感谢，表示愿与国际器官移植协会共同努力，推进器官移植事业进步，为保护人的生命健康做出积极贡献。

陈竺对近期的器官捐献工作提出了 4 点意见：一是中国器官捐献管理中心和器官获取组织联盟要加强合作，整合资源，形成工作合力；二是积极探索将器官捐献移植费用逐步纳入国家基本医疗保障体系；三是加强与民政、公安、财政、交通等各相关部门的合作；四是加强与世界卫生组织、国际器官移植协会等专业组织的交流与合作。

弗朗西斯·德尔莫尼克对中国器官捐献事业在短短几年时间里取得的成就表示肯定，对中国器官捐献的未来充满信心。他表示，国际器官移植协会将继续在技术、管理等方面，全方位、多层次地支持中国开展人体器官捐献工作。

陪同访问的还有世界卫生组织驻华代表处主任施贺德、西班牙器官移植研究院院长马蒂·马纳里克等。中国器官移植基金会理事长黄洁夫、中国红十字会副会长郝林娜等参加会见。

8 月 20 日至 24 日 应比利时黄白十字会、比利时鲁汶大学、比利时 UCB 集团以及法国图卢兹老年医学中心邀请，中国红十字会总会事业发展中心主任江丹赴比利时布鲁塞尔、法国图卢兹考察学习当地的养老服务工作，并与比利时黄白十字会、鲁汶大学签署了居家养老服务战略合作意向协议。

8 月 25 日至 26 日 中国红十字会副会长兼秘书长王汝鹏在出席全国红十字会筹资与财务管理信息系统培训班期间，在吉林省长春市、通化市进行工作调研。吉林省红十字会常务副会长温治宇陪同调研。

9 月 1 日 由中国红十字会总会报刊社、苏州大学红十字运动研究中心和中国红十字基金会联合主办，嘉兴市红十字会承办的旨在探讨红十字依法治会的方法、路径，主题为"'依法治会'与红十字事业发展"的座谈会，在浙江省嘉兴市召开。

中国红十字会副会长郭长江出席会议并讲话。总会报刊社副社长金宝杰，浙江省红十字会常务副会长王冬梅、秘书长何乐琴等，苏州大学红十字运动研究中心及嘉兴、嘉定、盐都 3 个研究基地研究人员，嘉兴市红十字会及所属各县（市、区）红十字会负责人共 50 余人出席会议。嘉兴市副市长、市红十字会会长柴永强在座谈会上致辞。中国红十字会总会报刊社副总编辑吕进福主持会议。会上，与会专家先后就中国红十字会依法治会的成就与缺失、如何推进依法治会、依法治会的"法"与"治"、对"网络事件"的法律思考、探索构建红十字事业"互联网+"模式等专题发言，多侧面、多角度探讨了依法治会的思想内涵、方法路径等。

郭长江在讲话中说，今年 5 月召开的第十次全国会员代表大会通过了红十字事业未来 5 年发展规划纲要，将红十字事业理论研究摆在了重要位置，这是红十字事业发展的需要，也是新形势下社会对红十字事业的要求。我们的研究工作，要逐步实现“两个转变”：一是由偏重历史的研究向历史与现实并重转变；二是由偏重国内的研究向中外比较的方向转变。前些年我们对中国红十字运动历史的研究取得了丰硕成果，搞清楚了我们的“家谱”和“家史”，为实现“两个转变”奠定了基础，提供了可能。他说，总会报刊社、苏州大学红十字运动研究中心、中国红十字基金会连续两年举办理论研究研讨会，是对红十字理论研究工作的积极实践和促进。他特别指出，苏州大学红十字运动研究中心多年来潜心致力于中国红十字运动历史的研究，完整地梳理了中国红十字运动史的脉络，厘清了中国红十字历史上的许多重大事件和问题，弥补了红十字研究工作中的许多空白；近年来又致力于红十字研究人才的培养，为中国红十字事业做出了突出贡献。

9月1日　位于天津烈士陵园的“花冈暴动纪念园”正式开园。这是“花冈暴动”发生70年后，中国建立的首个被掳赴日劳工专题纪念园。

1944年，侵华日军在中国强掳4万名劳工赴日从事劳役。1945年6月30日，在鹿岛组花冈作业点的近千名中国劳工因不堪忍受鹿岛组非人的奴役和虐待，举行暴动，最终被残酷镇压，其中419名劳工惨死他乡。

中国红十字会作为人道组织，一直关注花冈事件受难中国劳工维护自身权益的问题。60年前，中国红十字会会长李德全率中国红十字会代表团赴日本参加花冈事件死难中国劳工祭奠活动，同时开启了抗日战争结束后中日民间交往的先河。之后，中国红十字会多次派代表参加花冈事件死难中国劳工祭奠活动。自2000年以来，中国红十字会还受托管理花冈和平友好基金，协助花冈基金管理委员会做了大量工作，保证基金按照既定要求顺利运行。

2006年8月18日，“在日殉难烈士·劳工纪念馆”在天津落成。花冈劳工在日死难419名，其中409份骨灰保存在该纪念馆。为了牢记这段历史，祭奠英灵，教育后代，花冈和平友好基金管理委员会、花冈受难者联谊会经多方协商，决定于“在日殉难烈士·劳工纪念馆”西侧，建立“花冈暴动纪念园”，并在中国红十字会的协助下得以实施。据介绍，建成后的“花冈暴动纪念园”占地约2200平方米，内设主题雕塑墙，展示强掳、苦役、暴动、回国、遗骨送还、花冈事件和解的全过程，该浮雕高3米多、长约28米，其上镌刻着被强掳到花冈的986名受难劳工名单。

9月2日 全国人大常委会副委员长、中国红十字会会长陈竺在总会机关会见了红十字国际委员会主席彼得·莫雷尔一行。双方就中国红十字会和红十字国际委员会合作相关事务深入交换了意见。

陈竺对莫雷尔表示欢迎，并向其介绍了中国红十字会第十次全国会员代表大会的情况以及选举产生的新一届中国红十字会领导班子成员。他对莫雷尔上任以来为推进红十字国际委员会和中国红十字会合作做出的重要贡献表示感谢。

莫雷尔强调了红十字国际委员会与国家红十字会，尤其是和中国红十字会合作的重要性。他说，此次受邀参加纪念中国人民抗日战争暨世界反法西斯战争胜利70周年活动，是想向在战争中遭受苦难的平民致意。第二次世界大战是国际红十字与红新月运动的重要历史时期，也是重要转折点。莫雷尔说，红十字国际委员会希望与中国红十字会在两方面重点开展合作：一是根据中国红十字会的需求和兴趣，红十字国际委员会将利用自身优势，在能力建设、生计项目等方面为中国红十字会提供帮助，同时针对中国红十字会面临的任务，拓展新的合作领域；二是在世界其他地区的国际人道主义活动中，红十字国际委员会希望中国政府和中国红十字会给予更多支持。莫雷尔强调，随着国际人道主义局势的发展和变化，在国际红十字与红新月运动中，我们不仅要与运动其他组成部分紧密合作，也要和其他力量展开对话与合作。创新越来越成为国际红十字与红新月运动十分重要的任务，提高影响力、建立良好声誉也是红十字国际委员会十分关注的问题。莫雷尔表示，红十字国际委员会将在主席办公室设立特别代表，专门负责与中国红十字会交流合作相关事宜。该职位工作人员将于今年底或明年初到岗并开始工作。

陈竺指出，我们纪念历史是为了更好地传承红十字精神，促进人类和平。红十字运动起源于人类对战争带来的人道危机的重要反思，152年前亨利·杜南创立伤兵救护组织就是出于这种反思。中国的红十字运动起源于1904年的日俄战争，而1937年抗日战争全面爆发之后的几年是近代史上中国红十字运动发展的重要时期。当时，中国红十字会将社会各方面的力量集结在一起，在各个战场开展战地救护工作，为支持全国抗战做出了特殊贡献。在此期间，中国红十字会得到了来自红十字国际委员会以及其他国家红十字会的支持，中国人民对此永远不会忘记。

陈竺说，中国是人口众多的发展中大国，自然灾害频发，扶贫任务艰巨，疾病谱也在发生变化，人道需求日趋迫切。中国红十字会将努力及时应对本地区的人道需求，这也为国际红十字与红新月运动做出了重要贡献。8月12日，天津滨海新区爆炸事故发生后，中国红十字会第一时间派出救援力量，并在当地设立安置点。工作人员和志愿者夜以继日地工作，为受到事故影响的民众提供医疗、心理等方面的援助。在做好本国人道工作的同时，中国红十字会也在国际人道主义救援方面做出了努力。4月25日，尼泊尔发生强震，中国红十字会不仅根据尼方需求提供了帐篷、家庭包等物资援助，还派出医疗队为受灾民众提供医疗服务。中国红十字会的工作得到了尼泊尔政府、尼泊尔红十字会和尼泊尔民众的赞誉。

陈竺表示，“一带一路”倡议不仅是政府间的合作和基础设施建设，更重要的是民众之间的交往，红十字会的工作具有基础性和长远性意义。他并希望红十字国际委员会继续支持中国红十字会的能力建设和公信力建设，中国红十字会也将在学习借鉴国际同行经验的同时，为国际人道主义事务提供更多力所能及的支持。希望通过和红十字国际委员会的合作，进一步提升中国红十字会在中国人道领域的影响力，更好地发挥引领作用。

中国红十字会常务副会长徐科，副会长郭长江、郝林娜，副会长兼秘书长王汝鹏，红十字国际委员会东亚地区代表处主任高兰博、副主任奥斯力等参加会见。

9月3日　红十字国际委员会主席彼得·莫雷尔应邀出席纪念中国人民抗日战争暨世界反法西斯战争胜利70周年大会，并在接受媒体采访时强调保护战争中平民的重要性。当日上午，莫雷尔与参加活动的各国领导人及其他国际组织负责人一起，受到习近平主席和夫人彭丽媛的欢迎。莫雷尔介绍，在天门城楼观看阅兵式时，就红十字国际委员会与中国的合作问题与习近平主席进行了简短交流。他说，习近平主席在大会上发表的重要讲话给自己留下了深刻印象，讲话向世界传递了和平、和谐及法治的承诺。在接受媒体采访时，莫雷尔谈到了红十字国际委员会与中国的合作、国际委员会在第二次世界大战中的人道行动、人道工作面临的挑战等问题，并给出了他的看法。在华期间，莫雷尔还与新华社社长蔡名照签署战略合作备忘录，双方将在媒体平台、培训研讨和人道事务等方面进一步加强合作。

9月15日　第45届南丁格尔奖章颁奖大会在北京人民大会堂举行。中共中央政治局委员、国家副主席、中国红十字会名誉会长李源潮为5名中国获奖者颁发奖章。

南丁格尔奖是红十字国际委员会设立、用于表彰为人道主义事业做出卓越贡献的优秀护理人员的最高荣誉。今年共有18个国家的36名护理工作者获得本届南丁格尔奖章。我国获奖的5名护理工作者分别是：南宁市第四人民医院艾滋病科护士长杜丽群、河南省柘城县人民医院护理部主任宋静、中国人民解放军第302医院护士长王新华、内蒙古人民医院护理部副主任邢彩霞、重庆医科大学附属第一医院护理部副主任赵庆华。

全国人大常委会副委员长、中国红十字会会长陈竺主持会议。国务委员王勇在大会上讲话，希望全国广大护理工作者和红十字工作者以获奖者为榜样，继承和发扬南丁格尔精神，在促进医疗卫生发展、打造健康中国的崇高事业中再创佳绩、再立新功。各级红十字会组织要认真贯彻党中央、国务院各项部署要求，不断深化改革，完善治理，推动创新，在促进社会和谐进步和人道主义事业发展中发挥更大的作用。红十字国际委员会代表宣读了彼得·莫雷尔主席的致辞，获奖者代表杜丽群、青年护士代表刘颖在会上发言。

全国政协副主席、中国红十字会名誉副会长韩启德以及有关部委的负责同志出席会议。

9月15日　第45届南丁格尔奖章获得者座谈会在总会机关举行，就如何更好地继承与发扬南丁格尔精神和红十字精神进行座谈与交流。全国人大常委会副委员长、中国红十字会会长陈竺出席座谈会。中国红十字会常务副会长徐科、国家卫计委副主任马晓伟、总后卫生部医疗管理局局长刘名华以及杜丽群等5名获奖者出席座谈会。

座谈会上，陈竺为获奖者颁发获奖证书，徐科为获奖者颁发南丁格尔画像，马晓伟为获奖者颁发奖金。

陈竺对5名南丁格尔奖章获得者表示热烈祝贺和诚挚敬意。他指出，5名获奖者的职业精神和社会责任感不仅是护士的榜样，也是值得社会各行业学习的楷模。他说，护士这个职业既平凡，又崇高。说平凡，是因为在日常工作中一般不需要高精尖的仪器设备和高深的理论；说崇高，是因为这个职业需要以耐心、细致和奉献的精神服务于人的健康和生命。他对5名获奖者提出两点期望：第一，在护理工作岗位上再接再厉，进一步发挥表率作用。要继续保持严谨细致的工作作风，以人道的情怀、奉献的精神为病患服务。在业务上要精益求精，更上层楼，同时注意培养新人，争取为护理学科发展和队伍建设做出新贡献。第二，希望获奖者成为红十字志愿者，在力所能及的情况下参与红十字志愿护理服务并发挥领军作用。陈竺表示，2007年中国红十字会总会成立了中国南丁格尔志愿护理服务总队，目前已在全国14个省份建立了99支分队，有10万余名志愿者，希望更多的南丁格尔奖章获得者加入这支队伍。

陈竺强调，广大红十字人和南丁格尔奖章获得者要深入思考，努力发掘南丁格尔精神和红十字精神的时代内涵，并以更有效的方式宣传、倡导、践行这些优秀的价值观，通过切实行动，证明南丁格尔精神和红十字精神对当代中国的重要意义。

杜丽群、宋静、王新华、邢彩霞、赵庆华等5名获得南丁格尔奖章的护理工作者分享了自己在平凡岗位上的感人事迹，并就如何继承发扬南丁格尔精神和红十字精神，做好护理和志愿服务工作做了精彩的发言。我国自1983年参与第29届南丁格尔奖章评选以来，截至本届已有73位优秀护理工作者获此殊荣。本届南丁格尔奖章共颁发给全球18个国家的36位优秀护士，我国共有5人获奖，是获奖人数最多的国家。

中国红十字会执委会全体成员、5位南丁格尔奖章获得者所在省（区、市）红十字会、卫生厅（局），所在单位、部队代表，以及中华护理学会、中国南丁格尔志愿护理服务总队的相关人员参加座谈会。

9月15日 全国人大常委会副委员长、中国红十字会会长陈竺会见了台湾红十字组织负责人王清峰一行。陈竺对王清峰一行表示欢迎，向其介绍了中国红十字会第十次全国会员代表大会的情况。陈竺指出，“十大”确定了中国红十字会今后5年的主要工作任务，特别指出要继续加强与台湾红十字组织的沟通与合作，两岸红十字组织要进一步加强信息交流和经验分享，推动红十字事业实现新的飞跃。陈竺对王清峰每次来大陆都深入基层，到项目点考察工作的做法表示赞赏。

陈竺回顾了近年来两岸红十字组织在红十字青少年交流、重大自然灾害救援、海峡两岸红十字博爱论坛等方面取得的成果。他指出，在经济全球化深入发展、两岸联系日益密切的今天，两岸是割舍不断的命运共同体。面对新形势，两岸红十字组织要坚定信心、增进互信，共同维护两岸关系和平发展进程，携手建设两岸命运共同体。中国红十字会要在现有的合作基础上，与台湾红十字组织通过探讨协商，不断丰富两岸红十字组织合作内涵，扩大合作领域，携手为人道事业发展做出应有的贡献。

王清峰对中国红十字会总会在“莫拉克”风灾救援、新北市尘爆事故中第一时间伸出援助之手表示感谢。她说，多年来，两岸红十字组织在重大灾害面前凝聚人道力量，发挥组织优势，通力合作，有效改善了最易受损害群体的生活境遇。王清峰表示，两岸必须走和平发展之路，两岸红十字组织要加强沟通与合作，为推动两岸和平发展、促进民间交流做出积极贡献。

中国红十字会常务副会长徐科、副会长郝林娜，台湾红十字组织副秘书长张宝辉等参加会见。

10 月 5 日 身穿印有“为和平行走”红 T 恤的麦克·贝茨勋爵手持徒步手杖，在绵绵细雨中走过设在浙江大学玉泉校区正门口的终点线。至此，途经 5 省市、历时 71 天、总行程达 1701 公里的“为和平行走”徒步中国之旅正式结束。

麦克·贝茨勋爵走过设在浙江大学玉泉校区正门口的终点线

中国红十字会副会长郝林娜，浙江省政协副主席、省侨联主席吴晶，浙江省红十字会副会长李云林，浙江省外侨办主任金永辉，浙江省红十字会常务副会长王冬梅、专职副会长高翔等出席了徒步行动结束仪式。

仪式上，郝林娜代表中国红十字会向圆满完成此次“为和平行走”徒步中国之旅的贝茨勋爵表示祝贺，并对他以徒步方式纪念中国人民抗日战争暨世界反法西斯战争胜利 70 周年呼唤世界和平，以及促进中英文化交流的举动表示敬意。贝茨勋爵对给予此次活动大力支持的中国红十字会及途经省市的地方各级红十字会工作人员、志愿者和其他相关部门表示衷心感谢，同时向为此次活动捐款的个人和企业表示感谢。

结束仪式上，贝茨勋爵将此次活动募得的善款捐给他在徒步过程中曾参观访问过的中国红十字会部分人道救助项目，其中向河北省沧州市青县流沙中学捐赠人民币5万元；向山东省红十字会临邑县光荣院“关爱抗战老军人行动”项目捐赠人民币5万元；向江苏省徐州市邳州红十字会“希望之家”捐赠人民币20万元；向江苏省宿迁市儿童福利院捐赠人民币8万元；向浙江省抗战老兵捐赠慰问金人民币12万元。

10月6日 台风“彩虹”于10月4日在广东省湛江市坡头区沿海地区登陆，给广东省造成巨大损失。灾害发生后，中国红十字会总会立即启动三级应急响应，6日，中国红十字会总会支持的价值97.9425万元的帐篷、家庭救助包等救灾物资，与广东省红十字会紧急调拨的价值64.72万元的家庭包、衣物等救灾物资紧急发往受灾市县。

10月13日 全国副省级城市红十字工作交流会在深圳召开。深圳、青岛等15个副省级城市红十字会围绕红十字会如何顺应新常态、打造红十字事业新特色等多个主题进行了深入广泛的交流和工作经验分享。中国红十字会副会长郭长江出席会议。

在认真听取各位代表发言后，郭长江表示，各副省级城市红十字会是各省及中国红十字事业发展的重要力量，长期以来开展了大量卓有成效的工作，希望大家进一步振奋精神，为中国特色红十字事业不断做出新贡献。

会议期间，代表们还观摩了由深圳市红十字水上救援志愿者服务队组织的海上水域应急救护演练。队员们为观摩代表精心准备了船艇故障、弃船自救及救援、皮划艇救援、翻艇自救等5种真实发生过的模拟险情演练，展示了专业的救援技能，场面蔚为壮观。多位滨海、临河城市的代表表示，希望借鉴深圳市红十字水上救援队的经验和做法，建设一支类似的志愿服务队，以保障群众安全，弘扬红十字精神。

10月13日至16日 中国红十字会副会长郝林娜应邀出席在瑞士日内瓦召开的世界人道主义峰会全球磋商会。

会议邀请来自各国政府、人道组织、学术界等领域的近千名代表出席，联合国副秘书长扬·埃里亚松，联合国负责人道主义事务的副秘书长、紧急救济协调员奥布莱恩，世界人道主义峰会秘书处主席杰米拉，瑞士联邦外交部部长布尔克哈尔特等人出席会议。

会议为期3天，与会代表就保护人的尊严、加强国际人道法对人们的保护、加强社区应对灾难和危机的恢复力、推动建立多领域伙伴关系以及为人道主义行动的需求提供资金保障等5个方面进行了深入讨论。此外，近期的欧洲难民潮、移民问题、人道主义与“2015后发展议程”的联系、人道主义与人权的关系、气候变化对人道事业的影响等话题，一度成为会议讨论的热点。

10月20日 中国医药物资协会与中国红十字会在北京签订合作协议，发起设立“成长博爱基金”。根据协议，中国医药物资协会承诺在未来5年内向该基金捐赠1000万元（每年捐赠不少于200万元），用于助医助学、救灾救助及其他符合红十字宗旨的人道公益事业。目前，该协会已筹集资金逾300万元。中国红十字会副会长兼秘书长王汝鹏、中国医药物资协会执行会长兼秘书长刘忠良签署了合作协议。

10月21日 由中国社会保障学会、中国红十字会总会事业发展中心联合主办的中国养老服务业发展高层论坛在北京举行。与会专家认为，人口老龄化不仅是我国国情发生的深刻变化，也是对长远发展具有全面、深刻、持久影响的重大因素。科学应对老龄化已成为国家发展进程中的一项十分重大的任务。

全国人大常委会副委员长、中国红十字会会长陈竺向论坛发来贺信，第十届全国政协副主席张怀西出席论坛并题词，全国妇联原副主席、党组书记黄晴宜，全国人大内务司法委员会副主任委员王胜明，中国社会科学院副院长蔡昉，中国红十字会副会长郭长江，人民日报社原副总编辑陈俊宏，以及来自全国社会保障学界的专家学者与全国养老机构负责人代表约700人出席论坛。全国人大常委会委员、中国社会保障学会会长郑功成主持论坛开幕式。

10月22日 内蒙古伊泰集团有限公司援建的鲁甸县龙头山镇红十字博爱卫生院举行落成揭牌仪式。中国红十字会副会长王海京、内蒙古伊泰集团有限公司工会副主席张永兵、云南省红十字会党组书记董和春等出席仪式，共贺卫生院竣工并投入使用。

王海京代表中国红十字会总会向为重建工作付出辛勤努力的各级政府和红十字会表示慰问和感谢。活动现场，王海京、张永兵、董和春等共同为龙头山镇红十字博爱卫生院灾后重建纪念碑揭牌。

10月22日 由外交部、商务部和中国红十字会共同举办的亚太国家红会灾害应对能力建设研讨班在北京开班，来自16个国家的红会负责人及政府相关部门官员60余人参加了研讨班开班式。中国红十字会常务副会长徐科，外交部亚洲司、商务部国际商务官员研修学院以及国家行政学院相关领导出席开班式。

10月23日 中国红十字基金会“六个核桃·读书慧”公益项目在湖北省恩施土家族苗族自治州恩施市板桥镇大木村希望小学启动，为该校110名农村孩子送去1300余册新书，拉开了全国新一轮公益助学序幕。知名作家、“童话大王”郑渊洁应邀担任该项目爱心大使。

10月23日至25日 亚太国家红会灾害应对能力建设部长级研讨班一行近50人在中国红十字会副会长郝林娜陪同下，赴广西壮族自治区考察红十字会工作。在桂期间，研讨班一行参观了“中国-东盟博览会”会址，了解“中国-东盟博览会”概况；深入南宁市风岭北社区、南宁市红十字会备灾中心、北海市紧急救援中心、北海市公安局指挥中心等地，实地考察红十字社区志愿服务工作、备灾能力建设、海上救援队建设等工作。自治区红十字会常务副会长冯国平介绍了广西红十字会的基本情况，自治区副主席、自治区红十字会会长李康会见了研讨班学员。

10月25日至31日 国家“十二五”彩票公益金支持的第100期红十字学校健康安全辅导员培训班在郑州举办，本期培训班也是河南省红十字会承办的第20期红十字学校健康安全辅导员培训班。中国红十字会副会长郭长江、河南省红十字会常务副会长赵国新等出席开班仪式。

10月26日 全国人大常委会副委员长、中国红十字会会长陈竺在北京会见了来访的红十字会与红新月会国际联合会主席近卫忠辉一行。双方就中国红十字会和红十字会与红新月会国际联合会合作的相关事务深入交换了意见。

陈竺（右）会见国际联合会主席近卫忠辉

陈竺对近卫忠辉的来访表示欢迎，并对近卫忠辉连任国际联合会主席以来积极推动中国红十字会和国际联合会合作表示感谢。

陈竺说，红十字会与红新月会国际联合会自1919年初成立以来，在促进国家红会发展、协调各国红会共同开展人道主义行动、改善弱势群体境况方面做了大量卓有成效的工作。中国红十字会于1919年7月加入国际联合会，成为最早一批成员之一。近年来，国际联合会与中国红十字会开展了多方面合作，不仅在汶川地震等重大自然灾害时提供资金与物资支持，还在中国红十字会救援队建设、博爱家园项目、国家红会组织能力评估和人道物流建设等方面予以帮助，促进了中国红十字会的组织发展和能力建设。

近卫忠辉对中国红十字会的热情接待和中国政府对人道事业的支持表示感谢，对中国红十字会第十次全国会员代表大会的顺利召开表示祝贺，并表示希望和中国红十字会更加深入地交往。他说，中国红十字会近年来积极开展应急救援能力建设，不仅在国内，而且在国际救援中也发挥了重要作用。国际联合会是世界上最大的人道救助组织，但是有的发展中国家红会能力还比较弱，希望中国红十字会和国际联合会一起，帮助发展中国家红十字会加强能力建设，同时加强与其他国家红十字会的合作。中国红十字会是亚洲第一个完成“国家红会组织能力评估”第一阶段评估工作的，相信在评估中得到的信息能够为《中华人民共和国红十字会法》的修订起到积极作用。

陈竺指出，当前国际环境复杂多变，人道事业面临新的需求和挑战。9月召开的联合国可持续发展峰会通过了《2030年可持续发展议程》，很多目标和人道事业高度契合。中国的“一带一路”倡议不仅是政府间的合作和基础设施建设，更重要的是民众之间的交往，中国红十字会与国际联合会可以积极探索相关领域合作。他说，2016年世界人道主义峰会将在土耳其召开，这个会议将成为红十字会发挥影响力的重要平台。中国红十字会刚刚应邀参加了联合会代表团并参与磋商，也希望在明年峰会期间发挥积极作用。

中国红十字会常务副会长徐科、副会长郝林娜，国际联合会主席办公室特别顾问田中康夫、主席办公室主任永积健太郎、国际联合会东亚地区代表处主任索菲亚，日本红十字会国际部部长堀乙彦等参加会见。

10月27日 北京凌盛集团举行器官捐献志愿者集体报名登记仪式，包括企业董事长于立荣在内的10名公司员工集体填报了《中国人体器官捐献志愿登记表》。这是中国人体器官捐献管理中心收到的全国首例以企业名义登记的器官捐献志愿者集体。

11月9日至12日 中国红十字会常务副会长徐科率团访问香港、

澳门红十字会。在港期间，代表团与香港红十字会主席罗荣生、副主席胡郭秀萍、林胡秀霞以及秘书长苏婉娴等同人进行座谈，访问了香港东区医院、红十字会输血服务中心、青年及义工事务部新界西总部以及红十字会雅丽珊郡主学校等机构，详细考察了医院学校、院友关怀、轮椅租借、献血服务、红十字青少年、志愿服务、特殊教育等有关工作和服务项目。

在澳期间，代表团与澳门红十字会中央委员会主席黄如楷、副主席郑秀明、曹国希以及理事会理事长马健华等同人进行座谈，并赴澳门红十字会和红十字会学校，实地考察了救护培训、非紧急医疗护送、红十字青少年以及志愿服务等工作。

代表团对香港、澳门红十字会取得的工作成绩表示祝贺，对他们在备灾救灾、救护培训、红十字青少年工作等方面给予内地的大力支持表示感谢，并就进一步加强内地和港澳地区合作事宜与两地同人进行了深入交流。

11月10日至13日　中国红十字会副会长兼秘书长王汝鹏在海南省海口、文昌、琼海、保亭、三亚等市、县进行工作调研。调研期间，王汝鹏先后考察了文昌市威马逊台风灾后重建项目、琼海市“博爱家园”项目、保亭县红十字救护站项目、三亚市红十字救援队建设情况，海南省红十字会常务副会长周瑾等陪同调研。

11月11日　中国红十字会总会训练中心为财政部党校第63期学员开展救护培训。总会训练中心主任邵峰在开班式上介绍了急救知识普及培训的重要意义和我国救护培训的现状。自2006年至今，全国红十字会系统累计培训救护员3002万人。在国家彩票公益金支持下，总会训练中心2011年至2015年共举办应急救护师资培训班258期，累计培训救护师资6264人。

11月15日　主题为“聚势十年，引领未来”的第十届中国成长型医药企业发展论坛在西安举行。中国医药物资协会倡导发起、设立在中国红十字会的“成长博爱基金”正式启动。全国人大常委会副委员长、中国红十字会会长陈竺为该基金的设立发来贺信。中国红十字会副会长兼秘书长王汝鹏出席基金启动仪式。中国医药物资协会执行会长兼秘书长刘忠良、副会长郭生荣等参加了基金启动和捐款移交仪式。

11月16日　中国红十字会副会长兼秘书长王汝鹏到西安市红十字会进行工作调研，与市、区（县）红十字会干部进行座谈交流。陕西省副省长、省红十字会会长王莉霞会见了王汝鹏一行。总会报刊社总编辑吕进福、陕西省红十字会常务副会长张宝安等陪同调研。

12月1日 石家庄以岭药业股份有限公司向中国红十字会捐赠价值1000万元的连花清瘟胶囊。中国红十字会副会长兼秘书长王汝鹏接收捐赠并向以岭药业总经理吴相君颁发博爱奖牌。

12月1日至3日 为进一步提高新形势下做好红十字会工作的能力，中国红十字会总会和北京大学联合举办中国红十字会领导干部培训班。部分省（市、区）、计划单列市、副省级城市红十字会共50余名干部参加培训。中国红十字会常务副会长徐科在开班式上做动员讲话，她强调了本次培训的意义，要求参训学员认真学习，积极思考，并将学到的知识运用到实际工作中。副会长郭长江主持开班仪式。

12月2日至4日 中国红十字会国际援助能力建设培训班在北京举办。中国红十字会副会长郝林娜出席开班仪式并讲话，来自全国29个省（市、区）红十字会的相关工作人员，以及总会相关部门和直属单位相关负责人参加培训。

12月3日 中国红十字青少年志愿者代表陈希文、黄雅怡、任艺等与各国红十字与红新月青年代表齐聚日内瓦红十字会与红新月会国际联合会总部，参加“代际沟通——青年与领导层对话”活动。红十字会与红新月会国际联合会主席近卫忠辉、副主席安妮·伍博、秘书长哈吉·阿西和青年委员会主席爱莎·奥斯本在对话活动中发表了主旨演讲。他们充分肯定青年对于红十字与红新月运动的领导作用，强调了青年参与战略的实施和青年参与的重要意义，鼓励青年提高自身的能力，提高对于人道议题的敏感度，积极为易受损害群体发声，以实际行动参与全球的人道领域工作。

12月4日至5日 第20届红十字会与红新月会国际联合会大会4日在瑞士日内瓦开幕，来自190个国家红会的代表出席会议。中国红十字会副会长郝林娜率中国红十字会代表团出席大会。

国际联合会主席近卫忠辉在全体会议上就国际联合会现状发表讲话。他指出，当前人道工作正面临如何招募并保留志愿者、人道危机发生急剧变化等挑战，但这些挑战同时也是机遇，各国红会可以凭借既根植于社区又拥有丰富国际资源的独特优势，抓住机遇，迎接挑战。

近卫忠辉强调，国际联合会和各国红会及红十字国际委员会要团结一致，践行并维护基本原则，凝聚人道力量。近卫忠辉高度评价志愿者的作用，并促请大会重新思考目前各国红会志愿者参与的方式。他强调，志愿者不仅有利于红十字与红新月运动的发展，而且对整个社会的发展具有推动作用。

郝林娜在第二次全体会议上发言。她高度评价联合会和各成员国红会在复杂的人道形势下取得的成绩。她表示，中国红十字会响应中国政府提出的“一带一路”倡议发展规划，将争取资源，拓展合作，力所能及地帮助发展中国家红会开展人道服务项目。郝林娜对联合会工作提出3点建议：一是更好地指导各国家红会结合本国情况深化助手作用及各类战略伙伴关系，切实增强服务基层易受损人群的能力；二是有效鼓励和指导国家红会参与《十亿联盟》这一实现《2030发展议程》的具体行动，为社区中的易受损害群体带来实在的益处；三是充分发挥秘书处作用，帮助各国红会实现共同的战略目标，实现资源互补、有序高效。

会议期间，郝林娜分别与缅甸、柬埔寨、蒙古、吉尔吉斯斯坦等15国红会领导人进行双边会谈，并于5日出席国际联合会召集的发达国家红会秘书长会议。国际联合会希望各国红会发挥积极作用，进一步向本国政府争取资源，国际联合会将相应地提供技术支持。

12月6日 第20届红十字会与红新月会国际联合会大会第三天，中国红十字会申报的“中国南丁格尔护理志愿服务总队”项目获国际联合会“2015志愿服务发展奖”。

红十字会与红新月会国际联合会“志愿服务发展奖”每两年评选一次，以表彰各国红会在推动志愿服务工作发展方面的贡献。中国南丁格尔护理志愿服务总队由中国红十字会批准于2007年在北京成立。8年来，这支由护理专业人员组成的志愿者组织秉承“人道、博爱、奉献”精神，深入社区普及健康生活知识和自救互救技能，为生活不能自理的病人提供生活照顾，开展上门入户的专科护理志愿服务，受到患者和民众的广泛好评。

12月6日 以关爱西藏先天性心脏病患儿为主题的“《五彩时光里的格桑花》公益活动”新闻发布会在北京举行。《五彩时光里的格桑花》是一部公益电影，中国红十字基金会为其提供公益支持，并将围绕影片开展线下公益活动，筹款救助西藏先心病患儿。

12月8日 第32届红十字与红新月国际大会在瑞士日内瓦国际会议中心开幕。来自《日内瓦公约》缔约国政府和国家红会、红十字国际委员会、红十字会与红新月会国际联合会的代表1700余人参加大会。全国人大常委会副委员长、中国红十字会会长陈竺，中国常驻联合国日内瓦办事处和瑞士其他国际组织代表吴海龙，分别率中国红十字会代表团和中国政府代表团出席大会并在大会一般性辩论环节发言。

陈竺在发言中对红十字与红新月运动各成员在七项基本原则指导下为保护人的生命和尊严，促进世界和平与发展所做的贡献表示赞赏，呼吁各国政府和红会在日内瓦公约精神的指引下团结一致，共同应对当前面临的人道主义挑战，为实现《2030 可持续发展议程》的美好愿景共同努力。他强调，在和平与发展的时代主题下，唯有发展才能消除贫困和冲突的根源，只有加强合作才能最大限度满足全球人道主义援助的需求。他表示，中国红十字会愿积极参与国际人道事务，在国家“一带一路”倡议下，积极开展与沿线国家红会的合作项目，为改善当地最易受损民众的生活做出贡献。

吴海龙在发言中对红十字与红新月运动七项基本原则在引领国际红十字与红新月运动发展成全球最大的人道主义网络过程中所展现的强大生命力给予充分肯定，号召各国政府及红会以此次大会为契机，重申对七项基本原则的信念和承诺，采取坚实行动，共同推动国际人道主义事业发展。他强调，对于当前全球人道主义领域面临的主要挑战，要加大人道援助力度，提高人道援助效能，加强国际人道法的执行，努力消除人道危机的根源。他表示，中国政府向本届国际大会做出了新的承诺，在未来 4 年将积极采取行动，使每一项承诺落到实处。

瑞士联邦政府主席索马鲁加致欢迎辞。红十字国际委员会主席彼得·莫雷尔、红十字会与红新月会国际联合会主席近卫忠辉分别在开幕式上发表主旨演讲，表示要携手团结共同应对当前的人道危机，强调在当前复杂多变的人道局势下，尤其需要各方以国际人道法为基础，秉承红十字与红新月运动基本原则，服务基层的人道需求。

本次大会恰逢国际红十字与红新月运动基本原则通过 50 周年，大会以“人道的力量：践行基本原则”为主题，围绕“预防和应对暴力”“保障人道救援和服务工作的安全和通道”“降低灾害风险与增强恢复力”等 3 个目标展开讨论，各国政府及红会围绕大会主题和决议内容向大会做出承诺。开幕式上，以中、英、法等 7 种语言配以 7 段悠扬管乐，对“七项基本原则”进行演绎，中国红十字青年代表用中文宣读了“普遍”原则。

12 月 8 日　第三届海峡两岸红十字社区共建交流活动在福建省福州市举办。活动为期 6 天，来自海峡两岸红十字组织、专家学者及红十字志愿者共计 70 人参加活动。活动的主题为“社区民生关怀和红十字志愿服务”，旨在通过开展专题座谈、社区参访，共同了解和分析社区养老现状，围绕红十字志愿服务情况及社区居家护理需求与发展等主要议题，就两岸今后开展社区老年人家庭护理服务等工作，充分交换意见，达成合作共识。两岸参会代表还对福州、南平与莆田等地的红十字社区建设发展和老人居家护理情况进行了实地参访。

12月10日至11日 全国人大常委会副委员长、中国红十字会会长陈竺率中国红十字会代表团对意大利红十字会进行了为期两天的友好访问。代表团会见了意大利红十字会会长、红十字会与红新月会国际联合会副主席弗朗西斯科·罗卡，考察了意大利红十字会总部、罗马省分会、意大利红十字会中央实验室、难民接受中心和吸毒者援助及康复基金会。双方就院前急救、救护车服务、自然灾害及核污染事故等紧急情况应对、社区人道救助体系建设、无偿献血动员、志愿者动员及激励等内容进行了深入探讨。

陈竺在交流中表示，意大利是我国共建“一带一路”的重要合作伙伴，希望在“一带一路”倡议下，两国红会通过多、双边渠道，进一步密切两会关系，切实推动双方的信息共享与项目合作。

罗卡会长对中国红十字会近年来的发展和成绩表示赞赏，期待与中国红十字会进一步加深了解，探索未来合作和共同发展的有效途径，为更多需要帮助的人服务。

12月17日 由中华全国台湾同胞联谊会、贵州海外联谊会主办，贵州省红十字会和省台湾同胞联谊会、省档案局联合承办的“纪念抗日烽火中的中国红十字会救护总队暨林可胜教授学术座谈会”在贵州省贵阳市召开。全国人大常委会委员、全国台联会长汪毅夫，海峡两岸关系协会副会长叶克冬，全国台联副会长杨毅周，贵州省委常委、省委统战部部长刘晓凯，台湾红十字组织前负责人、海峡交流基金会首任秘书长陈长文，中国红十字会总会联络部副部长任浩等出席活动。

12月18日 全国人大常委会副委员长、中国红十字会会长陈竺赴福建调研红十字会工作，强调认真学习贯彻十八届五中全会精神，牢牢把握“创新、协调、绿色、开放、共享”五大发展理念这条主线，充分发挥红十字会在人道领域联系群众的桥梁和纽带作用，在全面建成小康社会的决胜阶段做出应有贡献。

陈竺一行首先听取福建省红十字会工作汇报。他说，福建省红十字会在实践中摸索出的可推广、可复制的大病救助模式，帮助了许多贫困家庭的大病患者，在创新方面走在了前列。他鼓励大家树雄心、立壮志，把红十字会工作与建设海峡西岸经济区、实现祖国和平统一大业、推进“一带一路”建设结合起来，为建设机制活、产业优、百姓富、生态美的新福建发挥积极作用。

陈竺指出，十八届五中全会提出的五大发展理念，为中国红十字事业发展进一步指明了方向。要坚持创新发展，红十字组织在自身建设方面要创新体制机制，要善于运用包括新媒体在内的各种宣传工具，最广泛地动员社会各方面力量，弘扬红十字精神；要坚持协调发展，中西部地区和老少边穷地区应是下一步红十字会工作的重中之重，把红十字会核心业务与当地社区建设紧密结合，在全部国家级贫困县和集中连片特困地区全面推开“博爱家园”项目，做到“哪里有困难群众，哪里就有红十字人”；要坚持绿色发展，协助有关部门在备灾、减灾、预警、宣传方面开展工作，注重“治未病”，助力政府加强源头治理，促进人与环境的和谐；要坚持开放发展，配合“一带一路”倡议积极走出去，把“民心相通”的工作做好，在人道旗帜下争取更多国际话语权；要坚持共享发展，把关注目光更多地投向弱势群体，聚焦精准救助、精准扶贫，推动基本医保制度对“三献”的覆盖，助力政府解决因病致贫、因病返贫难题。

陈竺强调，越是最困难的地方，越能发现最需要帮助的人群，越需要红十字会。要把中央群团工作会议精神贯彻到红十字会各项工作中去，在“十三五”期间进一步发挥党和政府在人道领域的助手作用，为全面建成小康社会做出应有贡献。

陈竺一行还前往福州市鼓楼区中山社区、开元社区和福州市第十一中学，考察红十字“博爱家园”、红十字生命关爱进社区和学校红十字体验式生命教育工作。

中国红十字会常务副会长徐科，福建省委常委、福州市委书记杨岳，省人大常委会副主任刘群英，副省长、省红十字会会长李红，省政协副主席陈绍军，省红十字会常务副会长黄毅敏等陪同调研。

12 月 21 日　广东省深圳市光明新区凤凰社区恒泰裕工业园发生山体滑坡，附近西气东输管道发生爆炸。中国红十字会总会、广东省红十字会、深圳市红十字会紧急调拨 500 个家庭包，在受灾所在街道设立救援点，为受灾群众提供帮助。

12 月 30 日　中国红十字基金会第三届理事会第十次会议在北京召开。会议听取并审议了中国红基会 2015 年度工作报告和财务报告，审议讨论了“十三五”时期以及“天使计划”新 10 年工作规划，并对 2016 年工作做出安排。中国红基会常务副理事长兼秘书长孙硕鹏做工作报告，中国红基会副理事长刘选国做财务报告。

中国红十字会副会长、中国红基会理事长郭长江主持会议并讲话，他充分肯定了中国红基会的工作，并希望红基会以最易受损害群体为目标人群，逐步构建起人道公益项目体系；注重加强质量管理和创新驱动，形成符合现代社会组织特点的内部治理机制；品牌传播和社会动员能力要进一步增强，初步形成公益资源支持体系。

郭长江对未来工作提出要求：第一，抓住机遇，谋求发展，把“十三五”时期作为做强做实人道公益事业最重要的战略期；第二，直面挑战，克服困难，广泛深入挖掘和开发公益资源，增强核心竞争力；第三，深化改革，以改革解决前进中的问题，以创新谋求更大的发展；第四，真抓实干，继续培养和树立坚定的价值观和崇高的使命意识，狠抓机构队伍建设。

2016 年

2 月 6 日 台湾高雄发生 6.7 级地震。得知灾情后，中国红十字会会长陈竺迅即向台湾红十字组织发出慰问电，同时中国红十字会总会向台湾红十字组织提供 200 万元人民币紧急救灾款，并与台湾红十字组织保持密切沟通，做好救灾物资和救援队伍的相关准备工作。

2 月 21 日至 22 日 全国人大常委会副委员长、中国红十字会会长陈竺一行赴广东调研红十字会工作。

21 日上午，陈竺一行首先来到深圳市血液中心，视察了血液中心在开展无偿献血和造血干细胞捐献方面的工作情况，召开了座谈会，听取了工作汇报。他指出，深圳市红十字会输血大厅是红十字会与卫生行政部门开展合作的有效平台，各级红十字会开展“三救三献”核心业务，在认真做好宣传工作的同时，与卫生、民政、公安、交通等有关部门的协调也非常重要。

他表示，深圳作为我国经济领域开放的前沿，精神文明建设也走在全国前列，希望深圳市红十字会继续发扬敢为人先的“拓荒牛”精神，不仅注意总结推广已有的先进经验，而且还应为实现人体器官无偿捐献的严格规范和有效监管，积极向党委政府建言献策，推动地方立法实践及相关工作机制的完善，并通过购买服务等方式从政策层面为器官捐献协调员队伍的发展提供更多保障和关爱。

下午，陈竺参加了广东省红十字会基层座谈会，听取了广东省红十字会工作汇报，就红十字事业的发展与理事单位、捐赠者、志愿者和基层红十字会代表展开交流。陈竺充分肯定了广东红十字事业在各个阶段取得的突出成绩，高度赞扬了广东红十字人“敢为天下先”的创新精神。他对广东省红十字会工作提出殷切期望：一是广东作为红十字运动的发源地之一，希望继续传承发扬红十字会的优良传统；二是要抓住《慈善法》和《红十字会法》修订的有利契机，以及“十三五”规划对人道事业提出的新要求，进一步开创有中国特色红十字事业的新局面，用实际行动贯彻落实习近平总书记在中国红十字会第十次全国会员代表大会期间和中央群团工作会议上的重要讲话精神；三是要树雄心、立壮志，推动中国特色红十字事业更上一层楼。为此要创新工作思路，加强统筹协调，密切与各有关部门的沟通协作，同时加强自身能力建设，注意发挥新闻媒体的正面作用，让更多的社会力量成为红十字精神的“布道者”，为社会主义核心价值观建设做出应有贡献。

22 日上午，陈竺出席在中山市召开的首届“粤港澳红十字人道工作交流会”并致辞。陈竺指出，随着国家“一带一路”倡议实施和广东自贸区启动建设，粤港澳合作迎来了新起点、新机遇，粤港澳三地红十字同人、志愿者欢聚一堂，围绕“人道·行”和“志愿服务”重要议题进行深入探讨交流，是配合国家关于粤港澳合作交流的具体行动，也是在新形势下粤港澳红十字人道工作的有效创新。

陈竺就内地和港澳红十字会的合作提出具体建议。一是要配合国家“一带一路”倡议，围绕粤港澳全面合作大局，在人道领域充分发挥中国红十字会的作用。通过此次会议切实找到粤港澳地区合作共赢的需求点，进一步拓宽合作领域，畅通合作渠道，形成合作机制，切实当好政府在人道领域联系群众的桥梁。二是要围绕“一国两制”政策开展工作，进一步加强内地与港澳红十字青少年工作的交流合作，设计一些既能弘扬中华民族伟大复兴，又让人喜闻乐见的红十字青少年项目。三是要整合志愿服务资源，优势互补，共同创立红十字会志愿服务核心品牌。四是粤港澳红十字会要积极利用地缘优势，汇聚力量，参与国际合作，通过参与国际事务，提升自身能力。五是希望此次会议以团结合作、改革创新的精神开出成果，同时要与时俱进，将交流会坚持办下去。

22 日下午，陈竺与中国红十字会特别顾问彭珮云等一起参加了“中山市 2016 年慈善万人行”活动。该活动已经连续举办了 29 年，成为中山市红十字会传播“人道、博爱、奉献”的红十字精神的重要载体。

调研期间，陈竺还先后前往南方医科大学、中山纪念中学和中山市南朗镇榄边村，就人体器官捐献工作、红十字青少年工作和红十字博爱家园项目开展实地调研。广东省委副书记、深圳市委书记马兴瑞，广东省副省长邓海光、何忠友，深圳市市长许勤，省人大副秘书长陈敏，省红十字会党组书记陈文昌，中国红十字会副会长郝林娜等陪同调研。

2 月 23 日　中国红十字会第十届常务理事会第二次会议在北京召开。陈竺会长主持会议，第十届常务理事出席会议。会议听取和审议了中国红十字会2015年工作情况报告及2016年工作任务，以及《中国红十字事业发展规划（2016—2020年）（修改补充稿）》《中国红十字会2015年度财务收支情况报告》《中国红十字会专项基金管理办法》《中国红十字会总会2016年“三项基金”预算（草案）》《关于中国红十字会第十届理事会人事变更情况的报告》等，并通过了中国红十字会第十届常务理事会第二次会议决议案。

2月27日　中国红十字基金会“院士博爱基金”在北京成立，中国红十字会会长陈竺、“院士博爱基金”发起人代表饶子和等出席座谈会。中国红十字会常务副会长徐科，副会长郭长江、王海京，副会长兼秘书长王汝鹏，新疆维吾尔自治区副主席、自治区红十字会会长田文，国家卫生计生委、教育部、中华医学会、中华护理学会、中国红基会等单位相关负责人出席座谈会。

陈竺（前排左四）和与会的“院士博爱基金”发起人合影

陈竺在座谈会上致辞说，“院士博爱基金”是2016年新春伊始中国红十字会设立的首个人道公益基金，也是我国首个由两院院士发起成立的专项公益基金。陈竺表示，“院士博爱基金”选择红十字会作为公益合作伙伴，充分表明基金发起人和参与者对红十字运动的认同。该基金落户中国红十字会，是红十字人的荣幸，也是一种重托。希望中国红十字基金会进一步增强荣誉感和使命感，充分尊重基金管委会的意见，用心做好捐赠人服务，严格按照专项基金管理有关规定，管好用好每一笔爱心捐赠。同时，要加强信息公开，加大传播推广，广泛动员社会力量支持和参与，使“院士博爱基金”真正成为规范有序、开放共享、公开透明的人道公益平台。

中国科学院院士饶子和代表基金发起人致辞。他说，“院士博爱基金”的设立是为两院院士参与人道公益事业搭建一个平台，进而动员社会力量和爱心人士支持人道公益事业发展。他表示，中国红十字会是全球最大的人道主义组织的一员，我们相信也期待能够在人道服务供给侧改革、创新、挖掘方面做出探索和示范，引领人道公益事业发展。他希望把“院士博爱基金”建设成为一个公益朋友圈，欢迎更多的两院院士参与，可以捐赠资金，也可以捐献智力、技术，可以直接参与公益项目的策划、执行和评估，也可以动员公益力量加盟，共同致力于人道公益事业。

座谈会上，中国红十字会常务副会长徐科介绍了红十字会工作的有关情况。中国红十字会副会长兼中国红十字基金会理事长郭长江代表中国红十字基金会向基金发起人和捐赠企业表示感谢，并通报了“院士博爱基金”规则草案。公益领域专家王振耀、汤敏、金锦萍等与参会代表围绕人道事业供给侧改革，以及院士博爱基金管理运行、捐款用途等进行了充分讨论。

“院士博爱基金”是由饶子和、曾益新、王振义、宁光、吴以岭、张志愿、陈义汉、陈国强、陈赛娟、高福、阎锡蕴、赫捷等12名中国科学院、中国工程院院士共同捐款发起设立的专项公益基金，由中国红十字基金会负责日常管理。该基金主要用于资助当前特别突出的人道公益服务供给侧能力建设，包括根据卫生健康领域的人道服务需求设立“院士博爱奖学金”，资助医学院校儿科方向在校学生完成学业；资助西部儿科医疗资源短缺地区开展儿科医生短期培训，提升其医疗服务水平；资助老年介护事业发展，培训老年专业护理人员；资助儿科及老年医学的学术课题研究，资助开展儿童大病及罕见病治疗研究，资助灾难医学、急救医学学科建设和发展；支持人体器官和遗体捐献事业发展，奖励做出特殊贡献的人体器官捐献社会协调员；以及其他发起人及捐赠人指定的、符合基金宗旨的人道公益项目。

2月28日至3月1日　应香港红十字会邀请，全国人大常委会副委员长、中国红十字会会长陈竺，副会长郭长江一行对香港红十字会进行工作访问，并出席香港红十字会新总部大楼开幕典礼。

28日，陈竺等前往香港红十字会青年及义工事务部港岛分区总部进行访问，与会员代表及工作人员进行交流，详细了解其工作模式和会员体会，并就红十字青少年在香港中小学生中的覆盖比例、参加活动对会员个人发展的影响等情况提问。交谈中，陈竺还对今后进一步加强内地与香港红十字青少年交流提出希望。

29日，陈竺一行与香港红十字会罗荣生主席、林胡秀霞副主席、胡郭秀萍副主席及苏婉娴秘书长等进行工作会谈。陈竺详细听取了香港红十字会工作介绍，特别是应急救护及健康护理训练、心理支援、境外赈灾、自身管理和能力建设方面的情况。他表示，香港红十字会工作经验丰富、管理制度完备、创新和服务意识强，值得内地红十字会学习借鉴。他对香港红十字会不断改善香港同胞福祉、救助弱势人群所做出的不懈努力表示赞赏，并就共同关心的国际红十字运动发展问题进行探讨。

3月1日上午，陈竺参观了香港红十字会玛嘉烈戴麟趾学校及香港红十字会输血服务中心。香港红十字会玛嘉烈戴麟趾学校是一所专门为身体弱能及智障儿童提供全方位护理和教育的学校，代表团一行通过参观及与学校老师交流，深切感受到学校在人道工作上的用心和到位，特别是教职员工对这份事业的热爱。香港红十字会输血服务中心自1952年起推动无偿自愿捐血，是全港唯一负责采集及供应血液制品给公立医院、私立医院使用的机构，同时提供造血干细胞及脐带血捐赠服务。陈竺与血液中心工作人员和造血干细胞捐献者代表进行座谈，希望在社会动员和成分血利用等方面香港和内地进一步加强交流与合作。

1日下午，陈竺与香港特别行政区行政长官梁振英、香港红十字会会长杨铁樑及香港各界知名人士、捐款人代表、红十字国际委员会代表、红十字会与红新月会国际联合会代表等共同出席了香港红十字会新总部大楼开幕典礼。由于香港红十字事业的不断发展，始建于1965年的原总部大楼已不敷使用。为适应工作需求，香港红十字会在香港政府和社会各界的支持下，在西九龙建设了新总部大楼。大楼设施完善，空间合理，可提供包括成分捐血、青少年发展与红十字教育、义工服务、应急救护及健康护理培训、心理支援、境外救灾、备灾仓储以及特殊教育与复康等多种功能在内的人道工作需要。

3月3日　中国人民政治协商会议第十二届全国委员会第四次会议在北京开幕。全国政协委员、中国红十字会副会长、中国红十字基金会理事长郭长江向大会递交了《关于进一步加强公益慈善领域人才队伍建设的建议》《关于积极应对人口老龄化的几点建议》《关于加快推进〈人体器官移植条例〉修订工作的建议》《关于制定相关法律法规　推广使用自动体外除颤器的建议》等4份提案。

3月8日　中国红十字会总会妇女国作委员会举办“庆三八、促健康”知识讲座，邀请国家中医药管理局中医药文化科普巡讲团养生巡讲专家、中医科学院博士后胡广芹授课。中国红十字会副会长郝林娜，总会及直属单位女职工近百人参加活动。

3月20日　全国人大常委会副委员长、中国红十字会会长陈竺在北京会见来访的红十字会与红新月会国际联合会副主席、意大利红十字会会长弗朗西斯科·罗卡和意大利红十字会托斯卡纳区分会会长弗朗西斯科·卡博尼。双方就中、意两国红十字会未来开展合作的相关事务交换了意见，并签署了谅解备忘录。备忘录明确，两国红十字会将在“国际层面的信息交流和相互支持”“国际人道主义援助”“防灾减灾”“分会之间的交流”“红十字青少年和志愿者活动”等合作框架下，进一步加强战略研究设定，促进需求对接，细化合作项目，以推动经验共享和相互学习，提高两国红会向易受损目标人群提供服务的能力。

陈竺表示，意大利是中国共建“一带一路”的重要合作伙伴，希望在“一带一路”倡议下，两国红会通过多边、双边渠道，进一步密切关系，切实推动双方的知识共享与项目合作。他希望此次谅解备忘录的签署，能为双方合作提供更好的框架和平台，促进两国红会进一步扩大和深化合作。弗朗西斯科·罗卡表示，两国红十字会在开展人道工作方面有很多相似之处，期待通过备忘录的签署，与中国红十字会进一步加深了解，探索未来合作和共同发展的更多有效途径。

3月22日　全国人大常委会副委员长、中国红十字会会长陈竺在北京会见了世界卫生组织西太平洋区域主任申英秀和非洲区域主任莫爱缇一行。双方围绕人道和卫生领域的交流合作深入交换了意见。

陈竺首先代表中国红十字会对世界卫生组织代表团的访问表示热烈欢迎，并衷心祝贺西非国家在世界卫生组织领导下成功战胜埃博拉疫情。陈竺指出，2015年诺贝尔生理学或医学奖获得者屠呦呦教授发现的青蒿素，作为目前抵抗疟疾耐药性最好的药物，在全球抗击疟疾进程中发挥了重要作用。尤其通过中非卫生合作，青蒿素在疟疾重灾区的非洲已经挽救了上百万人的生命，这一了不起的成就是中非卫生界乃至国际卫生界的共同胜利。

陈竺表示，卫生事业和人道事业紧密相连。多年来，中国对非洲国家在卫生领域给予了力所能及的支持。近年来，中非在政治、经济、文化等领域的交流更加频繁，合作更加密切。特别是2015年年底，习近平主席赴南非参加中非合作论坛约翰内斯堡峰会时宣布了未来3年中国对非合作重点实施的“十大合作计划”，提出把中非关系提升为全面战略合作伙伴关系。中国红十字会作为中国政府在人道领域的助手，也将积极响应有关号召，与非洲国家共同发展人道事业。

申英秀对中国红十字会的接待表示感谢，并介绍了代表团此行访华的主要活动。莫爱缇表示，十分感谢中国在卫生领域给予非洲国家的宝贵支持，希望未来中国在对非洲国家援建基础设施的同时，也能够在人才培训、技术转移、合作研发等方面给予帮助，中国红十字会面向非洲国家红会开展的能力建设培训班就是一种效果很好的创新性援助方式，尤其在基层开展交流合作是非常必要的。

陈竺表示，中国红十字会将进一步发挥自身优势，动员更多社会力量参与中非在人道领域的创新性合作，为此建议：一是创新合作方式，将传统的双边合作拓展为双边和多边合作相结合；二是创新合作内容，将能力建设和人才培养等“软件”援助与中非已有的基础设施援建等“硬件”援助相结合；三是将红十字会和企业、行业组织以及其他慈善团体的力量整合起来，努力使中非在人道和卫生领域的合作迈上新台阶。中国红十字会常务副会长徐科、副会长郝林娜参加会见。

3 月 26 日　全国人大常委会副委员长、中国红十字会会长陈竺，红十字会与红新月会国际联合会副主席、意大利红十字会会长弗朗西斯科·罗卡，到北京市红十字会紧急救援中心（999）进行调研考察。

陈竺一行参观了中国首架专业医疗救援直升机，考察了人道应急指挥调度大厅及各类急救专用车辆装备，并听取了工作人员对“999”指挥调度系统运作、医疗急救执行等情况的汇报。

罗卡在考察结束后表示，“今天的参观给我留下了深刻印象，我看到了中国红十字同人的努力所结出的丰硕成果”。他说，我们正在步入一个崭新的时代，国际红十字运动面临着诸多挑战，北京市红十字会非常有能力应对可能出现的复杂局势。陈竺说，北京市红十字会是中国红十字会系统最好的地方分会之一，人道事业是我们共同的事业，罗卡主席非常重视各国地方分会间的合作，相信北京市红十字会今后将与罗马红十字会建立紧密合作，共同弘扬人道主义精神，向易受损目标人群提供服务。

在随后召开的座谈会上，陈竺听取了北京市红十字会相关负责人对市红十字会基本工作情况和创新发展成果的汇报，他充分肯定北京市红十字事业在各个阶段取得的成绩，对市红十字会为弘扬人道精神，促进首都红十字事业发展做出的非凡努力表示衷心感谢。他表示，北京市红十字会的很多经验，对全国各地红十字会具有重要借鉴意义，要认真总结推广，为此提出以下几点期望：一是要进一步推进体制机制创新，在“十三五”期间进一步发挥党和政府在人道领域的助手作用，要练好“内功”，推动管理机制现代化，进一步提高服务质量和水平，加强公信力建设；二是要充分发挥微信、微博等新媒体的作用，探索建立更加专业化的信息系统，进一步加大对红十字精神的宣传力度；三是要走好中国特色红十字事业发展道路，进一步融入国际红十字运动，要把红十字会工作与推进“一带一路”建设结合起来，争取把北京市红十字会紧急救援中心打造成高水平急救医学平台，为北京服务，为全国服务，为“一带一路”建设服务。

中国红十字会常务副会长徐科，北京市人大常委会副主任孙康林，北京市副市长、市红十字会会长林克庆，中国红十字会副会长王海京，北京市红十字会常务副会长马润海等参加调研考察。

3月31日 由中国红十字会总会、国家卫计委主办，中国人体器官捐献管理中心承办，中国器官移植发展基金会、北京医院协办的2016年全国人体器官捐献缅怀纪念暨宣传普及活动在北京医院隆重举行。

全国人大常委会副委员长、中国红十字会会长陈竺，中国人体器官捐献与移植委员会主任委员、中国器官移植发展基金会理事长黄洁夫，国家卫生计生委副主任王培安，中国红十字会常务副会长徐科，副会长郭长江、郝林娜、王海京，以及中宣部、中央文明办、民政部、中央国家机关工委、中央军委后勤保障部等相关部门领导，与包括王学浩院士在内的6位中国人体器官捐献与移植委员会专家委员，南丁格尔奖获得者王雅屏、陈东及有关方面代表共300余人出席活动。陈竺、黄洁夫等领导为器官捐献者家属代表、优秀协调员代表颁发了荣誉证书。郭长江宣布“生命接力——博爱基金”成立。陈竺向捐赠方代表山东威高集团董事长陈学利颁发了红十字人道奖章及捐赠证书。

“生命接力——博爱基金”是中国红十字基金会携手威高集团共同发起设立的公益项目，将重点资助开展7个公益项目：在媒体开辟“生命接力时间”专题板块、设立“生命接力志工奖”、支持人体器官移植和运输等工作、依托高等院校和医疗机构援建“生命接力实验室”、推出“生命接力人道救助计划”、援建红十字博爱卫生站和红十字救护站、开展其他符合红十字人道宗旨的项目，为推进我国人体器官捐献事业发展贡献力量。

4月5日至9日 应日本著名社会教育团体碧波会及其理事长鹤由香里女士邀请，中国红十字会总会事业发展中心主任江丹率北京顺义、福州曜阳老年公寓项目负责人等赴日本考察，交流学习养老介护和培训工作经验。访问期间，江丹一行先后考察了福冈百道养老院、福冈尊严内滨养老院和京都倍乐生株式会社南禅寺下河原町养老院，深入了解养老介护服务发展、养老政策、体系、服务设施等情况，与各养老院院长及相关人员进行交流沟通，并就养老合作事宜进行了初步磋商。

4月6日至7日 中国红十字会第十届理事会第二次会议在北京召开。全国人大常委会副委员长、中国红十字会会长陈竺，全国政协副主席、中国红十字会名誉副会长韩启德出席会议。会议审议通过了《中国红十字会2015年工作报告》《中国红十字事业发展规划（2016—2020年）》《中国红十字会2015年度财务收支情况报告》《中国红十字会专项公益基金管理办法》以及人事变更的有关事项。

陈竺在讲话中回顾了中国红十字会过去一年的工作，对各位理事为红十字事业发展做出的贡献表示感谢，并对2016年中国红十字会的主要任务和红十字事业发展提出了要求。他强调，中国红十字会要认真贯彻落实习近平总书记系列重要讲话精神和党的群团工作会议精神，坚持党对红十字事业的领导，坚持围绕中心、服务大局开展工作，坚持服务群众的工作主线，坚持人道主义宗旨，坚持依法依章程开展工作，走中国特色群团发展道路。

陈竺希望以《红十字会法》修订为契机，积极有为，深入推进依法治会，着力加强自身建设，不断开创中国特色红十字事业发展新局面。他要求，认真落实五大发展理念，配合国家“十三五”经济社会发展规划实施，推动红十字会各项工作开展，为此要做到：做好“三救三献”工作，把精准扶贫作为工作切入点，助力脱贫攻坚；发挥民间外交重要渠道作用，不断拓展国际交流与合作；发挥精神文明建设生力军作用，弘扬红十字精神；切实加强改进作风建设，规范从严治会；继续加强公信力建设，弘扬红十字正能量，实现红十字事业科学发展。

4月7日 全国红十字会系统党风廉政建设工作会议在北京召开。中央纪委派驻纪检组组长李五四传达了十八届中央纪委六次全会和国务院第四次廉政工作会议精神。中国红十字会党组书记、常务副会长徐科出席会议并强调红十字会要全面落实从严治党要求，不断推进党风廉政建设取得新成效，为红十字事业持续健康发展提供坚强有力的保障。

会议对全国红十字会系统抓好党风廉政建设和反腐败工作提出6方面要求：要深入学习贯彻习近平总书记系列重要讲话精神，做到内化于心、外化于行；要把纪律建设摆在更加突出的位置；要持续抓好全面从严治党“两个责任”；要严格落实中央八项规定，持之以恒抓好作风建设；要切实加强权力运行制约监督；要坚持领导干部带头，以上率下。

中国红十字会副会长王海京主持会议，副会长王汝鹏、副会长兼秘书长王平，以及各省级红十字会常务（专职）副会长、总会机关各部门及直属单位主要负责人参加会议。

4月7日 全国红十字会系统对口支援西部地区工作会议在北京召开。会议总结交流了全国红十字会系统对口支援西部地区工作的成绩和经验，重点研究讨论了如何继续健全社会力量参与机制、深入推动对口支援西部地区红十字事业发展的问题。中国红十字会常务副会长徐科出席会议，副会长王海京主持会议，北京、上海、江苏、浙江4个援助省、市红十字会和云南、西藏、新疆3个受援省级红十字会做对口支援工作经验交流，其他省（区、市）红十字会参与现场讨论交流。在京的中国红十字会副会长兼秘书长王平，各省级红十字会常务（专职）副会长出席会议。

4月12日 全国人大常委会副委员长、中国红十字会会长陈竺在北京会见了来访的红十字国际委员会主席中国事务个人特使白良。双方就当前红十字运动各方共同关切的人道问题、如何团结应对全球面临的人道危机以及中国红十字会与红十字国际委员会开展合作等事宜进行了探讨和交流。

陈竺代表中国红十字会对白良就任特使后的首次到访表示欢迎。陈竺表示，为非战乱国家设立国家个人特使职位在国际委员会历史上尚属首次，表明国际委员会尤其是彼得·莫雷尔主席对中国政府和中国红十字会的合作抱有很高期望。中国政府和中国红十字会一直高度重视与国际委员会的交流与合作，特使的上任将成为双方合作的又一契机，期待特使卓有成效的工作将双方的战略合作推上一个新的台阶。

陈竺向白良一行介绍了刚刚召开的中国红十字会第十届理事会第二次会议的情况，就中国红十字会今后5年的发展规划进行了简要说明。陈竺指出，当前国际形势发生了前所未有的复杂变化，全球正面临着二战以来最严重的人道危机。中国红十字会对红十字国际委员会在武装冲突国家和地区开展的国际人道救援表示高度赞赏。近几年来，中国政府和中国红十字会在此方面也做了许多力所能及的工作。

他说，作为政府在人道领域的重要助手，中国红十字会将积极参与“一带一路”倡议的相关工作。国际委员会在“一带一路”沿线许多国家开展人道工作积累了丰富经验，中国红十字会希望能够分享这些经验与技巧，加强双方的交流与合作，共同推进中国红十字会参与“一带一路”工作的步伐。

陈竺还感谢红十字国际委员会在国际人道法传播方面对中国红十字会给予的大力支持。他表示，中国红十字会将积极为今年下半年在首都博物馆举办的“战争中的人道”展览提供必要协助和支持，助力展览取得圆满成功。陈竺希望中国红十字会进一步加强与红十字国际委员会在国际人道法传播、探索人道法项目、博爱家园、假肢康复和重建家庭联系等方面的合作，并积极探索在紧急情况下的人道救援、中国红十字会人员培养等方面与国际委员会开展合作的可能性，进一步扩展合作领域。

白良表示，红十字国际委员会一直高度重视与中国政府和中国红十字会的关系，此次来访，他将认真聆听中国红十字会在扩展和创新与红十字国际委员会的合作领域与合作方式方面的需求和建议，尽好特使的责任，推动中国与红十字国际委员会的合作，进一步提升中国红十字会在中国乃至世界人道领域的影响力。

中国红十字会副会长兼秘书长王平、红十字国际委员会东亚地区代表处主任高兰博等参加了会见。

4 月 13 日　中国红十字会总会党组召开“两学一做”学习教育动员部署会。党组书记、常务副会长徐科做动员部署，党组成员、副会长王海京主持会议，党组成员、副会长兼秘书长王平出席会议。会议要求总会机关及各直属单位全体党员要认真贯彻落实习近平总书记重要指示和中央“两学一做”学习教育工作座谈会精神，深刻认识开展“两学一做”学习教育的重大意义，进一步增强责任感和使命感，把思想和行动统一到习总书记的重要指示精神上来，统一到党中央的决策部署上来，扎实做好学习教育各项工作，确保学习教育取得实效。总会机关全体党员、直属单位班子成员、支部成员及老干部党支部代表参加会议。

4 月 15 日　中国红十字会副会长、中国红十字基金会理事长郭长江来到上汽通用五菱汽车股份有限公司，参加中国红基会“上汽通用五菱博爱基金”管委会会议。上汽通用五菱汽车股份有限公司总经理沈阳，副总经理袁智军，执行副总经理顾思沃，副总经理兼首席财务官马乐及管委会成员孙硕鹏、李丽明等出席会议。

会议总结回顾了 2007 年至 2015 年上汽通用五菱汽车股份有限公司和中国红基会合作的情况，审议了基金 2015 年度财务报告。会上，上汽通用五菱公司决定 2016 年向“上汽通用五菱博爱基金”捐款 2000 万元，用以支持中国红基会倡导的“红十字天使计划”，从卫生院站建设、乡村医生培训、志愿者博爱行动、“一带一路”海外项目等方面开展工作。

郭长江感谢上汽通用五菱公司长期以来对中国红十字事业的大力支持，他说，中国红十字基金会与上汽通用五菱公司的合作是红十字与企业良好互动合作的典范。沈阳表示，中国红基会是上汽通用五菱公司多年的值得信任的合作伙伴，公司愿意继续与中国红基会合作，通过红基会这个平台，立足中国，面向世界，继续履行社会责任。来自墨西哥的执行副总经理顾思沃对中国红十字事业高度评价，称“红十字会在全世界是受人尊敬的组织”。

4月16日 中国红十字会副会长郭长江一行来到广西柳州市雀儿山公园，实地考察红十字救护站建设工作，观摩红十字水上救援队训练、防溺水游园宣传、志愿者表彰等活动。在和柳州红十字志愿者交流时，郭长江对志愿者参与应急救援管理工作给予高度肯定，鼓励大家再接再厉，进一步提高救援队伍的救援水平。郭长江表示，柳州市红十字会近年来的工作有声有色，十分活跃，为广西乃至全国提供了经验。他建议柳州市红十字会进一步拓展和雀儿山公园的良好合作，不仅把红十字救护站办成红十字会的服务窗口，还要利用雀儿山公园的优势，宣传“人道、博爱、奉献”的红十字精神，弘扬社会主义核心价值观。

4月19日 由国家彩票公益金支持的中国红十字心理救援队2016年培训班在浙江省湖州市正式开班。来自中国红十字浙江、天津、江西心理救援队和广西红十字会心理救援队的学员参加培训。此次培训旨在进一步提高国家级心理救援队员的理论水平，促进队伍之间的磨合。同时将通过培训，组织师资完善国家级心理救援队培训课程体系，编制中国红十字心理救援队培训演练大纲，更新心理救援队社会心理支持工具包配置。这是国家彩票公益金“十三五”规划“红十字人道救援”项目的首期培训班。

4月19日 外交部发言人华春莹在例行记者会上表示，中国红十字会已向厄瓜多尔红十字会提供10万美元紧急现汇援助。华春莹表示，厄瓜多尔强烈地震造成的人员伤亡数字正在不断上升，中方对此十分关切，习近平主席已向科雷亚总统致电慰问，中国政府正在加紧研究紧急人道主义援助方案，并将尽快向厄方提供卫星图片用于救灾。

4月20日 京冀两地红十字会在河北省张家口市崇礼区举行京冀协作推进航空医疗救援工作座谈会暨《中国专业航空医疗救援创新合作发

展联盟战略框架协议》签约仪式，标志着京冀红十字组织航空救援空地生命走廊正式启动。北京市红十字会紧急救援中心（999）还与河北省43家航空医疗救援联盟医院签署了《航空医疗救援合作协议》。中国首架专业航空医疗救援直升机与河北省张家口市崇礼区120急救车联合进行了地空医疗救援演练。签约仪式后，京冀红十字会相关负责人、河北省航空医疗救援联盟医院负责人、内蒙古自治区红十字会负责人就协作推进航空医疗救援工作进行了交流座谈。

4月20日 为规范彩票公益金项目管理，提高资金使用效益，中国红十字会总会在浙江省杭州市举办“十三五”彩票公益金项目启动培训班。中国红十字会副会长王海京出席会议，动员部署项目实施工作。彩票公益金项目绩效考评机构专家，各省级红十字会负责人、业务干部等160余人参加培训会议。会议全面总结了“十二五”期间彩票公益金项目实施工作情况，分析了项目实施工作取得的成绩和存在问题，部署了“十三五”期间彩票公益金项目实施工作，要求各省红十字会在“十三五”彩票公益金项目实施工作过程中，做好与中国特色社会主义事业、中国红十字事业“十三五”发展规划、“精准扶贫、精准脱贫”、提升红十字会公信力、提升红十字会实力和能力等各个方面相结合的工作。

4月25日至27日 中国红十字基金会联合广东省中医院在甘肃省庆阳市共同开展“天使之旅——甘肃庆阳贫困先心病患儿筛查行动”，并对已接受“天使阳光基金”救助的患儿进行回访。“天使阳光基金”是中国红基会的重点人道救助项目，旨在通过国家彩票公益金和社会捐款对贫困家庭先心病患儿进行救助。2006年成立至今，该基金累计筹集资金超过1亿元，资助先心病患儿6304名。

4月27日 中国红十字国际救援队抵达厄瓜多尔首都基多的苏克雷国际机场。据悉，中国红十字国际救援队是受中国政府委派，抽调全国红十字会系统骨干力量组成的赈济救援队，其主要任务是协助当地对救援物资设备进行安装、分发并开展人员培训。据了解，厄瓜多尔16日发生7.8级地震及持续余震，造成大量人员伤亡，2万余人无家可归，救灾物资紧缺。根据厄方急需和灾情变化，中国政府在已提供200万美元紧急现汇援助的基础上，宣布追加提供6000万元人民币的物资援助，并委派中国红十字会派出赈济救援队执行救援任务。

4月28日 中国红十字会副会长兼秘书长王平会见到访的红十字国际委员会东亚地区代表处即将卸任的主任高兰博和新任主任裴道博。双方就今后开展进一步合作事宜进行了交流。

4 月 29 日　中国红十字会与新疆维吾尔自治区人民政府在乌鲁木齐市签署《中国红十字会对口支援新疆维吾尔自治区红十字事业发展战略合作框架协议（2016—2020 年）》，启动新一轮全国红十字会系统对口援疆工作，中国红十字基金会“院士博爱基金”组织开展的“院士+”西部儿科医师培训计划新疆站行动同时启动。全国人大常委会副委员长、中国红十字会会长陈竺，自治区主席雪克来提·扎克尔，自治区人大常委会主任乃依木·亚森参加活动。

根据框架协议，“十三五”期间，中国红十字会将在应急能力建设、应急救护培训、人道救助和人道服务、国际和港澳台交流合作以及能力建设等方面对新疆红十字会给予指导和扶持，采取有效措施促进新疆红十字事业持续健康发展。

参加活动的还有中国红十字会副会长王海京，中国科学院院士、中国红十字基金会“院士博爱基金”管委会副主任、上海交通大学副校长、医学院院长陈国强，以及自治区党委常委、自治区常务副主席黄卫，自治区党委常委、自治区副主席艾尔肯·吐尼亚孜，自治区人大常委会副主任马宁·再尼勒，自治区副主席、自治区红十字会会长田文，自治区人民政府党组成员、秘书长、办公厅党组书记吐逊江·艾力。

5 月 6 日　由红十字国际委员会、红十字会与红新月会国际联合会和中国红十字会联合主办的世界红十字与红新月日主题招待会在北京举行，由此揭开了“5·8”世界红十字与红新月日主题纪念活动的序幕。中国红十字会副会长兼秘书长王平、红十字国际委员会东亚地区代表处主任裴道博、红十字会与红新月会国际联合会驻北京办公室代理主任贝提亚出席招待会并致辞，向红十字与红新月运动中的志愿者和工作人员表示感谢和敬意。来自政府相关机构、国际组织、非政府组织、媒体，以及中国红十字会等相关部门或单位的代表参加招待会。

5 月 12 日　中国红十字基金会“英雄能量包”启动暨方特动漫卡通形象授权仪式在北京举行。中国红十字会副会长、中国红十字基金会理事长郭长江，中国红十字基金会常务副理事长兼秘书长孙硕鹏，华强方特（深圳）动漫有限公司总经理刘艳娟等出席仪式。仪式上，华强方特（深圳）动漫有限公司向中国红基会递交了动漫卡通形象授权书，并将授权所得全部捐献给中国红基会。郭长江向该公司颁发捐赠证书。

此次授权包含《熊出没》系列动画片中涉及熊大、熊二、光头强角色的形象、背景素材、元素名称等授权标的，授权期限为 2 年。中国红基会将基于已有基金项目资源与动漫卡通形象相结合，推出一系列公益活动。刘艳娟表示，华强方特（深圳）动漫有限公司作为一家有社会责任的企业，始终关注最易受损害群体的生存境况。《熊出没》是公司的代表作品，希望作品中“环保、自然、健康、快乐”的理念，能给“小天使”带去欢乐、安慰和鼓励，增强他们战胜病魔的勇气和能量。今后，公司还将全力支持中国红十字基金会“小天使计划”和博爱助学计划等社会公益项目。

“英雄能量包”是中国红十字基金会小天使基金2016年着力打造的公益衍生产品，旨在凝聚多方力量，为入院患儿提供齐全且高质量的住院必备用具与精神鼓励产品，在减轻患儿家长经济负担的同时，为患儿提供积极、乐观、阳光的力量，在他们抗击病魔的过程中给予鼓励。

5月13日 中国红十字国际救援队赴厄瓜多尔地震灾区参与救援的8名队员圆满完成任务，抵达首都机场，中国红十字会副会长兼秘书长王平等赴机场迎接并慰问救援队员。在厄瓜多尔地震灾区的16天里，中国红十字国际救援队与厄军方和政府相关部门密切配合，共建设安置点12个，执行发放并搭建帐篷1447顶、折叠床2894张，培训312名军方士兵和地方志愿工作者。

5月17日至19日 来自全国各地红十字会的600余名宣传工作者齐聚福建省泉州市，分两期参加由中国红十字会总会报刊社、红十字国际委员会东亚地区代表处联合举办的2016年度新闻传播业务培训班。中国红十字会副会长郭长江出席开班式并发表讲话，他要求高度重视新媒体在宣传红十字事业中的重要作用，认真研究“互联网+”战略下怎样运用新媒体传播红十字精神、宣传红十字事业的课题，结合培育和践行社会主义核心价值观，讲好红十字事业的中国特色、运动历史、改革发展、文化精神、社会贡献、人物事迹等方面的故事，传播红十字好声音，凝聚更多人道力量，共同改善易受损群体的境况。

此次培训班除了开设新闻写作技巧、人道传播等传统培训课程外，还新设了“互联网+”战略下的红十字会人道传播活动设计、微信微博等新媒体平台运营经验分享等课程，特别邀请了中国红十字基金会及重庆、湖北、山东、武汉等省、市红十字会的宣传干部、新媒体负责人分别介绍其新媒体的实践与经验，为学员提供更具针对性、操作性的经验与技能。

在闽期间，郭长江还调研了泉州市、莆田市红十字会工作，实地走访和了解社区红十字会工作，考察红十字会备灾救灾仓库，观摩水上安全救援志愿服务队演练，鼓励两地红十字会继续充分发挥志愿者力量，形成人道合力，汇聚爱心资源，更好地服务百姓。

5月18日至19日　中国红十字基金会“天使之旅”走进湖南，探访了长沙、常德、娄底、邵阳、湘潭的10个白血病患儿家庭，了解患儿的治疗和恢复情况，并给他们送去慰问品。每到一户患儿家中，工作人员、医务人员和志愿者都关切地询问孩子的身体恢复情况和生活状态，了解救助金使用情况和家中面临的困难，并收集受助家庭对中国红十字基金会大病救助项目的意见和建议。目前，这些患儿大都康复情况良好，但白血病对他们的影响是长久的，他们不仅需要格外注意身体健康，而且也需要心灵的呵护。

5月24日　民革中央联合中国红十字基金会在河北省涞源县白石山村举行捐助仪式，向河北省捐赠价值1473万元的现金和物资，助力当地精准扶贫。全国人大常委会副委员长、民革中央主席万鄂湘出席活动。仪式上，中国红十字基金会幸福天使基金分别与相关单位签署协议，为野三坡、避暑山庄等旅游景区援建10座“红十字救护站”，培训1500名红十字景区应急救护人员；在白石山村建设“博爱家园”；开展“以爱育爱·金童计划”活动，为河北省1000名贫困家庭新生儿进行先天性重大疾病健康筛查；开展“以爱育爱·扶贫计划”，为0~6岁贫病婴童提供成长所需营养。

民革中央副主席、北京市政协副主席、民革北京市主委傅惠民，河北省委统战部副部长李文杰，河北省政协副主席、民革河北省委主委卢晓光，中国红十字基金会常务副理事长兼秘书长孙硕鹏，民革北京市委秘书长蒋耘晨，河北省旅游发展委员会党组副书记、副主任翟玉虎，河北省红十字会秘书长任献强等参加活动。

5月30日　中国红十字国际救援队8名队员从北京启程，赴斯里兰卡洪灾和山体滑坡灾区开展人道救援。

5月31日　江苏省泰州市志愿者石云根为韩国一位27岁血液病患者捐献造血干细胞，成为中华骨髓库江苏省分库第500例造血干细胞捐献志愿者。石云根和两年前成功实施捐献的妻子一起成为全国首对夫妻捐献者。

6月10日　以中国红十字会总会赈济救护部副部长杨绪生为队长的中国红十字国际救援队，圆满完成斯里兰卡洪灾救援任务回国。中国红十字会副会长兼秘书长王平赴机场迎接并慰问救援队员。

6月12日　由中国红十字会总会主办，福建省红十字会、江西省红十字会共同承办的第六届海峡两岸红十字博爱论坛在福建省厦门市开幕。福建、浙江、江西、广东、山东、海南6省红十字会及海西经济区21个市级红十字会负责人与来自台湾花莲、南投、台东、苗栗等地区红十字组织代表，台湾慈济慈善基金会、慈济骨髓干细胞中心、民间公益慈善组织代表，专家学者、红十字志愿者等120余人参加论坛。

6月12日 “海峡两岸红十字青少年人道传播基地”揭牌仪式在福建省泉州市中国闽台缘博物馆举行。中国红十字会总会联络部副部长任浩，闽台缘博物馆馆长林建春，福建省红十字会常务副会长黄毅敏，泉州市副市长、市红十字会会长周真平及出席第六届海峡两岸红十字博爱论坛嘉宾、红十字志愿者等170余人出席仪式。

6月13日 由国家卫生和计划生育委员会、中国红十字会总会、中央军委后勤保障部卫生局共同主办的2016年世界献血者日宣传活动在安徽省合肥市举行，今年的主题是“血液连接你我”。中国红十字会副会长王海京参加活动并参与无偿献血，安徽省副省长、省红十字会会长谢广祥致辞。国家卫生计生委医政医管局副局长郭燕红、安徽省政府副秘书长吴行、安徽省红十字会常务副会长张青和专职副会长孙齐云，以及中央军委后勤保障部卫生局、安徽省卫生计生委、安徽医科大学、安徽省文明办、合肥市卫生计生委、合肥市红十字会等单位负责人与来自安徽省各地的红十字志愿者、高校志愿者、社会团体代表共400余人参加活动。

6月16日 中国红十字会总会针对贵州暴雨洪涝灾害启动四级应急响应，调拨了1000个家庭包、100顶单帐篷和5万元紧急备用金。贵州省红十字会自筹救灾资金5万元，采购大米和食用油运往灾区，并派遣救援队奔赴灾区，为灾民搭建帐篷、修厕所，宣传卫生防疫知识。浙江省红十字会向贵州提供了价值34.08万元的救灾物资，包括毛巾被、夹克衫、蚊帐等。

6月16日 中国红十字会总会针对湖南洪涝灾害启动四级应急响应，调拨5000件夹克衫、800个家庭包支援灾区。湖南省红十字会向灾区派出救灾工作组，调拨1000个家庭包，采购30万元的救灾物资发往受灾地区。

6月17日 中国红十字会总会针对江西暴雨洪涝灾害启动四级应急响应，向灾区调拨2000床棉被、2000件夹克衫和800个家庭包。

6月20日 中国红十字会总会开展特殊救助，向广西暴雨洪涝灾区调拨600个家庭包。

6月20日 中国红十字会总会针对湖北上报暴雨洪涝灾情启动四级

应急响应，向灾区调拨628个家庭包、4500件夹克衫，下拨紧急备用金10万元，用于为受灾群众采购大米。湖北省红十字会向受灾地区调拨300个家庭救助包、300个多功能地席。

6月20日　由中国红十字基金会、众筹网、甘肃省陇南市商务局合作开展的陇南市众筹扶贫大赛举行决赛，从初赛中脱颖而出的31个众筹扶贫项目现场参与角逐。“寻找一片麻香，守望一份真情”百万花椒众筹项目、“电商扶贫：乡愁——只因大山深处那抹茶绿”等一大批有想法、有思路、可操作性强的众筹扶贫项目获得表彰并赢得资助。据悉，大赛结束后，中国红十字基金会还将在参与决赛的31个团队中挑选出3个团队，提供生计发展基金，深度扶持生产过程，通过构建农户、专家、消费者等产业价值链小组，为贫困人群带入社会资源，借助互联网平台帮助其更好地对接市场。

6月21日　中国红十字会总会针对山东上报风雹灾情启动四级应急响应，向灾区调拨1000个家庭包，下拨紧急备用金5万元。根据江西灾情的发展，总会再次向江西灾区调拨900个家庭包和2000件夹克衫。江西省红十字会组织水上救援队，赴灾区紧急转移安置灾民，协助发放救灾物资。

6月21日　中国红十字会总会针对安徽洪涝灾情，向灾区调拨100顶单帐篷，下拨紧急备用金5万元。安徽省红十字会向灾区调拨1000床睡袋、400床棉被、2000件夹克衫和2000顶蚊帐。

6月21日　中国红十字会总会开展特殊救助，向新疆暴雨灾区调拨100顶单帐篷、1000床棉被。

6月21日　中国红十字基金会轻松筹微基金页面上线暨“轻爱行动”启动仪式在北京大学人民医院举行。北京大学人民医院、山东省立医院、江苏省人民医院、中南大学湘雅医院、中山大学第六附属医院、新疆医科大学第一附属医院等6家医院的社工部门加入“轻爱行动”，共同助力大病贫困患者人道救助。据悉，首次“轻爱行动”预计到10月份结束，届时，轻松筹微基金将根据活动实施情况，确定下一批次配捐资金额度及活动开展计划。

6月22日　中国红十字会总会根据安徽灾情发展，再次调拨1000床棉被、1000件夹克衫和600个家庭包。

6月22日　中国红十字会总会开展特殊救助，针对重庆上报洪涝灾情，向灾区调拨500个家庭包、1000件夹克衫。

6月22日　中国红十字会总会在6月中旬以来的暴雨洪涝灾害中启

动四级应急响应7次，开展特殊救助5次，调拨4000床棉被、15500件夹克衫、7428个家庭包、300顶单帐篷和25万元紧急备用金。

6月23日　中国红十字会总会工作组赴湖北省英山县开展“扶贫救心——红十字在行动”贫困先心病患儿救助活动，并赴“6·19”水灾受灾地区查看灾情，慰问灾民。

“扶贫救心——红十字在行动”贫困先心病患儿救助活动在英山县的3家医院分批进行。中国武警总医院副院长刘惠亮率该院5名专家组成的专家组，对330名儿童进行详细检查，最终筛查确定9名贫困先心病患儿作为救助对象。每名救助对象将由中国红十字会资助3万元手术费，手术定点在武警总医院。

筛查活动结束后，工作组立即奔赴“6·19”水灾受灾地区查灾，向县、镇、村三级干部详细了解救灾工作情况，就灾后重建工作向省、市、县三级红十字会提出具体要求，要求整合全社会力量开展救灾，加强基层红十字组织管理，积极参与对灾民的救助救护，把红十字组织建设发展到村级，进一步贴近群众，更好地服务基层群众。工作组一行还向受灾严重的百丈河村、梅岩村群众发放了价值6万元的200个家庭包。

6月23日　江苏盐城发生龙卷风冰雹特别重大灾害，造成98人遇难，伤846人。针对灾情，中国红十字会总会调拨500顶帐篷、1000个家庭包、3000件夹克衫等救灾物资运抵灾区。同时，总会下拨紧急备用金30万元，支援救灾工作。

6月24日　全国人大常委会副委员长、中国红十字会会长陈竺率中国红十字会总会救灾工作组抵达江苏盐城龙卷风冰雹特别重大灾害灾区，看望慰问受灾群众。中国红十字会副会长王海京同时赴灾区指挥救援。按照陈竺会长指示，由复旦大学附属华山医院专家组成的中国红十字会医疗专家组赶赴现场实施救援。

陈竺在慰问时强调，红十字会要按照习近平总书记、李克强总理的重要指示精神，全力以赴做好人道救援，要积极配合政府有关部门做好受灾群众的安置工作，根据实际需求努力提供帮助。在阜宁县人民医院北院区，陈竺走进病房看望受伤群众，并叮嘱医护人员，要全力以赴做好人道救援，要精心医治、护理和照顾好受伤群众，要把工作做细做好，将抢救生命放在首位。除治疗伤病之外，还要进行心理抚慰，让受伤群众早日康复。

6月25日　中国红十字会副会长王海京深入江苏省阜宁县、射阳县灾区考察灾情，指挥救灾工作。王海京要求，分发物资要做到公平、公正、公开、人性化，红十字会要以扎实工作帮助灾区群众渡过难关，重建家园，总会将继续关注灾情发展情况。

6月27日至7月3日 由埃及、沙特阿拉伯、突尼斯等6国红会19名人道工作者组成的应急救护管理研修班赴宁夏访问交流，实地考察应急救护管理相关项目点和救灾备灾物资储备库。考察期间，宁夏红十字会围绕红十字应急救护基地建设、救护师资培训管理、救护员及大众培训、师资资源共建共享等方面介绍了应急救护培训工作开展情况。双方就关爱人的生命和健康、创新应急救护理念、提升应急救护专业化水平、志愿者招募管理和服务等进行了广泛深入的交流。宁夏红十字会还与突尼斯红新月会就建立友好红会达成初步意向。

6月28日 中国红十字会在北京举办人道资源发展研讨会。全国人大常委会副委员长、中国红十字会会长陈竺出席会议并发表讲话。中国红十字会副会长郭长江、王汝鹏出席会议。王振耀、金锦萍等业界专家学者就互联网时代的体制机制创新、筹资人才培养、《慈善法》与《红十字会法》的关系、红十字会的特殊法律地位等内容与大家进行了分享交流。红十字会与红新月会国际联合会资源动员代表皮埃尔·克雷默就当前国际人道形势和人道资源发展趋势发表了演讲。

陈竺在讲话中指出，红十字事业是一项造福人类的崇高事业。发展中国的人道事业，需要社会各界，包括爱心企业和人士、媒体、其他社会组织的广泛支持和参与，需要广泛的人道资源作保障。他强调，动员人道资源，必须坚持社会化、开放式的运行机制；必须坚持公开透明，加强公信力建设；必须坚持改革创新，提升人道服务能力和水平。他要求中国红十字会进一步动员和凝聚人道资源，发挥在关注民生、救助弱势群体、构建和谐社会中的优势和特色，为全面建成小康社会、实现中华民族伟大复兴的中国梦做出新的更大贡献。

王汝鹏在会上做了题为“认清形势，明确目标，努力开创人道资源动员工作新局面”的主题报告。在专题研讨会上，来自阿里巴巴、腾讯基金会、中华儿慈会的代表分享了他们在应用新媒体技术方面的筹款经验；青岛和中山市红十字会的代表也分别交流了在专项基金规范化管理和“慈善万人行”筹款等方面的工作经验。

本次研讨会由中国红十字会总会主办、中国红十字基金会协办。各省级红十字会、副省级城市和省会城市红十字会、部分地市红十字会以及地方红十字基金会的负责人共160多人参加研讨会。

6月30日 中国红十字会总会召开“两优一先”表彰会暨国际救

援先进事迹报告会。中国红十字会党组书记、常务副会长徐科出席会议并讲话。中国红十字会党组副书记、副会长郭长江，党组成员、副会长王海京和王汝鹏出席会议。

徐科表示，中国红十字会机关党委组织开展“两优一先”优秀个人和先进集体评选推荐工作，力求通过“评先进，找差距”，发挥“两优一先”的引领作用，引导总会及直属单位全体党员学习先进，立足本职工作，在服务大局工作中再创佳绩。她要求全体党员和党支部要持续将“两学一做”学习教育引向深入，切实增强“四个意识”，进一步强化理论武装，突出“在做”这个关键，落实主体责任，切实加强支部自身建设，以纪念建党95周年为契机，以开展“两学一做”学习教育为抓手，不断加强和改进总会机关及直属单位党的建设，为推动红十字事业持续健康发展做出新的更大贡献。

郭长江通报了中央国家机关“两优一先”表彰名单：中国人体器官捐献管理中心副主任侯峰忠获中央国家机关优秀共产党员称号，中国红十字基金会党支部书记、常务副理事长兼秘书长孙硕鹏获中央国家机关优秀党务工作者称号，中国红十字会总会赈济救护部党支部获中央国家机关先进基层党组织称号。

王海京宣读了中国红十字会总会“两优一先”表彰决定：茹文君等27人荣获中国红十字会总会优秀共产党员称号，郭建阳等4人荣获中国红十字会总会优秀党务工作者称号，筹资与财务部党支部、中国红十字基金会党支部荣获中国红十字会总会先进基层党组织称号。

中国红十字会总会机关全体党员及直属单位处级以上党员、老干部党支部党员代表等近百人参加会议。

7月3日至6日　香港红十字会国际及赈灾服务管理委员会副主席曾韵雯一行5人赴云南省昭通市探访鲁甸地震灾后恢复重建项目。云南省红十字会常务副会长董和春、副会长牛有媛与探访组一行进行座谈交流。据悉，香港红十字会共为鲁甸地震恢复重建援助建设资金3718万元，援建项目涉及4大类：一是民房；二是学校、卫生院（室）等公共设施；三是广场、化粪池、太阳能等社区基础设施；四是村民培训。项目不仅改善了民生基本条件，还增强了社区、居民防灾避险能力。

7月5日至7月7日　全国人大常委会副委员长、中国红十字会会长陈竺深入武汉市新洲区、黄陂区受灾群众安置点，冒雨看望慰问受灾群众，以及奋战在一线的红十字会工作人员和红十字志愿者。

新洲区三店街中心小学安置点有1313名受灾群众。在安置点医疗救助站，陈竺向奋战在一线的医护人员表示慰问，并仔细询问受灾群众身体状况怎么样，能否得到及时治疗等。在听取了当地救灾工作汇报后，陈竺强调，今年湖北遭遇了历史罕见的强降雨洪涝灾害，红十字会作为党和政府在人道领域联系群众的桥梁和纽带，在灾难来临时刻要挺身而出，深入灾区一线积极救助受灾群众，充分发挥红十字会员和志愿者作用，千方百计为受灾群众服务。

中国红十字会副会长王海京，湖北省人大常委会副主任周洪宇，省政府副省长、省红十字会会长甘荣坤，省红十字会常务副会长宋悦明等陪同慰问。

7月7日　中共中国红十字会总会党组召开党组中心组（扩大）学习会，认真传达学习习近平总书记在庆祝中国共产党成立95周年大会上的重要讲话，结合红十字工作实际，展开热烈讨论，并就学习贯彻讲话精神做出安排部署。总会党组成员以及总会机关各部室和部分直属单位负责同志参加了学习。受党组委托，中国红十字会党组副书记、副会长郭长江对总会系统学习贯彻习近平总书记“七一”重要讲话精神提出要求：一要把学习贯彻讲话精神同当前正在开展的“两学一做”学习教育结合起来；二要同落实全面从严治党主体责任，加强和改进党的建设结合起来；三要同中国红十字会的改革发展结合起来；四要同当前《红十字会法》的修订工作结合起来；五要同红十字会围绕党和国家大局参与精准扶贫结合起来；六要同弘扬“人道、博爱、奉献”的红十字精神结合起来；七要同当前红十字会救灾工作结合起来。

7月7日　中国红十字会总会收到湖北、安徽、江西、江苏、贵州、四川6省上报的灾情及需求，持续向灾区提供援助。

针对湖北洪涝灾情，总会在前期救助的基础上，追加调拨单帐篷400顶、棉被2000床。

针对安徽洪涝灾害，总会提升至二级应急响应，追加调拨单帐篷150顶、棉被2000床、夹克衫2000件、家庭包1000个，并下拨紧急备用金10万元。

针对江西洪涝灾情，总会启动了四级应急响应，根据灾区需求，调拨家庭包1056个（香港红十字会捐赠）、夹克衫2000件。

针对江苏洪涝灾情，总会启动了四级应急响应，根据灾区需求，调拨家庭包500个，用于支持当地红十字会开展灾害救助工作。

针对贵州洪涝灾害，总会启动了四级应急响应，根据灾区需求，调拨夹克衫1000件、家庭包800个、单帐篷50顶。

针对四川洪涝灾害，总会调拨了棉被1300床、家庭包300个。

截至目前，总会共启动32次应急响应，其中1次一级响应、1次二级响应、3次三级响应、11次四级响应、16次特殊响应，向全国15个省（区、市）提供救助，累计调拨款物共计价值1434万元。

7月8日 联合国秘书长潘基文一行考察北京市红十字会999紧急救援中心。全国人大常委会副委员长、中国红十字会会长陈竺，中国红十字会副会长兼秘书长王平，外交部参赞孙晓波，北京市红十字会常务副会长马润海等陪同考察。

联合国秘书长潘基文为北京市红十字会999紧急救援中心题词

潘基文一行参观了中国首架专业医疗救援直升机，详细询问了开展国际国内空地一体化救援情况，考察了人道应急指挥及救援设施设备，了解了999市民安全防范及自救互救培训情况。当看到紧急救援中心人员参加国际人道援助活动的图片时，潘基文用中文说："英雄"。随后，潘基文一行来到人道应急指挥调度大厅，体验了999急救车从接警、调度到执行紧急救援的全过程，对院前急救工作进行了全方位深入了解。

参观结束后，潘基文对999紧急救援中心在应对自然灾害和突发事件紧急救援、城市日常医疗急救及国际国内航空救援工作方面所取得的成绩给予肯定。他指出，中国红十字会在保护生命健康、应对突发事件、创新救援形式等方面做了大量积极有效的工作，尤其是在一些国际活动中，不分国别保障人身权益值得赞许。他说，联合国希望在尽快拯救人类生命、提高应急救护培训普及度等方面与中国加强合作。

陈竺简要介绍了中国红十字会的发展历程，以及在灾害救援、急救和各类人道服务、献血和造血干细胞捐献、遗体和器官捐献等方面的工作，特别提到了习近平主席对中国青年张宝捐献造血干细胞救助韩国患者的充分肯定。他表示，中国红十字会在印度洋海啸、菲律宾“海燕”台风、尼泊尔地震以及汶川地震、长江流域洪灾等国内外自然灾害救援中发挥了重要作用，为应对国际人道危机，服务最易受损害人群做出了贡献，向国际社会展示了中国红十字会的良好形象。

陈竺赞赏今年在伊斯坦布尔举行的世界人道主义峰会取得的成果，感谢潘基文发挥个人影响力，在世界人道领域做出的卓越贡献。他指出，中国正在越来越多地参与世界范围的人道主义行动，中国红十字会将全力支持本届峰会达成的五项共识，为最易受损害人群提供更多帮助。未来，中国红十字会将继续加强与红十字国际委员会、红十字会与红新月会国际联合会、各个国家和地区红会的合作，更好地发挥中国红十字会在国际舞台上的作用。

7月12日 中国红十字基金会派出两个救灾工作组，分别赶赴福建、江西灾区执行救灾任务，先期向两省灾区各支援1000个赈济家庭箱。7月2日以来，中国红基会持续开展“天使之旅·抗洪行动”，已累计为各类灾害受灾家庭配送赈济家庭箱70679只，总价值超过2100万元。

7月18日至25日 “2016海峡两岸红十字青少年人道之旅”交流活动在台湾地区成功举办。来自北京、天津、上海、浙江、江西、福建、云南等7个省（区、市）的34名大陆营员赴台参加了为期7天的活动。此次活动是两岸红十字组织自1993年以来第25次举办以青少年交流为主题的交流活动。在台期间，全体营员先后到访台北、云林、嘉义、台中等地，与台湾地区的青少年就服务技能、志愿服务伦理、消防与应急救护知识培训等进行了学习与实践。

7月21日 中国红十字会总会事业发展中心党支部全体党员，在贵阳息烽集中营革命历史纪念馆开展了“两学一做”学习教育现场教学活动，重温革命先烈在烽火岁月里，为国家和民族不惜牺牲的高尚情怀。

7月22日 贵州省贵阳市曜阳养老服务中心举行成立仪式，同时启动“曜阳关爱·温暖到家”公益活动，计划每年为贵阳市老龄人口提供价值超过1000万元的免费医疗养老服务。贵阳市曜阳养老服务中心是中国红十字会总会事业发展中心在贵阳市发起成立的公益性组织。中国红十字会总会事业发展中心主任江丹、贵阳市委副书记张平为中心成立揭牌。

7月24日 满载1000个家庭箱的救灾卡车陆续抵达河北省石家庄、

邢台、邯郸等受灾地区，发放给急需生活保障的受灾家庭，帮助他们渡过难关。18日至21日，河北省大部地区出现强降雨过程，引发多起滑坡和泥石流灾害。河北省红十字会迅速向灾区调拨救灾物资，中国红十字会总会、中国红十字基金会向灾区提供了总价值295万元的紧急援助。22日、24日，中国红十字会总会分两批向灾区紧急调拨救灾物资，共计棉被12000条、单帐篷600顶，下拨救灾紧急备用金30万元，协调香港特别行政区红十字会支持40万元救灾资金用于采购米、面、油等物资。

7月24日　中国红十字基金会紧急启动“天使之旅——河北行动”，派出救灾工作组前往灾区，组织赈济家庭箱的采购、配送、救援等工作，先期向河北暴雨重灾区支援2000只赈济家庭箱，为受灾家庭提供灾后紧急物资，帮助当地受灾居民渡过难关。

截至目前，中国红十字基金会今年已派出10个救灾工作组，针对近期日益严峻的暴雨、风灾、洪涝等自然灾害，分赴江苏、湖北、安徽、湖南、贵州、江西、福建、河北等地，先后三次向南方多省区追加赈济家庭箱，累计追加赈济家庭箱1万只，共计支援赈济家庭箱总数达到2.1万只，总价值超过600万元。这是中国红基会赈济家庭箱项目自2012年云南彝良地震启动以来，规模最大、范围最广的一次救灾行动。

7月25日　第十四届中日韩三国首都红十字青少年交流营在北京开营。活动现场，中日韩三国首都红十字组织负责人分别致辞并交换礼物。中日韩三国首都红十字青少年交流营是经三国红十字会批准，在三国首都红十字会的共同努力下开展的红十字青少年交流活动。第一届中日韩三国首都红十字会合作会议于2001年9月在韩国首尔召开，三方在会上共同签署了友好交流协议。按照协议要求，自2002年起，每年7月至8月，由三国首都红十字会轮值举办红十字青少年中学生交流营活动。北京、东京和首尔各派出营员14名，活动内容包括红十字青少年活动经验交流、野外拓展、急救技能比赛、三国传统文化学习体验和青少年联欢等。

7月25日至26日　中国红十字会常务副会长徐科率总会救灾工作组赴河北洪涝灾区考察灾情，指导当地红十字会开展救灾工作。在石家庄市井陉矿区凤山镇荆蒲兰村，工作组听取了该村受灾情况介绍，实地察看了民房、基础设施以及农作物受损情况，详细了解了受灾群众转移安置期间的吃、穿、住以及医疗卫生条件，对红十字会提供的救灾物资进行了检查，并深入受灾群众家中进行慰问，面对面了解村里群众的困难和需求。26日，工作组听取了河北省红十字会救灾工作汇报。徐科对河北各级红十字会在抗洪救灾中所做出的努力表示肯定，她要求灾区各级红十字会切实落实习近平总书记关于做好当前防汛抗洪抢险救灾工作的重要讲话精神，在当地党委政府的统一部署下，继续做好后续救灾工作。徐科指出，要组织好救灾物资调运、受灾群众救助等工作，确保各项工作有力有序有效进行；要加强与有关部门的沟通会商和分析研判，发挥红会优势，形成救灾合力；要严格规范做好救灾款物的发放、使用和管理工作，确保依法依规、公正、公平、公开。

7月28日 全国学联主席团领导力培训学员40人走进中国红十字会总会，通过座谈、参观、体验红十字特色活动等形式了解了国际红十字运动和中国红十字会。中国红十字会副会长郭长江会见到访学员并讲话。

8月4日 首届全国红十字青年峰会暨2016年全国红十字青年骨干训练营在上海开幕。来自全国各省、自治区、直辖市、新疆生产建设兵团和香港、澳门的百名红十字青年骨干齐聚上海，以“人道中的青年力量”为主题，开启了红十字青年增能赋权的新篇章。中国红十字会副会长郭长江出席开幕式并讲话，他高度评价了红十字青年展现出的使命担当和精神风貌，勉励青年为推动红十字运动发展、变革社会风气、促进社会文明进步贡献更多青年正能量。

中国红十字会总会组织宣传部副部长边晓主持开幕式。上海市红十字会常务副会长高解春、红十字会与红新月会国际联合会东亚地区代表处主任彭玉美、红十字国际委员会东亚地区代表处合作代表诸葛罗素、中国红十字会理事段敏夫在开幕式发表主旨演讲。

开幕式后，上海市红十字运动研究会会长马强、共青团中央志愿者工作部组织培训处处长张俊虎、红十字会与红新月会国际联合会东亚地区代表处青年发展官员张翼、红十字国际委员会东亚地区代表处青年和探索人道法项目官员孙华莹、红十字青少年骨干郭月等嘉宾围绕“人道零距离：人道文化如何走进年轻人的生活”主题，同与会青年代表进行了精彩纷呈的分享与互动。

上海市红十字会副会长李江英，共青团上海市委副书记刘刚，上海青年管理干部学院党委书记、常务副院长褚敏，香港红十字会青年及义工事务高级主任黎翠瑚等出席峰会开幕式。

8月10日 中国红十字基金会启动“天使之旅——山东滨州贫困先心病患儿筛查活动”，针对滨州地区0～6周岁的儿童进行全面筛查，并为符合手术指征的患儿提供免费救治机会。此次活动中，中国红基会彩票公益金专项列支50万元救助资金。符合手术指征的确诊患儿入院手术治疗，在享受国家医疗保障报销后，中国红基会将根据患儿家庭自付额度给予资助。医院还将对低保家庭的儿童进行医疗费用兜底全免。筛查过程中发现的7～14周岁患儿，符合手术指征的也能获得“天使阳光基金”的资助。

据悉，“天使阳光基金”成立于2006年5月，10年来累计筹集资金1.2亿元，救助贫困先心病儿童近7000人。未来4年，国家彩票公益金还将支持8000万元，进一步强化天使阳光基金的资助能力。

8月21日 由中国红十字会总会、红十字会与红新月会国际联合会共同举办的“青春善言行”青年同伴教育训练营在北京开营。来自海峡两岸及港澳的120余名营员，在来自红十字会与红新月会国际联合会总部、巴基斯坦红新月会、库克群岛红十字会、中国红十字会、香港红十字会（中国红十字会分会）的近20名教练带领下，参与为期7天的训练。训练合格者将成为“青春善言行”同伴教育者，回到学校和社区后，他们将通过组织“青春善言行”同伴教育活动，传播红十字运动基本原则和非暴力和平文化。

“青春善言行”是培养红十字青年骨干、发展红十字青年网络、传播红十字运动基本原则和非暴力和平文化的重要载体，是最受红十字青少年欢迎的人道教育活动之一。截至目前，中国红十字会共培养“青春善言行”青年同伴教育者200余人，并通过他们使数以万计的青少年从中受益。2013年，中国红十字会“青春善言行”项目曾在第19届红十字会与红新月会国际联合会大会上荣获“2013青年行动奖”。

红十字会与红新月会国际联合会该项目全球协调员Reema Chopra女士对中国“青春善言行”项目表示赞赏和支持，认为其在传播红十字运动基本原则和非暴力和平文化方面做出了独特贡献。

8月18日 第26届国际器官移植大会在香港开幕。中国人体器官移植管理机构负责人在会上透露，2016年上半年，中国器官捐献案例同比增长45%，年器官捐献数量位居世界第三。

与会中外专家认为，中国在器官移植方面的相关法规、制度以及标准已经与国际公认标准保持一致，器官捐献与移植的“中国模式”受到国际专家的认可。世界卫生组织负责全球器官移植的官员何塞·努涅斯教授表示，过去一年半中他曾4次访问中国，中国近几年器官捐献和移植事业的发展进度和决心非常令人鼓舞，不单是医护人员，卫生行政监管等政府部门也在不断努力推动改革。

据悉，2015 年中国完成器官捐献 2766 例，捐献大器官 7785 个，超过 2013 年与 2014 年捐献数量的总和。2016 年上半年，中国完成器官捐献大器官 5029 个，捐赠案例较去年同期增长 45%。中国年器官捐献数量已位居亚洲第一位。

国家卫生计生委主任李斌通过代表向大会致辞时表示，经过长期不懈的努力，中国在保障人民群众器官移植医疗需要的基础上成功实现了器官来源的结构性变革，摸索出一套符合国情的器官捐献与移植的“中国模式”，是对器官捐献与移植事业发展规律的新探索，为世界特别是与中国有相似国情的国家提供了可借鉴的新模式。

8 月 19 日　全国人大常委会副委员长、中国红十字会会长陈竺在中国红十字会总会会见了阿里巴巴集团董事局主席马云一行。双方就中国红十字会与阿里巴巴未来在人道公益领域的合作进行了探讨和交流，表示愿在现有基础上进一步深化合作，共同推动中国人道事业的发展。

陈竺（右）会见阿里巴巴集团董事局主席马云

陈竺指出，目前我国仍有 5000 多万贫困人口，脱贫攻坚形势依然严峻，协助党和政府打赢脱贫攻坚战是红十字会的光荣使命。近年来，中国红十字会积极配合国家扶贫开发大局，开展红十字会系统的对口支援工作，实施博爱家园项目，助力精准扶贫。同时切实加强公信力建设，着力打造公开透明的红十字会。

陈竺强调，当前国际人道主义形势依然严峻，国际国内存在巨大人道需求，中国人道事业面临机遇和挑战。中国红十字会将积极配合国家“一带一路”倡议，参与“健康丝绸之路”“和平丝绸之路”建设。陈竺强调，人才资源是重要的人道资源，培养具有国际视野和专业素质的红十字人才，是中国人道事业可持续发展的迫切需求。

马云对中国红十字会近年来积极参与国际国内重大自然灾害的人道救援工作表示赞赏。他说，中国红十字会有着悠久的历史，长期以来为国家、为百姓做了很多好事实事。红十字精神是全人类共同的精神追求，阿里巴巴愿意继续支持和参与中国的人道公益事业，进一步加强同中国红十字会在人道公益领域的合作，为推动人道事业发展贡献自己的力量。

8月22日至24日 中国红十字会常务副会长徐科率队赴总会定点扶贫县湖北英山县调研精准扶贫工作。徐科一行调研了英山县雷家店镇、孔家坊乡扶贫项目，走访了贫困户和先心病患儿家庭，组织召开了定点扶贫工作座谈会。徐科强调，红十字会要认真贯彻落实习近平总书记重要讲话精神，积极配合国家扶贫开发战略，助力精准扶贫、精准脱贫。希望各级红十字会在当地党委政府领导下，主动作为，找准工作切入点，为精准扶贫工作做出积极贡献。

据了解，今年以来，红十字会通过“博爱家园”“红十字博爱送万家”“天使之旅——英山行动”等项目，已援助英山县款物总价值370.51万元，总受益人数28229人。调研期间，徐科还考察了中国红十字会湖北备灾救灾中心和中国红十字（湖北）供水救援队培训演练情况。

8月24日 中国红十字基金会针对内蒙古严重旱情启动“天使之旅——内蒙古抗旱行动”，派出3个工作组前往内蒙古干旱灾区，组织赈济家庭箱的采购、配送等工作，先期援助内蒙古干旱受灾地区5000只赈济家庭箱，将分别向赤峰、兴安、通辽、呼伦贝尔、锡林郭勒等5个盟市各配送1000只赈济家庭箱。

8月24日至30日 王汝鹏副会长率中国红十字会代表团对埃塞俄比亚和乌干达红十字会进行了工作访问，并向埃、乌两国红十字会移交了中国红会的援助项目协议书。

埃塞俄比亚红十字会秘书长弗雷沃特·沃库、副秘书长哈格斯·格梅丘先后会见代表团并举行了工作会谈，代表团实地考察了埃塞首都亚的斯亚贝巴红十字会的救护车急救调度中心，参观了当地的医院、学校和社区，深入了解社区红会工作的开展情况。

在乌干达，乌干达红十字会主席约瑟夫·奥米特、秘书长罗伯特·科维斯卡陪同代表团实地考察了津加地区红十字会以及中国红十字会援助的“推动无偿献血项目”采集点，参观了首都坎帕拉的血液服务中心。随后，双方举行工作会谈，就当地人道需求、资源动员、项目实施以及与中国红十字基金会、地方分会的项目合作等进行了深入的探讨和交流。

访问期间，中国驻埃塞俄比亚大使腊翊凡、中国驻乌干达大使赵亚力先后会见了王汝鹏，对中国红十字会在埃塞俄比亚、乌干达等非洲国家开展的人道主义援助工作及为中非传统友谊做出的重要贡献表示充分肯定和赞赏。

据悉，自2011年以来，中国红十字会先后为埃塞俄比亚累计提供人道援助806万元人民币，为乌干达累计提供人道援助583万元人民币，并从2013年开始连续3年邀请埃、乌两国红十字会高层管理人员来中国参加红会发展能力的免费学习和培训。

8月29日 中国红十字会总会事业发展中心、北京医院和北京城建集团有限责任公司三方共同签署了建设“国家老年医学中心医养结合示范养老院”合作协议。根据合作协议，中国红十字会总会事业发展中心将发挥红十字公益机构和专业养老管理机构的优势，向北京曜阳国际老年公寓提供高品质的养老服务，并动员社会力量，定向捐赠医疗设备设施。北京医院将提供医疗养老示范服务模式顶层设计方案和医疗服务标准制定，还将负责建立老年公寓和北京医院之间的住院转诊、急诊转运的绿色通道。北京城建集团有限责任公司将负责物业及相关后勤保障等工作。

8月30日 中国红十字基金会、内蒙古呼伦贝尔市红十字会在新巴尔虎左旗阿木古郎镇，向受旱灾影响严重的家庭发放260只赈济家庭箱，帮助受灾家庭满足基本生活需要。这是中国红基会“天使之旅——内蒙古抗旱行动”发放的首批赈济家庭箱。

8月31日至9月7日 郭长江副会长率中国红十字会代表团对印度尼西亚和缅甸红十字会进行工作访问。

印度尼西亚红十字会执行主席吉南查尔·卡塔萨斯米塔、秘书长瑞塔拉·塔斯玛亚和各部门负责人会见了代表团，双方进行了工作介绍和经验分享。作为中国红十字会和中国红十字基金会的长期战略合作伙伴，上汽通用五菱汽车有限公司工会主席李丽明、印尼分公司副总经理陈卫东参加会见，并宣布向中国红十字基金会捐款200万元人民币，支持印度尼西亚红十字会开展卫生和民生方面的项目。访问期间，代表团还考察了印度尼西亚红十字会血液中心，参观了上汽通用五菱印尼分公司，并就如何在印度尼西亚开展合作项目、履行企业社会责任等进行了探讨。

在缅甸访问期间，缅甸红十字会会长米娅·秋博士会见了代表团一行。中国红十字会向缅甸红十字会捐款10万美元，用于近期水灾和地震的救助工作。代表团还参加了中国红十字会在缅甸仰光省岱枝镇山素村援建的卫生站启用仪式，拜访了红十字国际委员会、红十字会与红新月会国际联合会驻缅甸代表处。

9月1日 由中国红十字会总会事业发展中心、吉林省红十字会和吉林省老龄事业发展基金会联合主办的中国“互联网+养老”论坛在吉林省长春市举行。与会专家、学者及养老服务业从业者分别从曜阳智慧养老的实践与探索、中国养老产业发展前景分析、“互联网+”时代养老服务业发展新思路等角度对“智慧养老”进行了交流和研讨。

9月9日 由中国红十字会总会主办、吉林省红十字会承办的纪念第17个“世界急救日”小学生应急救护技能表演活动在长春市朝阳区富锦路小学举行。中国红十字会副会长王海京参加活动并讲话，要求各级红十字会积极协调教育、卫生等有关部门，广泛开展应急救护知识宣传和普及工作，关爱未成年人的生命和健康。活动现场，由吉林省各市（州）红十字会组织的5支少儿急救表演队，表演了止血、包扎等初级救护技能。随后，王海京一行来到吉林省红十字会应急救护培训基地，为基地揭牌，听取吉林省红十字会常务副会长牛继东的工作汇报，并与吉林省各市（州）红十字会负责人进行工作座谈。

9月10日 中国红十字基金会第四届理事会第一次会议在北京召开。全国人大常委会副委员长、中国红十字会会长陈竺出席会议并讲话，中国红十字会常务副会长徐科、民政部社会组织管理局副局长廖鸿出席会议。中国红基会第三届理事会理事、第四届理事会理事候选人参加会议。中国红十字会副会长、中国红十字基金会第三届理事会理事长郭长江主持会议。

徐科代表中国红十字会总会党组做关于提名第四届理事会理事长、副理事长、秘书长人选的说明；郭长江做关于第四届理事会、监事会组成人选的说明；中国红基会第三届理事会常务副理事长兼秘书长孙硕鹏代表第三届理事会做工作报告；中国红基会副理事长刘选国代表第三届理事会做财务报告。

会议选举产生了由22位理事组成的第四届理事会，选举郭长江为第四届理事会理事长，孙硕鹏为常务副理事长兼秘书长，刘选国为副理事长。会议还选举产生了由3位监事组成的监事会，选举张莉为监事长。会议决定继续聘请司马义·艾买提、蒋正华、彭珮云、华建敏为第四届理事会名誉会长，江亦曼为名誉副会长。

陈竺在讲话中表示，中国红基会第三届理事会面对困难和挑战，锐意进取，顽强拼搏，再次获得5A级基金会，成绩来之不易、难能可贵。中国红十字事业是中国特色社会主义事业的重要组成部分，中国红基会是人道资源动员的重要平台，是人道救助和人道服务的重要力量，肩负着光荣的历史使命。中国红基会新一届理事会和秘书处要抓住机遇，改革创新，继续大力加强领导班子和人才队伍建设；要进一步健全治理结构，加强公信力和品牌建设；要继续发挥人道资源动员优势，为中国红十字人道事业发展做出更大贡献。他强调，今后5年是全面建成小康社会的决胜阶段，也是红十字人道事业发展的重要战略机遇期。中国红基会作为红十字会系统人道资源动员的重要平台和窗口，要着眼于服务党和国家中心任务和中国红十字事业发展全局，结合培育和践行社会主义核心价值观，从满足人民群众最迫切人道需求入手，继续发挥机制灵活、反应快捷、资源动员能力强的优势，为优化人道服务供给、保护生命与健康、改善最易受损害人群生存和发展、促进社会进步和国际人道主义事业发展做出新贡献。

9月20日　由北京奇异鸣人文化发展有限公司、山西金奕文化交流有限公司主办，中国红十字基金会、山西省红十字会公益支持的《五彩时光里的格桑花》电影开机暨关爱先天性心脏病儿童公益活动启动仪式在山西省太原市举行。据悉，这是中国红十字基金会首次通过“电影+公益”的模式针对先心病儿童开展综合关爱行动，同时也希望通过影像的力量拓展公益传播的广度和深度，引发更多的社会力量关注先心病儿童。

9月22日　由商务部、中国红十字会共同举办的亚太地区国家红会合作论坛暨能力建设研讨班在北京举办。全国人大常委会副委员长、中国红十字会会长陈竺发表视频致辞，中国红十字会副会长王汝鹏、商务部国际商务官员研修学院党委副书记黄登平出席开班式并讲话。来自哈萨克斯坦、塔吉克斯坦、汤加、乌兹别克斯坦、柬埔寨、越南、缅甸、萨摩亚、巴拿马、斯里兰卡、老挝、伊朗等12个亚太地区国家红会负责人及政府代表共40余人参加了此次论坛研讨。

陈竺在致辞中指出，在世界多极化、经济全球化深入发展大背景下，亚太地区在国际格局中的重要性日益凸显，已成为全球最具发展活力和潜力的地区。共同的过去、现在与未来，将中国与周边及亚太地区国家结成休戚与共的命运共同体。作为域内国家一员，中国与亚太国家的关系始终坚持以和平发展为主题，以友好合作为主线，且更加重视经济社会的可持续发展，更加重视全方位的互联互通，更加重视社会和人文交流，相信并践行通过共商、共建、共享的理念，促进本区域的和平、发展和繁荣。为此，中国正在大力推进“一带一路”倡议，通过传播丝绸之路的价值和理念，开展政治、经济、文化、生态等多领域的合作与交流，实现共同发展。

陈竺表示，中国红十字会与亚太各国红会一直保持着密切交往和友好关系。在中国汶川地震等重大自然灾害发生后，亚太国家红会的同人第一时间向中国发出慰问并提供帮助。近年来，中国红十字会也参与了菲律宾台风、尼泊尔地震以及斯里兰卡洪灾等自然灾害的国际人道救援。同时，双方还积极开展多种形式的国际合作交流，使中国红十字会与亚太国家红会之间的友谊得到了巩固和发展，为进一步深化合作奠定了坚实基础。中国红十字会愿同亚太地区各国红会一道为更多弱势群体提供帮助，共同为国际人道主义事业做出更大贡献。

据悉，此次研讨班将邀请商务部、红十字会与红新月会国际联合会、北京师范大学、中国社科院的官员和专家学者就“一带一路”倡议、中国对外援助、中国灾害应对等做不同专题的介绍并与学员进行深入讨论。学员们还将参观北京红十字会999紧急救援中心，赴广东实地考察基层红十字会的社区志愿服务工作及水上救援基地等。

9月22日　中国红十字会副会长王汝鹏先后会见了来华参加亚太地区国家红会合作论坛暨能力建设研讨班的越南红十字会会长阮士轩姝，乌兹别克斯坦红新月会主席卡里莫夫，塔吉克斯坦红新月会秘书长波波夫，就进一步加强双边在人道领域的合作进行了探讨和交流。

9月24日　中国红十字基金会副理事长刘选国、腾讯公益基金会执行秘书长窦瑞刚、免费午餐发起人邓飞等公益界人士齐聚深圳，畅议中国公益联合援非行动，拟将“免费午餐计划”推向非洲。

研讨会现场，刘选国分享了“谁能拯救亚的斯亚贝巴的10万流浪儿童”的访非体验，介绍中国红十字会代表团访问埃塞俄比亚和乌干达了解到的该地区人道需求情况，提出联合国内公益组织、非洲国家红十字会合作开展非洲人道援助的构想，并就埃塞俄比亚首都亚的斯亚贝巴红十字地方分会提出的“大手拉小手”的学校免费餐项目设计，提出联合国内公益组织、中资非洲企业合作开展“免费餐”试点，让亚的斯亚贝巴流浪儿童回归学校的项目建议。

邓飞结合在国内开展免费午餐项目的经验，就免费午餐赴非如何动员资源和志愿者参与、如何配合学校建设厨房、如何加强项目透明公开和监管提出了工作思路；窦瑞刚就项目如何利用移动互联手段进行众筹和公众资源动员，提出了建议；追梦行动公益项目创始人阴斌斌结合留学生在非洲肯尼亚等地开展的贫民窟资助项目经验，就中国公益组织进非洲、免费午餐进非洲的必要性和紧迫性提出了意见和建议，并表示愿意利用他们的援非资源和组织网络提供帮助。

9 月 27 日 中国红十字会会长陈竺来到北京首都博物馆，参观展现国际红十字与红新月运动百年人道历史的大型展览“战火中的人道”。中国红十字会副会长兼秘书长王平、红十字国际委员会东亚地区代表处副主任文森特·奥斯力、红十字会与红新月会国际联合会东亚地区代表处主任彭玉美、首都博物馆馆长郭小凌等陪同参观。

9 月 27 日 2016 年全国副省级城市红十字工作交流会在辽宁省大连市召开。大连、沈阳、杭州、厦门、青岛、深圳等 15 个副省级城市红十字会分管应急救护培训、造血干细胞捐献工作的负责人，辽宁省 14 个市分管造血干细胞工作的负责人，造血干细胞捐献志愿者代表等 180 余人参加会议，会议就应急救护培训和造血干细胞捐献工作展开交流研讨。

本次会议主题为“突出特点，体现特色，用‘五大发展理念’推进红十字工作健康发展”。会议分“应急救护”“造血干细胞捐献”两个主题，代表们围绕推动应急救护培训的标准化建设，促进造血干细胞捐献工作持续健康发展进行了深入广泛的交流和经验分享。与会代表认为，救护培训是提升红十字会影响力，赢得人民群众信赖和支持的有效途径和工作抓手；做好救护培训需要相关部门的支持和配合；师资队伍建设和基础设施建设，是救护培训工作的前提和基础。

9 月 28 日 红十字会与红新月会国际联合会秘书长哈吉·阿西到访中国红十字会并发表演讲。中国红十字会会长陈竺会见了哈吉·阿西。

陈竺表示，阿西秘书长此次访问不仅能加深对中国红十字会的了解，还对进一步推动中国红十字会与国际联合会的战略合作起到积极作用。他指出，当前国际人道主义形势依然严峻，面对传统和非传统的人道危机，人道主义援助总需求和总供给存在不平衡，发展是应对挑战的关键。中国红十字会期待与国际联合会加强合作，在落实世界人道峰会的五大核心责任、应对全球人道挑战方面做出力所能及的贡献。

陈竺赞赏国际联合会在支持国家红会能力建设和发展方面做出的努力，尤其是国际联合会亚太地区及东亚地区代表处在推动国家红会合作和共同发展方面做了大量工作，对其为中国和其他亚太地区国家红会的发展提供大量协助和支持表示感谢。

如何加强中国红十字会与国际联合会的合作，陈竺表示可从 3 个方面入手：第一是人才资源的培养和发展。培养具有国际视野和专业素质的红十字人才，是中国人道事业可持续发展的迫切需要，希望国际联合会继续为中国红十字会工作人员提供学习实践的机会，让其参与和了解国际联合会各领域工作并得到锻炼。第二是国际救援队建设工作。目前，中国红十字会国际救援队已经参与多次国际救援行动，但救援队建设标准化工作还需进一步提高，希望国际联合会能给予技术支持，并提供培训机会。第三是中国红十字会将与国际联合会合作开展“单车志愿者”项目。目前，该项目已募集到部分资金，处于起步阶段。中国红十字会将积极配合、支持该项目的启动和推广。

阿西秘书长对陈竺会长的热情接待表示感谢。他说，全球正经历二战以来最严重的人道主义危机。中国红十字会是国际联合会的重要成员之一，国际联合会与中国红十字会加强合作，能满足更多弱势群体的人道需求，并做得更好。加强合作的首要前提是交流沟通，增进了解，互相支持。阿西表示，国际联合会是多元化的，在人员管理方面也应该呈现多元化趋势，欢迎更多来自中国的雇员或中国红十字会推荐的工作人员参与联合会的工作。这样既能把中国红十字会的工作经验分享给联合会，也能把联合会的经验带回中国。他同时指出，因为全球联系日益紧密，有些自然灾害或战乱的发生已经超越了国界、国籍的限制。一方面要感谢中国红十字会派出救援队参与国际救援行动；另一方面也希望中国红十字会救援队能通过国际联合会的平台参与国际合作，不仅能降低成本、提高效率，加强与合作方的协调作用，而且也能提升行动的影响力，增加透明度和宣传力度。

会谈之前，哈吉·阿西在中国红十字会发表题为“加强能力建设，应对人道挑战”的演讲。他提出，当灾害来临时，红十字会要发挥应有作用，减少灾难性后果的发生，需要在灾害发生之前做好备灾工作，包括提升社区备灾减灾能力，建设更好的法律环境，做好自身应对灾害的准备等方面。其中，他特别强调了红十字会工作地方化、增强社区抗灾能力和志愿者参与的重要性。他期待中国红十字会不仅能提升应对国内发生灾害的能力，还能与亚太地区及全球各国红会加强合作，发挥更大作用。

演讲结束后，阿西秘书长与中国红十字会工作人员就应对恐怖主义、备灾与人道物流、捐献造血干细胞、加强国家红会合作、红十字运动理论研究、人道主义工作本地化等问题展开交流与讨论。中国红十字会副会长兼秘书长王平、红十字会与红新月会国际联合会东亚地区代表处主任彭玉美等陪同访问并出席会谈。

10月17日至19日 2016年中国·国际器官捐献大会暨国际器官捐献与移植高级研讨会在北京召开。国务院副总理刘延东向大会发表书面致辞，全国人大常委会副委员长、中国红十字会会长陈竺，国家卫生计生委主任李斌，中国人体器官捐献与移植委员会主任委员黄洁夫出席大会开幕式并讲话，世界卫生组织总干事陈冯富珍发表视频讲话。世卫组织器官移植项目负责人及国际移植协会负责人等国际器官移植专家参会并致辞。这是首次在中国大陆举办的国际性器官捐献与移植会议，由中国人体器官捐献与移植委员会、中国人体器官捐献管理中心、中国器官移植发展基金会、中国医院协会、国际器官捐献与获取协会、国际器官移植协会共同主办，北京医院承办，国家卫生计生委与中国红十字会总会支持。

本次会议以“生命接力 大爱延续”为主题，共有国内外专家600余人参加。为期3天的会议，向世界全面展示了我国器官移植的发展成就，参会人员并就器官捐献与移植政策法规、组织建设、宣传动员、死亡判定、器官分配等有关问题展开了广泛而深入的交流与探讨，并进行了高级别业务培训和政策解读。

10月19日至20日 中国红十字会总会在广东省中山市召开“中山慈善万人行”专题研讨会，进一步总结、宣传和推广“中山慈善万人行”经验。中国红十字会副会长郭长江、王汝鹏出席会议。

郭长江主持会议。他说，“中山慈善万人行”从1988年至今已连续举办29届，成为中国人道慈善事业发展中的成功案例。这一活动已超越了地域的限制，超出了红十字会一般活动的意义，超出了单纯筹资的意义，也超出了一般慈善的意义。“中山慈善万人行”作为弘扬社会主义核心价值观的重要载体，展示了红十字会在政府主导、社会参与的精神文明建设中发挥生力军作用的能力。我们要学习中山红十字人的坚持、努力、进取精神，认真总结“中山慈善万人行”的经验；要做好成果的宣传和推广，为人道慈善活动的开展提供借鉴，在全国的经济社会发展中发挥作用。

王汝鹏代表总会就开好此次研讨会做主题讲话。他指出，此次“中山慈善万人行”专题研讨会是继今年6月在北京召开的人道资源发展研讨会之后召开的又一个专题研讨会，旨在通过具体的成功案例来探讨社会资源的组织动员和宣传推广问题。王汝鹏要求本次研讨会进一步学习贯彻习近平总书记的重要讲话精神，认真落实中央领导同志对“中山慈善万人行”活动的重要批示、指示精神，要把总结“中山经验”、推广“中山模式”作为此次研讨会的主要任务。

王汝鹏指出，“中山慈善万人行”要大力传承和弘扬孙中山先生的博爱精神，不断创新发展，努力走出中山。而要实现创新发展、开创新局面的关键，就要认真贯彻落实陈竺会长在2016人道资源发展研讨会上提出的3个“必须”：必须坚持社会化、开放式的运行机制；必须坚持公开透明；必须坚持改革创新。要让“中山慈善万人行”的宣传、影响、经验、模式走出中山，影响和吸纳更多爱心人士包括域外中山人的积极参与和支持，让“中山慈善万人行”成为“中华民族慈善文化的旗帜和标杆”，成为中国红十字事业的星星之火，在全国各地形成燎原之势，将这一充满博爱精神的慈善文化品牌推向全国乃至走向世界。

中山市副市长、市红十字会会长杨文龙在致辞中表示，中山市委、市政府一贯高度重视红十字事业，将以此次会议为契机，不断创新活动形式、丰富活动内涵、扩大活动范围，努力将“中山慈善万人行”打造成在国内外具有影响力的红十字文化和慈善文化品牌，打造成中山市民自觉传承孙中山先生博爱精神、弘扬文明新风的新民俗节日，打造成传播红十字精神、提高中山市民文明素养、构建社会主义核心价值体系的重要载体。

据悉，“中山慈善万人行”起源于1988年中山市政府举办的“’88敬老万人行”，1989年由中山市红十字会牵头举办，并更名为“慈善万人行”。29年来，该活动从未间断，形成了“党委重视、政府引导、红会牵头、部门配合、全民参与”的运作模式，累计筹集捐款逾11亿元。

10月26日 由中国红十字会总会报刊社、中国红十字基金会、苏州大学红十字运动研究中心联合主办，盐城市盐都区红十字会承办的“五大发展理念与红十字事业发展”研讨会在江苏省盐城市召开，红十字国际委员会东亚地区代表处高级政治顾问郭阳，中国红十字会总会报刊社社长金宝杰、总编辑吕进福，中国红十字基金会副理事长刘选国，苏州大学红十字运动研究中心和贵州省分中心及其嘉定、嘉兴、盐都三个研究基地研究人员，上海、浙江、山东、贵州、安徽、河南、江苏等地红十字会代表和专家、学者50余人出席会议。盐都区红十字会会长武进甲主持开幕式，盐都区委常委、组织部部长王铁根和郭阳分别代表承办地和红十字国际委员会东亚地区代表处致辞。

研讨会上，学界、业界代表围绕红十字会如何贯彻落实五大发展理念、新形势下如何推进红十字会事业发展等问题，从理论与实践、历史与现实结合的层面进行了研讨，多层次、多角度、多侧面探讨了贯彻落实“五大发展理念”的思想内涵、方法路径等。

研讨会还安排与会代表观摩了苏北地区唯一的全国红十字模范小学盐城市第二小学举行的小会员集体入会仪式，参加了为资助困难学生举行的爱心义卖活动，听取了该校博爱文化建设介绍。

红十字运动研究中心主任池子华在总结发言中指出，本次研讨会体现了3个特点：一是学界和业界同人齐集一堂，共谋发展大计，推动红十字研究工作由“体内循环”向“体外循环”发展；二是以研讨会替代以往的座谈会，并为参会代表安排了实地调研环节，具有内容与形式上的创新意义；三是研讨会提出的观点、见解，对各级红十字会贯彻落实“五大发展理念”，推进红十字事业发展具有引领和示范意义。

10月28日 中国红十字会淘宝公益基金、全国妇女手工编织协会联合在浙江省金华市磐安县榉溪村启动“手工进家·妈妈回家”巾帼扶贫公益活动。

中国红十字会淘宝公益基金从2010年设立以来，一直坚持依托“互联网+”优势，赋能弱势群体，尤其是困难妈妈、贫困妇女等渴望自力更生的女性群体。“手工进家·妈妈回家”项目的开展，将进一步拓宽淘宝公益基金项目扶助思路，在培训手工技能的同时，培育出一批优秀的女性电商创业种子，帮助她们转变传统销售方式，进而提高家庭收入，改善生存境况。根据项目规划，“手工进家·妈妈回家”计划在未来3年，由中国红十字会淘宝公益基金资助全国妇女手工编织协会500万元资金，整合阿里巴巴、妇联、手工业龙头企业资源，对全国40个村、2000位贫困妇女和低收入妈妈进行订单培训，有偿回收妇女手工产品，力争帮助每一位妇女增加经济收入，实现就近就地居家灵活就业和精准脱贫，缓解留守儿童和留守老人问题。

11月4日 中国红十字基金会与中国人民大学商学院正式签署战略合作协议，建立全面战略合作伙伴关系。双方将在财务会计、人力资源管理、运营管理、管理信息系统、财务管理、公共关系管理等领域全面深化战略合作，以共同研究社会公益基金扩大受益面为目标，积极探索完善发展社会公益事业相关法律法规的可行路径，为促进社会公益事业提供理论支持。

中国红十字基金会常务副理事长兼秘书长孙硕鹏表示，中国红基会与人大商学院的合作，开创了高等院校支持公益机构的先河，借助学校学术科研和智库力量，将深度助推中国红十字基金会转型发展。

中国人民大学商学院院长毛基业认为，此次合作依托双方的优质资源和先进技术优势，将共同推进公益慈善领域信息化、人力资源开发的深度合作。

11 月 10 日 全国人大常委会副委员长、中国红十字会会长陈竺在北京会见格鲁吉亚红十字会会长纳蒂娅·劳拉兹一行。

陈竺对纳蒂娅·劳拉兹一行表示热烈欢迎，并着重介绍了中国红十字会近期开展的主要工作。陈竺表示，格鲁吉亚是“一带一路”倡议重要的沿线国家，中国红十字会愿进一步加强两国红十字组织在人道领域的交流合作，为增进两国人民福祉、促进两国友好合作关系发挥积极作用。

纳蒂娅·劳拉兹对近年来格鲁吉亚红十字会代表受邀来华参加发展中国家红会能力建设培训表示衷心感谢。她说，中国是格鲁吉亚最大的投资国和主要支持者之一，相信两国的友好关系将为两国红十字会的务实合作提供坚实保障，并希望未来在中国红十字会的支持下，格鲁吉亚红十字会能在红十字会与红新月会国际联合会中发挥更大作用。

双方同意就共同感兴趣的领域进一步沟通，重点探讨在防灾减灾、应急救护、老龄护理、分会交流等方面开展合作，并从政府和民间两个渠道争取资源，包括争取外交机构和在对方国家投资的本国企业的支持。中国红十字会副会长王汝鹏参加会见。

11 月 10 日 第四届中国儿童大病救助论坛在北京举行，中国红十字基金会、中国妇女发展基金会、中国社会福利基金会、中华少年儿童慈善救助基金会、北京天使妈妈慈善基金会、春晖博爱儿童救助公益基金会、春苗基金会和北京血友之家罕见病关爱中心等公益机构代表，世茂集团、百度等企业代表，国家卫生计生委卫生发展研究中心、人口与发展中心、新农合研究中心等科研机构代表和近 50 家媒体代表参加论坛。中国红十字会副会长、中国红十字基金会理事长郭长江出席会议并致辞。他表示，中国儿童大病救助论坛创建以来，在国家卫生计生委、民政部、财政部以及中国红十字会总会的指导和支持下，在各相关公益机构的热情参与下，为汇集各方力量共同推进贫困大病患儿人道救助行动，构建“政社协同、行业联合”救急难的模式发挥了十分重要的作用。

郭长江指出，本届论坛主题是“联合救助　健康扶贫”，这是我们紧紧围绕党和国家精准扶贫、健康中国的战略部署，顺应人民群众过上美好生活的新期待，紧贴保护最易受损人群生命和健康的主题做出的必然选择。儿童大病救助是一项系统的工程，政府主导与社会参与、基本保障与社会互助、托底线与救急难都不可或缺。只有形成多层次、多元化的社会共治格局，共建共享全民健康的目标才能真正实现。我们组织大病儿童救助论坛、创立儿童大病救助联盟的根本目的，就是致力于不断加强慈善救助与基本医保制度的衔接，加强政府救助与社会救助的协同，加强公益组织之间的联合，从供给侧和需求侧两端发力，统筹社会、行业和个人三个层面，形成维护和促进健康的整体合力，为保护儿童生命和健康，构建共建共享的健康中国做出新的更大贡献。

论坛发布了《中国儿童大病联合救助模式分析报告》《儿童大病救助十大示范项目》，总结梳理了我国目前4种联合救助模式，认为尽管联合救助取得一定效果，但仍有待多方深化合作，形成有效联合机制和行动方案。小天使基金、9958儿童大病紧急救助等项目入选《儿童大病救助十大示范项目》。

中国红十字基金会等8家儿童大病救助公益机构联合发布《儿童大病联盟统一标准共识》，主要内容包括建立标准化救助流程，简化救助程序，统一信息采集标准和票据报销规范，降低大病患儿申请救助门槛，避免重复准备救助申请材料，力争打破政府、公益机构、医院、科研机构之间信息互通的壁垒。

2013年，中国红十字基金会联合中国公益研究院发起首届中国儿童大病救助论坛，已连续举办4届，相继发布了《中国贫困白血病儿童生存状况调查报告》《中国儿童大病救助现状与慈善组织参与报告》等系列报告。

11月17日　中国红十字基金会“博爱校园健康行动”在贵州省毕节市启动。该行动计划为当地10所中小学校设立博爱校医室，培训100名当地校医，并在未来5~6年面向全国建设至少1000所博爱校医室，积极推动全国中小学校达标配置校医室。

11月22日　中国红十字基金会合生元母婴救助基金在海南省三亚市举行基金成立10周年庆典，同时宣布启动“合你同行，寻找同路人”2017年系列公益活动。10年来，该基金已累计救助贫困重症母婴1085名。

2007年3月，合生元捐赠300万元种子基金，在中国红基会成立合生元母婴救助基金，探索志愿者参与救助模式，由合生元志愿者亲自核实、筛选、协助患儿家长申请资助，累计筹募善款2400万元，捐赠物资超过500万元，救助范围遍及全国32个省（区、市）。

11月27日　中国红十字会援助25日新疆阿克陶6.7级地震灾区的20顶帐篷、1000床棉被、1000件棉衣和克孜勒苏柯尔克孜自治州红十字会募集的500双冬靴运抵震区，发放给受灾群众。

12月8日　爱心人士佟建功先生等一行来到中国红十字基金会捐赠100万元，支持“红十字博爱家园”项目，用于完善乡村基础设施建设。中国红十字会副会长、中国红十字基金会理事长郭长江和中国红十字基金会常务副理事长兼秘书长孙硕鹏向佟建功先生介绍了中国红十字基金会基本情况，并做“博爱家园”项目详解。佟建功表示，希望所捐善款能够帮助贫困乡村通过完善路桥等硬件设施改善乡亲们的生活，提高农村社区整体防灾减灾和卫生健康水平，使更多人受益。郭长江对佟建功具有家国情怀，以实际行动回报社会的公益热情给予高度赞赏，表示一定严格按照捐方的意愿使用好善款，并及时反馈项目进展情况。

12月11日　中国红十字基金会上线首个区块链公益项目“和再障说分手”并实现实时账目公示。该技术由“蚂蚁金服”旗下支付宝平台提供支持，旨在建设一个以信任为核心的云服务平台，为申请入驻的公益机构提供可信数据库、可信资金交易、可信资产交易、可信链接服务。

12月15日　腾讯公司与中国红十字基金会，联合数据合作伙伴远盟康健、第一反应、心唤醒基金，共同发布“AED（自动体外除颤器）地图”服务，用“互联网+”的创新力量为患者争取宝贵的抢救时间。

12月20日　中国红十字基金会召开2016年度彩票公益金项目总结暨定点医院工作会议。今年共有来自30个省（区、市）及新疆生产建设兵团的6660名大病患儿获得救助，其中5505名白血病患儿、1155名先心病患儿。自2009年起，中国红基会“小天使基金”“天使阳光基金”共获得彩票公益金投入资助资金7.558亿元，累计资助患儿25849名。

12月30日　中国红十字基金会第四届理事会第二次会议在北京召开。会议听取并审议了中国红基会2016年度工作报告和财务报告，并对2017年的工作计划做出安排。

中国红十字会副会长、中国红基会理事长郭长江做会议总结发言。

他要求中国红基会抓住战略机遇，深化拓展人道公益项目体系，加快改革转型步伐，增加有效供给，满足社会需求，协助党和政府守好民生底线，不断扩大人道服务受益面；提高公益资源动员能力，坚持广泛深入地挖掘和开发社会公益资源，牢固树立“精品化设计、精细化操作”意识，对项目进行系统梳理和调整，进行整体性优化升级；坚持改革创新，以建设“中国人道领域最具影响力的基金会”为目标，不断深化项目制管理改革，完善绩效管理机制，树立“严、实”精神，狠抓机构队伍建设，锻造一支出色的人道主义工作团队。

2017年

1月6日 为加快发展养老服务业，推动和支持社会力量参与养老服务工作，中国红十字会总会、民政部、全国老龄办联合下发了《关于红十字会参与养老服务工作的指导意见》。

《指导意见》强调，各级红十字会参与养老服务工作应遵循积极参与，创新机制；因地制宜，逐步推进；发挥优势，重点突破；试点先行，积累经验等4条基本原则。

《指导意见》提出了红十字会参与养老服务工作的阶段目标，即到2018年，在5个省份10个城市开展红十字会参与养老服务工作试点，探索参与养老服务方式、内容、保障、考核、监督等工作机制。鼓励有条件的省（区、市）按《指导意见》精神积极开展试点。到2020年，出台较完善的红十字参与养老服务政策，建立稳定的工作队伍和志愿者队伍，初步建立红十字会参与养老服务的培训网络和志愿服务体系。

《指导意见》提出4项主要任务：一是参与养老服务人员知识技能培训和医养结合服务。发挥红十字会应急救护培训的优势，编写红十字养老照护知识与技能培训教材。在红十字急救员中普及养老照护知识与技能。鼓励具备条件的红十字会培训机构获得养老护理员培训机构资质、职业技能鉴定机构资质等。鼓励红十字会参与医养结合服务，以及养老服务中应急救护的相关工作。二是参与开展红十字养老志愿服务。建立以红十字志愿者为核心的红十字养老志愿服务队伍。动员和培训红十字志愿者，深入家庭、社区和养老机构等开展针对老年人的红十字志愿服务活动。三是参与兴办公益性养老机构。鼓励具备条件的红十字会积极争取社会力量支持，结合实际兴办公益性养老机构。在红十字会支持的灾后重建、博爱家园等项目点，加强养老服务设施规划和配备。四是参与开展对老年人的公益援助项目。项目要优先支持面临困难的孤寡、高龄、失能等老年人。

《指导意见》要求，各级红十字会要充分认识参与养老服务工作的必要性和重要性，发挥红十字会在人道领域的政府助手作用，主动作为，扎实做好参与养老服务的各项工作。要与当地老龄办加强配合，开展有特点的养老志愿服务活动。要多渠道筹集资金，通过申请财政性资金、政府专项补贴、开展社会募捐等，完善参与开展养老服务的资金保障。红十字会、民政部门、老龄工作部门要积极开展针对红十字会工作人员、志愿服务骨干的培训。加强工作考核，确保责任到位、任务落实。

1月6日 中国界面集团发布“2016中国最透明慈善公益基金会排行榜”，共有50家基金会入选，入榜者最高分为99分，最低门槛是82分，平均分为89分。中国红十字基金会以总分97分和中华少年儿童慈善救助基金会并列2016中国最透明慈善公益基金会排行榜第二位。

1月9日至10日 中国红十字会副会长兼秘书长王平带队赴青海、贵州开展“红十字博爱送万家”活动。王平一行先后前往青海省湟源县、贵州省罗甸县和惠水县，深入当地困难群众家中，为他们送去慰问金和春节家庭包、菜籽油、棉衣、奶粉等物资及节日问候。

1月9日至13日 中国红十字会副会长王汝鹏带队赴重庆、安徽开展“红十字博爱送万家”活动。王汝鹏一行深入重庆丰都、安徽枞阳和庐江，走村串户，为当地的困难群众送去棉衣、棉被、大米等生活用品和节日的问候。活动期间，王汝鹏一行还督导检查了两省（市）的“博爱家园”项目和救护培训基地建设情况，并就红十字事业发展等有关问题召开座谈会，广泛听取基层红十字会的意见和建议。

1月10日 全国人大常委会副委员长、中国红十字会会长陈竺对河南省红十字会备灾救灾中心进行考察，详细了解备灾救灾中心的建设情况。陈竺要求河南省红十字会不断强化备灾救灾中心的功能定位，充分发挥其区位优势和作用；要积极参与健康中国建设，着重培训老年专业护理人员，推动老年介护事业发展，不断扩大红十字会的影响力。

据悉，河南省红十字会备灾救灾中心于2016年12月30日全面建成并通过验收，该中心占地28亩，总建筑面积14620平方米，其中救灾物资储备中心6553平方米，综合楼7388平方米，总投资7420万元。其功能定位为“两中心四基地”：中国红十字会总会区域性备灾救灾物资募捐、储备中心，河南省红十字会备灾救灾物资募捐、储备中心；河南省红十字会应急救援队员实训基地、河南省红十字会应急救护培训基地、河南省红十字青少年教育基地、河南省红十字会志愿者招募基地。

河南省副省长、省红十字会会长王艳玲，中国红十字会副会长王海京，中国红十字基金会常务副理事长兼秘书长孙硕鹏等陪同考察。

1 月 11 日至 19 日　中国红十字会副会长王海京带队赴四川、云南开展“红十字博爱送万家”活动。王海京一行分别深入四川省普格县和云南省德钦县，为当地困难群众送去棉被、棉衣、毛毯、大米、食用油等生活用品，并向他们表达来自红十字会的关心、祝福和节日的问候。活动期间，王海京一行还分别对四川凉山州、云南迪庆州的红十字会备灾救灾中心、红十字急救站和应急救护培训基地建设等情况进行了督导检查，并就红十字事业发展等有关问题召开座谈会，广泛听取基层红十字会的意见和建议。

1 月 16 日　全国人大常委会副委员长、中国红十字会会长陈竺一行赴陕西省延安市走访慰问困难群众，开展“红十字博爱送万家”活动。陕西省人大常委会副主任朱静芝、总会赈济救护部部长李立东、陕西省红十字会常务副会长张宝安等陪同慰问。

1 月 16 日　中国红十字基金会、中国初级卫生保健基金会、陕西省红十字会、延安大学附属医院在延安签署《“院士+”西部医师培训计划延安站行动合作备忘录》，共同启动了“院士+”医师培训计划延安站行动。中国初级卫生保健基金会捐赠 200 万元，中国红十字基金会出资 100 万元，支持该行动的实施。全国人大常委会副委员长、中国红十字会会长陈竺，陕西省人大常委会副主任朱静芝，中国红十字基金会副理事长刘选国，中国初级卫生保健基金会秘书长周庆年，陕西省红十字会常务副会长张宝安，延安市委副书记、代市长薛占海，延安大学附属医院院长李小龙等出席签约仪式。

“院士+”西部医师培训计划是由中国红十字会倡导、中国红十字基金会“院士博爱基金”资助开展的重点公益项目，旨在发挥“院士+”公益效应，动员多方力量，有计划、有组织地培训西部专业骨干医师，提升欠发达地区医疗健康水平。

1 月 17 日　国家主席习近平在瑞士达沃斯国际会议中心出席世界经济论坛 2017 年年会开幕式，并发表题为《共担时代责任　共促全球发展》的主旨演讲。在演讲中，他引用了红十字国际委员会创始人亨利·杜南的名言：“真正的敌人不是我们的邻国，而是饥饿、贫穷、无知、迷信和偏见。”强调“我们既要有分析问题的智慧，更要有采取行动的勇气”。主旨演讲结束后，红十字国际委员会主席彼得·莫雷尔表示，很高兴习主席援引红十字国际委员会创始人亨利·杜南先生的名言回应人们对全球化问题的偏见。他认为，习主席的演讲有力地回应了人们对全球化进程的质疑，体现了中国在全球治理方面的领导力。

1 月 17 日至 19 日 中国红十字会副会长郭长江带队赴江西、湖北开展“红十字博爱送万家”活动。郭长江一行先后来到江西省兴国县、湖北省英山县，走村入户为当地困难群众送去红十字家庭包和慰问金，并送上节日祝福。在江西，郭长江一行还视察了赣州、吉安的应急救护站点，为“美丽中国行·幸福天使红十字救护站”江西明月山站揭幕，给江西 6 个“红十字救护站”援建景区授牌。在湖北，郭长江一行调研了“博爱家园”建设情况，听取了基层红十字会工作意见和建议。

1 月 18 日 国家主席习近平在日内瓦联合国总部发表题为《共同构建人类命运共同体》的主旨演讲，再次援引亨利·杜南先生 1862 年在《索尔费里诺回忆录》一书中的追问：“能否成立人道主义组织？能否制定人道主义公约？”习近平说，“杜南之问”很快有了答案，次年，红十字国际委员会应运而生，“经过 150 多年发展，红十字成为一种精神、一面旗帜。面对频发的人道主义危机，我们应该弘扬人道、博爱、奉献的精神，为身陷困境的无辜百姓送去关爱，送去希望；应该秉承中立、公正、独立的基本原则，避免人道主义问题政治化，坚持人道主义援助非军事化。”

谈到“构建人类命运共同体，实现共赢共享”的中国方案时，习近平说：“纵观近代以来的历史，建立公正合理的国际秩序是人类孜孜以求的目标。从 360 多年前《威斯特伐利亚和约》确立的平等和主权原则，到 150 多年前日内瓦公约确立的国际人道主义精神；从 70 多年前联合国宪章明确的四大宗旨和七项原则，到 60 多年前万隆会议倡导的和平共处五项原则，国际关系演变积累了一系列公认的原则。这些原则应该成为构建人类命运共同体的基本遵循。”

1 月 18 日 全国人大常委会副委员长、中国红十字会会长陈竺带队赴广西百色市开展“红十字博爱送万家”活动。陈竺一行先后走进百色市部分贫困户家中，为他们送去棉衣、棉被、大米、食用油、糖果等年货及慰问金，鼓励他们在党和政府汇集各方资源的精准帮扶下，努力脱贫致富。中国红十字会常务副会长徐科、自治区副主席黄日波、自治区政协副主席彭钊、自治区红十字会常务副会长冯国平等陪同慰问。

在百色期间，陈竺一行还瞻仰了百色起义纪念馆，看望慰问了百色市红十字蓝天救援队、红十字心理救援队、红十字关爱地贫服务队，并出席了广西防治地中海贫血工作座谈会。陈竺表示，百色是革命老区，中国红十字会的工作要着眼于老少边穷地区，着眼于民生领域，着重于当地人道服务的供给侧改革。中国红十字会作为党和政府在人道领域联系群众的桥梁纽带，在改善基层医疗卫生条件和促进健康脱贫攻坚方面要积极有为，争取发挥更大作用。

1月18日 中国红基会小天使基金彩票公益金项目进行了本年度首批资助款的拨付，此批资助款总额为3668万元，来自全国28个省（区、市）的1159名贫困白血病患儿获得了救助。据悉，自2005年设立至今，该基金累计在全国范围内资助贫困白血病患儿2.2万余人，累计资助总额7.1亿元。

1月18日 幸福天使“美丽中国行”全国博爱救护行动在江西省首个援建项目——宜春明月山景区“红十字救护站”落成揭幕。

据悉，2016年9月，在中国红十字会总会、民革中央指导下，中国红十字基金会、中国红十字会博爱基金、中国红基会幸福天使基金联合爱心企业贝因美等有关单位启动了“幸福天使‘美丽中国行’全国博爱救护暨以爱育爱‘红十字救护站’江西省援建计划”，通过江西省红十字会捐赠总价值1038万元的款物，用于在井冈山龙潭景区、明月山风景区、三清山风景区、龙虎山风景名胜区、高岭-瑶里风景名胜区、兴国将军园等6个景区援建“红十字救护站”，为景区培训1000名应急救护人员。其中明月山“红十字救护站”于2016年上半年开始筹备援建工作，7月开始试运营，目前已接待服务游客80余例。救护站现有1名专职医生常年驻站，负责日常应急救护工作，每到周末和节假日，地方红十字会协同景区管委会增派应急救护志愿者参与保障服务。“红十字救护站”和经过应急救护培训的景区工作人员还在推广和普及红十字应急救护知识、技能，传播“红十字掌上急救”免费App，开展红十字志愿服务等方面发挥作用。

当天，“红十字博爱救护队”江西分队宣誓建队，中国红十字会副会长郭长江为救护队授旗。到场领导、嘉宾为江西省内6个“红十字救护站”援建景区授牌，为宜春明月山“红十字救护站”揭幕，并向救护站工作人员了解救护站管理运营规划、设备配置和使用等情况。

中国红十字基金会常务副理事长兼秘书长孙硕鹏，江西省红十字会常务副会长周海涛等参加了活动。

1月28日 红十字会与红新月会国际联合会主席近卫忠辉正式宣布：中国红十字会会长陈竺担任国际联合会副主席。国际联合会现有190个国家红十字会或红新月会成员，构成了全球最大的人道网络。该组织共设5位副主席，除来自瑞士的“当然副主席”外，分别由来自非洲、欧洲、美洲和亚洲区域的国家红十字会或红新月会的代表担任。中国红十字会会长陈竺代表亚洲区域担任副主席。

2月11日 广东省中山市迎来了第30届慈善万人行活动，2万多名市民和港澳台同胞、海外乡亲以及各界人士组成的200多支巡游队伍参与了巡游，本届慈善万人行活动共收到认捐款物超过1亿元人民币，创历史新高。

全国人大常委会副委员长、中国红十字会会长陈竺发来贺信，中国红十字会常务副会长徐科，副会长王汝鹏出席。部分省、市红十字会的负责同志与红十字国际委员会代表、红十字会与红新月会国际联合会代表参加活动。

陈竺在贺信中指出，中山慈善万人行活动通过把红十字精神、慈善文化传统、社会主义核心价值观有机结合，广泛动员和凝聚了社会人道力量，在传承博爱精神、传播人道理念、服务困难群体、弘扬文明新风等方面发挥了平台载体作用，对于构建和谐社会、促进社会主义精神文明建设、助推改革发展稳定具有重要意义。

据了解，中山慈善万人行活动是中山市红十字会最具影响力的品牌之一。30年来，中山慈善万人行活动累计筹集善款超过13亿元人民币，所募集资金参与了医院、学校、安居工程、敬老院等近100个重点公益项目的建设，为数以万计陷入困境的家庭提供了及时有效的综合援助。

2月19日 根据中央巡视工作领导小组部署，中央第九巡视组向中国红十字会党组反馈专项巡视情况。中央巡视工作领导小组成员杨晓超主持召开向中国红十字会党组书记、常务副会长徐科的反馈会议，出席向红十字会党组领导班子反馈专项巡视情况会议，对红十字会党组主要负责人和党组领导班子抓好巡视整改工作提出要求。中央巡视工作领导小组办公室负责同志向徐科传达了习近平总书记关于巡视工作的重要讲话精神，中央第九巡视组组长吴瀚飞代表中央巡视组分别向徐科和红十字会党组领导班子反馈了专项巡视情况，副组长张林、李博参加反馈会议。全国人大常委会副委员长、中国红十字会会长陈竺出席会议并讲话，徐科主持会议并就做好巡视整改工作做表态讲话。

中央第九巡视组有关成员、中央巡视办有关同志、中央纪委驻国家卫生和计划生育委员会纪检组有关负责同志、中国红十字会党组领导班子成员出席会议，总会机关处级以上干部和直属单位领导班子成员列席会议。

2月20日 中国红十字基金会“丝路博爱基金”在北京成立，同时宣布启动“丝路博爱基金”重点项目——中巴急救走廊及阿富汗先心病患儿救助项目。全国人大常委会副委员长、中国红十字会会长陈竺，常务副会长徐科，副会长郭长江、王海京、王汝鹏，副会长兼秘书长王平，中联部部长助理窦恩勇，新疆维吾尔自治区政协副主席、自治区红十字会会长程振山，以及外交部、商务部、卫计委等相关部门，红十字国际委员会、红十字会与红新月会国际联合会，巴基斯坦、阿富汗驻华使馆和巴基斯坦红新月会代表及捐赠企业代表出席启动仪式。

陈竺在启动仪式上致辞。他说，习近平主席提出共建“丝绸之路经济带”和“21世纪海上丝绸之路”的重大倡议，顺应和平、发展、合作、共赢的时代潮流，承载着和平发展繁荣的梦想，赋予古老丝路崭新的时代内涵。中国红十字会作为国际红十字运动的重要成员，作为党和政府人道领域的助手和民间外交的重要渠道，成立“丝路博爱基金”，参与“一带一路”建设，是深化红十字人道外交和国际交流的使命所在，是全面实施“红十字与‘一带一路’同行”战略构想的重要举措。

陈竺指出，“丝路博爱基金”将成为集合人道资源，共建和平发展繁荣新丝路的重要平台和纽带。在国家有关部门的精心指导和支持下，“丝路博爱基金”将充分发挥服务国家“一带一路”建设专项公益基金、中国国际人道援助基金、国家重点支持的民间援外基金、中国企业走出去战略发展基金、国际志愿服务基金的作用，充分借助国际红十字大家庭的力量，引领更多的爱心企业、公益组织和志愿人士参与“一带一路”建设，优化人道服务供给，增进“一带一路”沿线国家人民福祉，让人道博爱之光辉映丝路。

外交部国际司参赞张钧安、红十字国际委员会东亚地区代表处主任裴道博、红十字会与红新月会国际联合会东亚地区代表处主任彭玉美、巴基斯坦红新月会主席赛义德·伊拉希等相继发表致辞，祝贺“丝路博爱基金”成立，表示中国红十字会参与“一带一路”建设具有重要意义，期待在国际人道领域发挥更大作用。

仪式上，陈竺为“丝路博爱基金”企业发起人颁发证书，徐科为“丝路博爱基金”个人发起人颁发证书。郭长江介绍了“丝路博爱基金”基本情况，代表中国红十字基金会接受捐赠。中华医学会、武警总医院、北京999急救中心、上海华山医院，以及北京、新疆等地红十字会相关负责人、工作人员及多家新闻媒体参加了启动仪式。

2月24日 国家主席习近平签署第六十三号主席令：“《中华人民共和国红十字会法》已由中华人民共和国第十二届全国人民代表大会常

务委员会第二十六次会议于2017年2月24日修订通过，现将修订后的《中华人民共和国红十字会法》公布，自2017年5月8日起施行。”

2月24日 新华社受权发布《中华人民共和国红十字会法》。新修订的《红十字会法》包括总则、组织、职责、标志与名称、财产与监督、法律责任、附则，共7章30条。相对旧版《红十字会法》而言，新版《红十字会法》有18条涉及重要修改或补充，同时还有一些文字修改和条款调整；修改补充的内容更加丰富，结构更加完整；进一步充实了总则，完善了法定职责，健全了治理结构，强化了财产监管，增加了法律责任。

2月27日 由中国红十字基金会“丝路博爱基金”援助巴基斯坦瓜达尔港首个中巴博爱医疗急救中心的物资在河北廊坊开始生产并装配、运输，预计于3月5日从上海启运。该批物资为丝路博爱基金联合发起方朗世坤成房屋科技有限公司捐赠的价值400万元人民币（约合58万美元）的轻钢结构房屋，由中远海运慈善基金会提供运输支持，中国远洋海运集团具体承运。

瓜达尔港中巴博爱医疗急救中心是“红十字与‘一带一路’同行”示范项目——中巴急救走廊建设的第一站。根据规划，中巴急救走廊将围绕“一带一路”中巴经济走廊建设，在沿线布设由“急救站+救护车+急救人员+信息系统”构成的急救单元，形成沿线应急救护、公共卫生服务供给带。位于中巴铁路南端终点的瓜达尔港，成为中巴急救走廊建设的第一个受益者。

2月27日至28日 中国红十字会第十届理事会第三次会议在北京召开，全国人大常委会副委员长、中国红十字会会长陈竺出席会议。

会议听取和审议了《中国红十字会2016年工作报告》《中国红十字会2016年度财务收支情况报告》《中国红十字会第十届理事会人事变更情况报告》，表决通过了有关人事变更的决议。会议选举高晓兵任中国红十字会副会长。

陈竺在讲话中对中国红十字会过去一年的工作表示充分肯定。他指出，2017年对中国红十字会是十分重要的一年，是新修订的《中华人民共和国红十字会法》公布施行之年、是总会党组对中央巡视组巡视反馈意见进行整改落实的一年。中国红十字会要继续紧密围绕党和国家工作大局，切实增强“四个意识”，坚持改革创新，依法履职尽责，立足红十字会自身实际，认真思考、谋划未来红十字事业的改革和发展。

陈竺提出6点工作要求：要深入学习贯彻习近平总书记系列重要讲

话精神，坚定不移走中国特色红十字事业发展道路；要以《红十字会法》颁布实施为契机，深入推进依法治会；要认真贯彻落实总会改革方案，积极推动改革创新；要积极参与国家“一带一路”建设，在国际红十字舞台彰显负责任大国红会形象；要坚定不移贯彻好中共中央的决策部署，高度重视巡视整改工作；要增强理事会代表性，充分发挥理事在促进事业发展中的作用。

陈竺指出，我国正处在全面建成小康社会的决胜阶段，我们要牢牢把握“创新、协调、绿色、开放、共享”五大发展理念这条主线，以中央群团工作会议精神和习近平总书记系列重要讲话精神为指引，统一思想，振奋精神，以主人翁的责任感主动研究和应对红十字事业发展过程中遇到的新问题新挑战，努力开创中国红十字事业的新局面，切实发挥中枢型社会组织作用，为统筹推进“五位一体”总体布局和协调推进“四个全面”战略布局、实现“两个一百年”奋斗目标和中华民族伟大复兴中国梦、促进人类和平进步事业做出应有的贡献。

中国红十字会第十届理事会理事出席会议。各省级红十字会会长、常务副会长、秘书长以及副省级城市红十字会常务副会长参加会议。总会机关各部室及直属单位负责人列席会议。会议还通报了中国红十字会总会改革方案和《中华人民共和国红十字会法》修订有关情况。

2 月 28 日　中国红十字会总会召开红十字会系统党建工作座谈会。中国红十字会党组书记、常务副会长徐科主持会议并讲话，党组副书记、副会长郭长江，党组成员、副会长王海京、王汝鹏，党组成员、副会长兼秘书长王平和中纪委派驻纪检组唐燕同志出席会议。

这次会议的主要任务是，深入学习贯彻党的十八大和十八届三中、四中、五中、六中全会精神，学习贯彻习近平总书记系列重要讲话精神，学习贯彻十八届中央纪委七次全会精神，统一思想，提高认识，狠抓落实，进一步增强责任感和使命感，以全面从严治党的新成效推动红十字事业持续健康发展。各省级红十字会常务（专职）副会长，总会机关各部门及直属单位主要负责人参加会议。

3 月 2 日　中国共产党中国红十字会总会直属机关召开第一次代表大会。中国红十字会党组书记、常务副会长徐科，党组副书记、副会长、直属机关党委书记郭长江，党组成员、副会长王海京、王汝鹏，党组成员、副会长兼秘书长王平出席会议。中央国家机关工委副书记常大光莅临指导并讲话。中纪委派驻纪检组唐燕同志出席大会。总会机关及直属单位党员代表共 115 人参加会议。

会议听取和审议通过了郭长江做的《中共中国红十字会总会直属机关第四届委员会工作报告》，审议通过了《中共中国红十字会总会直属机关纪律检查委员会工作报告》《上届党费收缴使用和管理情况的报告》。会议选举产生了中共中国红十字会总会直属机关第五届委员会和纪律检查委员会。直属机关党委由王世涛、曲折、任浩、孙硕鹏、李立东、邵锋、郭长江等7人组成（以姓氏笔画为序），郭长江任书记，王世涛任常务副书记；直属机关纪委由王世涛、张莉、赵建忠、侯峰忠、傅刚5人组成，王世涛兼任书记，张莉任副书记。

3月3日 全国政协十二届五次会议在北京开幕。全国政协委员、中国红十字会副会长郭长江递交提案，就“扩大贫困患儿救助范围”“加强青少年人道教育，预防校园欺凌和暴力”“为遗体和器官捐献者设立缅怀纪念场所”“加大中国民间组织援外力度”等多个方面提出建议。

3月7日 中国器官捐献志愿登记宣传媒体见面会在世界卫生组织驻华代表处举办。中国器官移植发展基金会相关负责人在会上表示，自2016年12月22日，“施予受”器官捐献一键登记平台在支付宝移动客户端上线后，器官捐献志愿登记时间仅需10秒。据悉，中国2016年完成公民逝世后器官捐献4080例，捐献大器官11296个，较2015年提高近50%，每百万人口年捐献率已达2.98，年捐献数量位居世界第二位。

3月21日 中国红十字会总会下发《关于同意作为总会开展养老服务工作试点单位的批复》，明确辽宁、江苏、浙江、江西、山东、湖北、云南等7省红十字会作为总会开展养老服务工作试点单位。总会要求，7省红十字会要按照《关于红十字会参与养老服务工作的指导意见》《关于组织申报开展养老服务工作试点单位的通知》等相关文件的要求，结合本省实际，积极主动、探索创新，推进红十字会养老服务工作，确保试点工作取得成效。

3月24日 中国红十字基金会携手江苏恒瑞医药股份有限公司成立的“恒瑞介入关爱基金”在上海启动。这是中国红十字基金会“院士博爱基金”成立以来，在“院士+”公益效应影响下设立的首个专项基金。

江苏恒瑞医药股份有限公司副总经理刘疆代表企业向中国红十字基金会捐赠款物共计1000万元人民币，其中资金不少于600万元，首期200万元，后续每年不低于200万元，用于资助“恒瑞介入关爱基金”公益项目的开展，捐赠物资用于贫困肝癌患者人道救助。

复旦大学附属中山医院介入治疗科、浙江大学医学院附属第一医院介入放射科、中国人民解放军第302医院介入科等，成为“恒瑞介入关爱基金”肿瘤介入培训中心。

3月24日 北京市海淀寄读学校举行中国红十字会青少年人道教育实验基地揭牌暨“青春善言行”项目启动仪式。海淀寄读学校成为全国首家红十字青少年人道教育实验基地。

中国红十字会副会长郭长江、总会组织宣传部部长姚立新、海淀区副区长刘圣国等和中央文明办等理事单位代表以及北京市红十字会、北京市教委、海淀区红十字会、海淀寄读学校相关负责人出席启动仪式。仪式上，郭长江向海淀区红十字会学校工作委员会颁发“中国红十字会青少年人道教育实验基地”牌匾，与会领导共同启动了海淀寄读学校“青春善言行”项目。

3月27日至28日 全国红十字会系统在苏州举办新修订的《中华人民共和国红十字会法》专题培训班。中国红十字会副会长王汝鹏做开班动员，江苏省红十字会常务副会长盛放等出席开班式。150余位来自全国各省（区、市）红十字会、副省级城市和省会城市红十字会的负责人及相关部门负责人参加培训。

王汝鹏讲授开班第一课，对新修订的《红十字会法》进行了详细解读，要求各级红十字会把深入宣传贯彻《红十字会法》与学习贯彻习近平总书记关于红十字事业的重要讲话精神紧密结合起来，切实增强责任意识，推进改革创新，加强自身建设，迎接新的挑战。

本次培训班还对《红十字会法》释义、监事会制度及红会治理结构改革、红十字（会）名称和红十字标志授权使用管理规定等征求意见稿展开讨论。

3月28日 由中国红基会院士博爱基金资助举办的“院士+”贵州儿科医师研修班开班仪式在复旦大学附属儿科医院举行，复旦大学附属儿科医院正式成为“院士+”西部儿科医师培训计划的第三家培训基地。中国红十字基金会副理事长刘选国、上海市红十字会副会长孙大红、复旦大学附属儿科医院院长黄国英等出席开班仪式。

4月6日至7日 中国红十字会养老服务试点工作启动培训会在江西省南昌市召开。江西、浙江、云南等7省成为首批试点省红十字会，标志着中国红十字会正式全面参与养老服务工作。中国红十字会副会长王海京出席会议并讲话。试点省红十字会分管领导、相关城市红十字会等50余人参加启动仪式。江西省红十字会常务副会长周海涛到会致辞。中国红十字会赈济救护部部长李立东主持会议。与会代表还冒雨参观了江西省红十字志愿护理服务中心南昌市西湖区社会福利院和南昌市第三医院社区两个服务点。

4月12日至13日 来自北京、天津、上海、江苏、浙江、山东和澳门等地的20名探索人道法核心教师与7名项目协调员在北京参加探索人道法核心师资工作坊，切磋交流探索人道法师资培训技能，研发探索人道法教学材料和教学效果测评指标体系，参加国际人道法和国际红十字与红新月运动相关专题培训。中国红十字会副会长郭长江出席工作坊开幕式并讲话，红十字国际委员会东亚地区代表处主任裴道博出席开幕式并致辞。

探索人道法是中国红十字会和红十字国际委员会合作开展的青少年人道教育项目，旨在向青少年介绍国际人道法的基本规则和原则。根据《中华人民共和国红十字会法》和《国务院关于促进红十字事业发展的意见》相关要求，中国红十字会与教育部门积极合作，在北京、天津、上海、江苏、浙江、山东、河南、香港、澳门等地稳步推进探索人道法青少年人道教育项目试点，将之引入课堂和青年同伴教育活动。目前，中国已经有数百所中学开设了探索人道法课程，还有数十所高校围绕探索人道法开展了青年同伴教育活动或开设了选修课，已有超过10万名青少年从该项目中受益。

4月14日 中国红十字会副会长王海京会见了阿里巴巴集团资深副总裁兼阿里云总裁胡晓明。双方就进一步利用互联网、云计算、数据处理，通过“互联网+”共同推动人道事业创新发展达成共识。

4月19日 中国医药物资协会主办的“成长博爱基金”表彰大会在北京召开。大会以“公益行中国·爱心满人间”为主题，表彰在中国医药物资协会与中国红十字会共同设立的“成长博爱基金”建设过程及社会公益活动中表现突出的个人和单位。20家企业获得“第一届爱心公益企业”奖，20名个人获得“第一届爱心公益人物”奖，6家企业和2名个人获得“第一届爱心公益特别奖”。

中国医药物资协会与中国下一代教育基金会共建的“成长育爱基金”同时成立，并启动千家医药企业参与的“爱心飞翔·公益中国行”第三季活动。

4月24日 中国红十字基金会“爱微笑——把微笑送给世界”公众倡导参与活动全面启动，以迎接“5·8”世界红十字日与世界微笑日。活动通过线上线下面向全社会开展笑脸征集，明星积极参与，带动公众参与传递善意，搭建与人道接触的窗口，并将此次的征集成果在“一带一路”沿线国家巴基斯坦展出，推广普及友好、乐观的人道公益精神。

4 月 28 日 《中华人民共和国红十字会法》宣传贯彻座谈会在北京举行。全国人大常委会副委员长、中国红十字会会长陈竺出席会议并讲话。全国人大教科文卫委员会主任委员柳斌杰主持会议。

陈竺在讲话中强调，要充分认识新修订的《红十字会法》公布实施的重大意义，在法制轨道上不断开创中国红十字事业发展新局面。他指出，新修订的《红十字会法》的公布实施是贯彻落实习近平总书记关于红十字事业发展重要指示精神的集中体现，是保障和推动红十字事业改革发展的现实需要，是履行《日内瓦公约》及其附加议定书的具体体现。要深入开展《红十字会法》的学习宣传活动，严格按照《红十字会法》的规定依法履责；要切实加强各级红十字会自身建设，强化执法监督，推动《红十字会法》全面贯彻实施；要做好地方立法工作，完善相关配套法规制度，为我国红十字事业发展提供有利的法治环境。

5 月 7 日 中国红十字会援建的“中巴博爱医疗急救中心”在中巴经济走廊最南端的瓜达尔港落成，这是中国红十字会参与国家“一带一路”建设的又一重要举措。

全国人大常委会副委员长、中国红十字会会长陈竺，中国驻巴基斯坦大使孙卫东，巴基斯坦港口航运部部长米尔·哈希尔·比赞久，巴基斯坦红新月会主席赛义德·伊拉希等为新落成的急救中心揭牌，并共同见证《中国红十字会与巴基斯坦红新月会合作备忘录》的签署。

陈竺（中）与巴基斯坦代表一起为中巴博爱医疗急救中心揭牌

据悉，新落成的瓜达尔港急救中心共投入 1000 万元人民币，是中国红十字基金会“丝路博爱基金”资助的首个中巴急救走廊项目。

5月8日　中国红十字会总会举行中国红十字事业发展新闻通报会，常务副会长徐科、副会长王汝鹏、副会长兼秘书长王平出席通报会并向新闻媒体介绍红十字工作有关情况，回答了记者关于贯彻落实新修订的《红十字会法》、开展灾害救援、应急救护、参与造血干细胞捐献和人体器官捐献工作以及参与国家“一带一路”倡议等方面的提问。徐科表示，中国红十字会将以贯彻落实新修订的《红十字会法》为契机，认真履行法定职责，不断提高人道服务水平，努力为国奉献，为民造福。

5月8日　中国红十字会总会举行“我是红十字人”主题宣誓活动，并为总会长期从事红十字工作的干部职工代表颁发纪念奖章。中国红十字会常务副会长徐科讲话，副会长郭长江主持。

活动中，来自中国红十字会总会及直属单位的150余名红十字工作者一起庄严宣誓：“我是红十字人，热爱红十字事业，遵守红十字会法，执行红十字会章程，高举红十字旗帜，弘扬红十字精神，践行红十字运动基本原则，牢记使命，恪尽职守，关爱生命，保护健康，维护尊严，为促进和平进步事业而不懈奋斗！”

参加宣誓活动的红十字人纷纷表示：今天的活动震撼心灵、感人肺腑；身为红十字人，感到无比的自豪与骄傲，增强了对红十字会的归属感，对我们组织的敬意油然而生；这样的宣誓活动特别好，一种神圣的事业，需要具有神圣的仪式感，希望每年的今天都举行。

出席活动的还有中国红十字会副会长王汝鹏、总会部分工作人员以及来自红十字国际委员会、红十字会与红新月会国际联合会的代表。

5月8日　中国红十字会总会事业发展中心与邯郸市委、市政府在邯郸共同举办“关爱贫困失能老人暨纪念第70个世界红十字日”活动，呼吁社会各界更加关注红十字事业，切实肩负起关爱老人，特别是贫困失能老人的使命和责任。

中国红十字会总会事业发展中心、中国老龄事业发展基金会、河北省红十字会及邯郸市政府相关领导出席活动，邯郸市老年协会270名老人、200名志愿者参加了此次活动。

5月11日　全国人大常委会副委员长、中国红十字会会长陈竺赴辽宁省调研红十字会工作。中国红十字会常务副会长徐科、辽宁省人大常委会副主任刘政奎、省红十字会常务副会长秦国夫等陪同调研。

陈竺一行出席了营口市红十字文化传播教育基地揭幕仪式，观摩了中国红十字（辽宁）赈济救援队应急演练，还赴沈阳市于洪区五彩阳光城实地考察红十字养老服务工作。

5 月 13 日 来华出席“一带一路”国际合作高峰论坛的红十字会与红新月会国际联合会秘书长哈吉·阿西，吉尔吉斯斯坦红新月会会长巴拉里诺夫，塔吉克斯坦红新月会会长库尔布诺夫，红十字会与红新月会国际联合会驻东亚地区代表处主任彭玉美等一行，考察了北京市红十字会 999 紧急救援中心。中国红十字会副会长兼秘书长王平等陪同考察。

5 月 13 日 中国红十字基金会“天使之旅——‘一带一路’大病患儿人道救助计划蒙古国行动”在纪念内蒙古自治区红十字会复会 30 周年暨第 70 个世界红十字日大会上宣布启动。全国人大常委会副委员长、中国红十字会会长陈竺，内蒙古自治区党委书记李纪恒等出席仪式。

仪式现场，陈竺向活动捐赠方步长集团颁发了捐赠证书，并将“天使之旅——蒙古国先心病患儿筛查救助活动”的旗帜交到内蒙古自治区红十字会和人民医院负责人手中，蒙古国红十字会健康促进部项目负责人 Gantulga Batbyamba 博士通过邮件和视频对中国红十字会的人道救助表示欢迎和感谢。

此次行动，中国红基会联合步长制药、内蒙古自治区红十字会，与“天使阳光基金”定点医院——内蒙古自治区人民医院小儿心脏中心的专家们一道，计划救助蒙古国 100 名先心病患儿。该笔救助资金全部为步长制药捐赠，共计人民币 400 万元。

5 月 15 日 国家副主席、中国红十字会名誉会长李源潮在北京分别会见了来华出席“一带一路”国际合作高峰论坛的红十字国际委员会主席彼得·莫雷尔和红十字会与红新月会国际联合会秘书长哈吉·阿西。全国人大常委会副委员长、中国红十字会会长陈竺参加会见。

李源潮说，红十字运动是人类文明进步的象征，红十字所奉行的原则和宗旨已成为促进世界和平与发展的重要力量。中国愿与红十字国际委员会和红十字会与红新月会国际联合会加强交流合作，以“一带一路”国际合作高峰论坛为契机，在沿线国家合作开展人道项目，为国际人道主义事业做出更大贡献。

莫雷尔表示，很高兴来华参加“一带一路”国际合作高峰论坛，期待国际红十字运动在“一带一路”框架下开辟人道主义之路，与中国政府和中国红十字会有更多合作。

阿西表示，多年来中国红十字会在国际人道救援中发挥了重要作用。“一带一路”的愿景与国际红十字运动的宗旨相契合，愿与中国红十字会携手合作、在其中发挥更大作用。

5 月 15 日 红十字/红新月与“一带一路”同行暨“博爱单车”全球志愿服务行动在北京启动。中国红十字会会长、红十字会与红新月会国际联合会副主席陈竺，红十字会与红新月会国际联合会秘书长哈吉·阿西，红十字国际委员会东亚地区代表处主任裴道博，红十字会与红新月会国际联合会东亚地区代表处主任彭玉美，巴基斯坦红新月会主席赛义德·伊拉希，吉尔吉斯斯坦红新月会会长巴拉里诺夫，塔吉克斯坦红新月会会长库尔布诺夫，中国红十字会常务副会长徐科，副会长郭长江、王海京、王汝鹏，副会长兼秘书长王平，中联部、商务部、国家卫计委以及武警总医院、华山医院、北京 999 急救中心等相关部门和单位代表，中国生物技术股份有限公司、中国医药物资协会及爱心人士徐小平等参加启动仪式。

据悉，“博爱单车”全球志愿服务行动首批将募集 10000 辆博爱单车，并配备志愿服务工具，支持“一带一路”沿线国家志愿者在人道救助、应急救护、灾害救援以及社区防灾减灾等方面发挥更大作用，进一步扩大人道服务可及范围。项目最终将为全球 100 万名红十字/红新月志愿者提供 100 万辆自行车，促进多方共同参与人道事业。

启动仪式上，陈竺发表了题为“携手共建人类命运共同体”的演讲，对红十字与红新月运动的精神内涵进行了深入阐述，介绍了中国红十字会参与“一带一路”建设的构想和项目规划，提出了红十字/红新月与“一带一路”同行的倡议。陈竺希望红十字/红新月与“一带一路”同行成为红十字大家庭的联合行动，让红十字/红新月组织成为建设和平、繁荣、开放、创新、文明“一带一路”的重要力量，将“一带一路”打造成为传承人道精神、汇聚志愿服务、整合公益资源、深化国际交往、推进民心相通的人道之路、博爱之路。

哈吉·阿西在演讲中分析了人道事业面临的新挑战以及“一带一路”对于人道事业发展带来的新机遇，对红十字/红新月与“一带一路”同行的理念高度认同。他期待“一带一路”和红十字/红新月运动的有机结合，共同推动“一带一路”国家人道事业的发展。随后，几位红十字志愿者登台讲述了自己在开展志愿服务过程中与人道单车的故事。

在陈竺和哈吉·阿西的共同见证下，中国红十字会副会长兼秘书长王平与红十字会与红新月会国际联合会东亚地区代表处主任彭玉美签署了博爱单车全球战略合作协议。随后，博爱单车由全球 4 位志愿者代表推出并展示。

真格基金创始人、天使投资人徐小平个人捐赠50万元人民币，中国生物技术股份有限公司通过中国红十字基金会“丝路博爱基金”支持300万元人民币，中国医药物资协会通过中国红十字会“成长博爱基金”捐赠200万元，用于采购“博爱单车”以及资助开展应急救护培训等。中国红十字会副会长、中国红十字基金会理事长郭长江代表“丝路博爱基金”接受上述合作企业和个人捐赠，陈竺与哈吉·阿西为捐赠者颁发证书，徐科、彭玉美、王海京、王汝鹏等向受援国红会代表转赠了自行车。

“博爱单车”全球志愿服务项目是中国红十字基金会“丝路博爱基金”重点资助开展的红十字/红新月与“一带一路”同行框架下的示范项目。中国红十字基金会于今年2月成立了“丝路博爱基金”，资助“一带一路”倡议背景下的红十字人道主义对外援助项目。

5月21日 2017长春国际马拉松赛在吉林省长春市体育中心前鸣枪起跑，3万名来自全国各地以及美国、英国、加拿大、日本、澳大利亚、德国等21个国家和地区的选手在北国春城展开了速度与耐力的较量。此次大赛是长春市迄今为止举办的规模最大、规格最高的国际体育赛事，也是中国红十字会总会下发《关于积极参与马拉松及相关运动赛事救护服务工作的通知》后，总会参与支持的第一场“红十字助力马拉松”赛事活动。

5月24日至26日 由北京、天津、河北三省、市红十字会联合举办的“首届京津冀器官捐献交流活动暨第一期京津冀人体器官捐献协调员培训班”在天津启动。中国人体器官捐献管理中心常务副主任曹怀杰，天津市红十字会副巡视员于慧斌，河北省红十字会秘书长任献强，北京市红十字会人体器官捐献筹备办公室主要负责人等出席启动仪式。来自京津冀三省市各地区红十字会人体器官捐献工作负责人、业务骨干和器官捐献协调员119人参加培训。

5月25日至26日 中国红十字基金会党支部组织员工赴总会对口扶贫点湖北省英山县开展“天使之旅重访英山”暨“两学一做”主题调研及教育实践活动，并与湖北省红十字会签署关于对口帮扶英山县合作备忘录，将在2016年投入扶贫资金200万元的基础上，2017年继续募集投入资金350万元，在该县援建10个“博爱家园”项目，助力扶贫攻坚。据统计，2016年以来，中国红十字基金会共在英山援建红十字博爱卫生站10所，红十字救护站2所，博爱电脑教室1个，规划援建“博爱家园”10个，发放赈济家庭箱等扶贫物资，并开展大病救助工作，累计募集投入资金600余万元。

调研组分成10个小组分别赴10个乡镇开展调研活动。在村委会，调研组介绍了“博爱家园”项目情况，就减灾、防灾避险和灾后重建等情况与镇村干部群众座谈讨论。据悉，中国红十字基金会调研组将就本次调研情况，召开专题报告讨论会，并形成系列调研报告，在2016年《英山调查》之后，集成《英山回访》，以积累精准扶贫的经验做法。

6月3日 为救助斯里兰卡西南部因持续暴雨引发的严重洪水和山体滑坡灾害，中国红十字国际救援队飞抵斯里兰卡，开展为期10天的救援工作。

此次派出的国际救援队由中国红十字会总会赈济救护部部长李立东带队，8名队员均具备丰富的国内、国际灾害救援经验。2日下午，中国红十字会常务副会长徐科，副会长郭长江、王海京，副会长兼秘书长王平为救援队送行，转达了中国红十字会会长陈竺对救援队的问候，并嘱咐全体队员注意安全，圆满完成此次救援任务。据悉，中国红十字会于灾后第一时间向斯里兰卡捐赠的10万美元赈灾善款，也已通过当地使馆转交给斯里兰卡红十字会。

6月8日 中国红十字基金会上汽通用五菱博爱基金管委会会议在广西柳州召开。中国红十字会副会长、中国红十字基金会理事长郭长江，上汽通用五菱汽车股份有限公司总经理沈阳，中国红十字基金会常务副理事长、秘书长孙硕鹏，广西红十字会常务副会长冯国平及部分委员、公司高管等出席会议。

会议现场播放了基金成立10周年纪念视频——《聚合的世界》，郭长江代表中国红十字会授予上汽通用五菱“中国红十字勋章”（这是该公司10年来荣获的第二枚“中国红十字勋章”），并代表中国红十字基金会向上汽通用五菱赠送了基金成立10周年纪念品——飞翔的车轮。孙硕鹏代表中国红十字基金会向与会人员介绍了基金10年来的发展历程和下一步规划。

上汽通用五菱博爱基金成立于2007年3月26日，旨在帮助中国贫困地区及农村地区援建医疗卫生基础设施，开展乡村医生培训计划。截至2016年底，基金已累计捐款4561.83万元，援建博爱卫生院（站）199所，培训乡村医生1292人，捐赠红十字救灾备灾车辆135辆，其中2016年捐款2000万元，并通过中国红基会向印尼红十字会、柬埔寨红十字会捐赠了博爱卫生院和救灾车辆，助力“一带一路”建设。

根据下一步规划，2017年上汽通用五菱将继续捐赠至少2500万元，除常态化的卫生院（站）援建、乡村医生培训外，还将开展五菱伙伴计划、宝骏天使计划等创新项目，动员产业链中的各方加入博爱行动，形成推动中国红十字事业发展的“聚合的力量”。

郭长江高度肯定了上汽通用五菱10年来为人道事业做出的突出贡献。他表示，上汽通用五菱博爱基金是中国红基会与企业之间运作最好、影响最广、时间最长的公益基金，10年来的稳定和快速发展离不开相互的信任、理解和支持，是双方同频共振、共同成长的成果。做大做强红十字事业，就要选择像上汽通用五菱这样具有公益品质和人道情怀、能够积极承担社会责任、视野开阔并充满正能量的企业，与企业携手奋进、共同成长。

沈阳表示，10年共同成长，上汽通用五菱一直是红十字事业的坚定支持者和捍卫者，公司将不忘初心、笃定前行，继续以上汽通用五菱博爱基金为平台，更大力度地拓展公益渠道、聚合各方资源，把红十字精神进一步发扬光大，为更多需要帮助的弱势群体送去关怀。

会议还审议了上汽通用五菱博爱基金2016年工作报告、2017年工作计划和基金三届管委会及办公室成员名单。

6月12日 中国红十字国际救援队赴斯里兰卡参与洪灾救援的8名队员圆满完成任务回国。在10天时间里，救援队共完成安置点建设21个，搭建帐篷506顶，培训斯方志愿人员211人。

6月17日 由中国红十字会总会主办，福建省红十字会、广东省红十字会和厦门市红十字会承办的第七届海峡两岸红十字博爱论坛在厦门举行。中国红十字会总会联络部部长任浩、台湾红十字组织负责人王清峰、福建省红十字会常务副会长林圣魁、厦门市政协副主席陈昌生等出席论坛开幕式并致辞。来自福建、北京、辽宁、江苏、广东、海南等省、市红十字会代表，台湾红十字组织代表、红十字志愿者以及专家学者等100余名代表参加论坛研讨和交流。

本届海峡两岸红十字博爱论坛以“人道于心　博爱于行”为主题，通过独特视角就社会发展中的公益力量、两岸民间公益服务实践进行交流、展示，旨在促进两岸公益交流深入开展，为两岸民间互动注入生机与活力。

论坛共设置“社会发展中的公益力量”“两岸民间公益服务实践展示”“倾听公益服务的核心力量——两岸志愿者对话”等3个专题。据悉，自2011年第一届海峡两岸红十字博爱论坛成功举办并纳入海峡论坛子论坛以来，海峡两岸红十字博爱论坛已连续成功举办6届，始终定位并突出“民间性、草根性、广泛性”，关注民生、倾听民意、汇集民智，成为两岸红十字组织之间的“连心桥”，彰显了红十字组织在不断聚集两岸“加强交流、增进融合、共赢发展”中的重要作用。

6月21日 中国红十字会副会长、中国红十字基金会理事长郭长江率队在陕西省千阳县调研基层红十字会精准扶贫和学校红十字会工作。调研组一行来到柳家塬村，在村委会召开彩票公益金“博爱家园”项目座谈会。座谈会后，调研组实地考察了中国红十字基金会援建的双庙塬村红十字博爱卫生站、中国红十字会总会支持的走马埈村西部地区“博爱家园”项目点和英明村“博爱家园”生计金项目点及千阳县红山中学。

6月22日 全国人大常委会副委员长、中国红十字会会长陈竺在北京会见了加拿大红十字会会长康拉德·苏威一行。陈竺介绍了中国红十字会近期开展的重点项目和工作，特别介绍了今年5月在北京举办的“一带一路”国际合作高峰论坛的相关情况，希望两国红会能够在“一带一路”倡议的背景下，依托两会合作备忘录的基本框架，继续在能力建设、国际援助、救援队建设、筹资等方面深化合作。

康拉德·苏威表示中加两国红会的友谊与合作早已超越资金和技术的层面，加拿大红十字会愿意继续为中国红十字会的能力建设提供技术支持，并希望探讨两国红会今后在共同感兴趣的国际援助项目中进行合作的可能。当天，康拉德·苏威在总会就“应对新时期的挑战及财务和风险管理”主题，为总会各部门和直属单位近100名工作人员做了经验分享。

6月25日 中国红基会紧急启动“天使之旅——江西行动”，安排应急救援基金50万元用于受灾家庭的生活安置。中国红基会派工作人员赴江西灾区，进一步了解灾情，安排后续救灾行动。

6月28日 中国红基会紧急启动“天使之旅——湖南行动”，援助湖南怀化、常德、岳阳、娄底、益阳等5个洪涝灾区2000只赈济家庭箱，用于受灾家庭的灾后生活安置。中国红基会工作人员已抵达灾区，开展赈济家庭箱物资采购、配送等工作。

6月28日至30日 中国红十字会总会督导检查延安红十字文化传播教育基地建设项目。在延安革命历史纪念馆，督导组一行实地察看了项目建设场地，参加了项目座谈会，听取了延安市红十字会常务副会长宋双印对项目进展情况及存在问题的汇报；延安革命纪念地管理局副局长、延安项目方案编写组组长苏雅琳介绍了延安红十字文化传播教育基地布展方案；延安革命纪念馆馆长、市红十字会兼职副会长张建儒等专家就布展过程中应注意的问题发表了意见和建议；与会专家围绕布展方案及资料收集等进行了研讨。

延安市人大常委会原主任、市红十字会会长冯继红出席座谈会并讲话。她要求延安市红十字会一手抓布展方案的策划，一手抓红十字运动在延安革命历史时期资料的挖掘；在布展过程中注重数字化技术的应用，全力以赴打造好延安红十字文化传播教育基地，建成干部培训现场教学馆，成为宣传延安红十字文化的重要窗口。

6 月 28 日、30 日　中国红十字基金会“天使之旅”贫困先心病患儿免费筛查救助行动分别走进陕西省、云南省。

在陕西省，“天使之旅”专家团队兵分两路，一路在安康市汉滨区第一医院开展集中筛查，共确诊 33 名患儿需进行手术医治，3 名患儿需进一步诊断，“天使阳光基金”将给予每名患儿 5000 ~ 30000 元资助，超过资助标准上限部分由合生元母婴救助基金提供支持。另一路深入紫阳县，回访 3 位 2016 年获得“天使阳光基金”资助完成手术的贫困儿童恢复情况，目前 3 人恢复状况良好。截至 6 月 30 日，“天使之旅”陕西行动共筛查出疑似先心病患儿 315 名，其中符合手术指征的患儿 101 人，近 50 名患儿需要进一步复查诊断。活动前期，4 个县（区）超过 20 万名儿童进行了初筛，动员医务人员近 2000 人，是筛查普及人数最多及确诊手术人数最多的一次筛查。

在云南省，“天使之旅”专家团队在南华、元谋、武定、易门、红塔等 5 个区（县）开展筛查救助活动，并对特困家庭先心病患儿进行入户探访，筛查出的符合救助条件的患儿将全部接到河南省郑州市实施手术治疗，救助资金共计 150 万元，分别来自郑州市心血管病医院 100 万元捐款及“天使阳光基金”国家彩票公益金项目 50 万元的支持，计划救助 40 ~ 50 名贫困先心病患儿。

6 月 30 日　中国红基会紧急启动“天使之旅——贵州行动”，支援贵州灾区 2000 只赈济家庭箱。中国红基会前方工作组已到达贵州灾区，组织家庭箱采购和配送工作。

6 月 30 日至 7 月 1 日　中国红十字会总会派出救灾工作组，赶赴受灾严重的景德镇市乐平市、昌江区察看了解灾情，携带救灾物资入户慰问受灾人员，指导当地红十字会开展救助工作。据统计，截至 6 月 30 日，暴雨已造成江西省 341 万人受灾，9 人死亡，2 人失踪，39.3 万人紧急转移安置；6.2436 万间房屋倒损；23.68 万公顷农作物受灾。根据灾情发展和灾区需求，中国红十字会总会于6月24日启动三级应急响应，并于29日将响应级别提升至二级，先后三次分别从江西省红十字会备灾仓库、中国红十字会广州备灾救灾中心、湖南省红十字会备灾救灾中心、中国红十字会湖北备灾救灾中心调拨赈济家庭箱5500个（含中国红十字基金会2000个）、毛巾被7358条、棉被4000床、服装5367件，并拨付救灾紧急备用金35万元，以上款物价值共计260.5万元，用于支持当地红十字会开展救助工作。

本月 中国红十字会总会共收到山西、黑龙江、浙江、江西、湖南、重庆、四川、贵州、内蒙古等9省（区、市）上报的灾情25份，先后对四川、江西、贵州、湖南、浙江等5省启动应急响应8次（其中二级响应1次，三级响应3次，四级响应3次，特殊响应1次），调拨物资10批次，共拨付救灾资金87万元（其中中国红十字基金会支持10万元，香港红十字会支持32万元），调拨服装19867件、家庭包14339个（其中中国红十字基金会支持4000个）、棉被13000床、毛巾被9358条，款物价值688.23万元。

7月3日 由中国农工民主党、中国红十字会总会指导，中国初级卫生保健基金会、中国红十字基金会、陕西省红十字会主办，延安市卫生计生局、红十字会协办，延安大学附属医院承办的“院士+”西部医生培训计划（延安站）暨中国红基会首期基层医生培训班开班。

中国农工民主党中央副主席陈述涛、中国初级卫生保健基金会副秘书长蒋建国、中国红十字基金会副理事长刘选国、陕西省红十字会常务副会长张宝安等与来自全市的100名县级基层医生出席了开班仪式。

此次培训班为全脱产专科培训，为期一周，由延安大学附属医院对全市县级医院儿科、妇科、内科、外科医生进行理论培训和临床实践培训。本期培训班由中国红十字基金会“院士博爱基金”资助开展。

7月4日至5日 中国红十字会常务副会长徐科率救灾工作组赴湖南洪涝灾区查看灾情，慰问受灾群众，指导开展救灾工作。工作组先后到涟源市桥头河镇关澜社区、桥头山村和宁乡市回头铺镇丰收村、金州镇南洲村等重灾区，实地察看了民房、基础设施及农作物受损情况，详细了解受灾群众生活安置和医疗卫生情况及需求，深入受灾群众家中慰问，询问受灾情况，鼓励他们增强战胜灾害的信心，要求地方红十字会组织好救灾物资的调运和发放等工作，确保救灾工作有力、有序、高效。针对此次湖南洪涝灾害，总会先后向湖南灾区下拨救灾资金，调拨毛巾被、棉被、家庭包、服装等救灾物资共计500余万元。

在湘期间，湖南省委副书记、省长许达哲会见了工作组一行，代表省委、省政府向中国红十字会对湖南抗洪救灾工作的大力支持表示感谢，并表示在党中央国务院的坚强领导下，在社会各界的大力支持下，一定能够战胜灾害，取得抗洪救灾的全面胜利。徐科转达了陈竺会长对湖南洪涝灾害的关注和对灾区群众的关心，表示将密切关注灾情进展，支持湖南抗洪救灾工作。

7月4日至7日 中国红十字会副会长王海京一行赴云南昭通、曲靖考察鲁甸地震援建项目实施情况，并召开地震灾后援建项目推进会。云南省红十字会常务副会长董和春、副会长张成文等参加考察。

7月5日 由中国红十字会总会主办，中国红十字基金会、北京轻松筹网络科技有限公司承办的全国红十字会系统首届众筹扶贫大赛培训动员会在北京召开，来自28个省、自治区、直辖市的红十字会参加本次会议。中国红十字会副会长王汝鹏、北京轻松筹网络科技有限公司创始人兼CEO杨胤出席培训会并发表讲话。中国红十字基金会常务副理事长兼秘书长孙硕鹏主持会议。阿里研究院高级顾问梁春晓、腾讯公益慈善基金会执行秘书长窦瑞刚为与会代表分享了互联网公益的理念和技巧。

此次众筹扶贫大赛采用产品众筹模式，动员全国“博爱家园”项目点、各级红十字会对口扶贫点和易受损地区脱贫带头人带动贫困户参赛，通过众筹平台将特色农产品销售出去，增加贫困户的经济收入，让他们有尊严地脱贫、可持续地致富。通过提倡“消费即慈善，购买即公益”的人人可参与的公益理念，让更多人知晓“博爱家园”项目品牌。

据了解，本次培训动员会结束后，预计200个扶贫项目及其参赛团队在全国各级红十字会的支持下，通过大赛合作平台“轻松筹”上线众筹，预售农产品以帮助贫困农户增收。经过初赛、决赛等多个环节，大赛将评选出20个优秀团队，并向他们各提供10万元生计金支持。第一批50个参赛项目预计于7月25日上线众筹。

7月7日 由中国红十字基金会主办的“共铸中国心·挺进太行”平山行大型公益活动在革命老区平山县人民医院启动。中国红十字基金会常务副理事长兼秘书长孙硕鹏，河北省红十字会专职副会长宋振江出席启动仪式并讲话。启动仪式上，参会领导为志愿服务团队颁发聘书并授旗，“共铸中国心”基金会向平山县捐赠了价值80万元的药品、医疗器械及慰问物资。

“共铸中国心”基金是由中央统战部、国务院侨办、国家卫计委指导，北京市红十字基金会与步长制药集团联合发起主办的大型公益项目，发端于2008年汶川赈灾，2016年公益合作方改为中国红十字基金会。10年来，基金累计捐赠款物价值2亿元，先后在西藏、青海、甘肃、云南、四川5省（区）开展活动，至今已有近万名医务志愿者参加，对促进边远民族地区群众健康和民族团结做出了积极贡献。

7月10日 中国红十字基金会院士博爱基金“院士+”人道服务发展座谈会在北京举行。全国人大常委会副委员长、中国红十字会会长陈竺主持座谈研讨。“院士博爱基金”发起人中国科学院院士饶子和、中国工程院院士黄卫、中国科学院院士陈义汉，以及中国红十字会常务副会长徐科，副会长郭长江、王海京、王汝鹏，副会长兼秘书长王平，中国红十字会总会、中华医学会、中国初级卫生保健基金会、上海儿童医学中心、北京儿童医院、复旦大学附属儿科医院、东南大学附属中大医院、延安大学附属医院、部分省级红十字会等单位相关负责人和以岭药业、奥克斯集团、天普药业、恒瑞医药、信立泰药业、睿昂生物等企业代表出席座谈会。院士博爱基金管委会主任、中国科学院院士饶子和在座谈会上回顾了基金成立一年以来的工作，并介绍了基金下一步工作规划。部分参与“院士+”西部儿科医师培训计划和“院士+”养老介护培训计划的医师畅谈了个人的感受。

截至6月30日，院士博爱基金共接受社会捐赠款物6110.45万元，围绕人道服务供给侧优化，资助开展了“院士+”西部儿科医师培训计划，采用“配套成组”和“科室托管”两种模式，共培养优秀西部儿科医师100名，对乌鲁木齐儿童医院泌尿科进行为期1年的科室托管，惠及新疆、贵州、青海等3个省（区）、13个市州、20所医院；启动了“院士+”老年介护培训项目，先后资助养老服务师资培训班2期、养老护理员培训班1期，共培训老年介护师资和学员118名；启动了“院士+”延安地区医师培训计划，共培训基层医生100名；实施了“全心关爱”专项人道救治行动，共救助急性心梗患者38154人。“院士+”的公益引领效应正得到初步显现。

座谈会上，同时启动了“院士博爱奖学金”项目及“院士+”西部儿科医师培训计划内蒙古站、云南站行动。

7月14日 全国人大常委会副委员长、中国红十字会会长、红十字会与红新月会国际联合会副主席陈竺出席了由中国社会科学院亚太与全球战略研究院、中国社会科学院蓝迪国际智库项目和红十字会与红新月会国际联合会主办的“世界人道主义峰会后行动：中国大连国际论坛”，并发表主旨演讲。

陈竺在演讲中对国际人道形势和国际联合会发展的重要问题进行了深入分析，对国际联合会在亚太地区近期开展的工作和面临的挑战进行了全面介绍，对中国红十字会在“一带一路”倡议背景下所开展的国际合作和战略发展方向进行了阐述。

会议期间，陈竺分别与意大利、缅甸、斯里兰卡、孟加拉国、斐济、挪威、伊拉克等国家红会代表举行了双边会谈，就深化双方的进一步合作，加强国际联合会对各国红会的支持，以及其他共同关心的问题交换了意见。

7月21日 第46届南丁格尔奖章颁奖大会在人民大会堂举行。中共中央政治局委员、国家副主席、中国红十字会名誉会长李源潮为6名中国获奖者颁发奖章。

南丁格尔奖是红十字国际委员会设立、用于表彰为人道主义事业做出卓越贡献的优秀护理人员的最高荣誉。2017年共有22个国家的39名护理工作者获奖。我国自1983年首次参加评选以来，已有79名优秀护理工作者获此殊荣。

本届获奖的6名护理工作者分别是：中日友好医院护理部名誉主任李秀华，山西医科大学第一医院副院长、护理部主任杨辉，西安交通大学第二附属医院护理部主任杨惠云，解放军总医院南楼临床部护理部副主任杨丽，吉林大学第二医院副院长兼护理部主任殷艳玲，中国人民解放军陆军军医大学第一附属医院传染科护士长游建平。

全国人大常委会副委员长、中国红十字会会长陈竺在大会上讲话，国务委员杨洁篪向获奖者颁发证书。

陈竺指出，南丁格尔奖章获得者表现出爱岗敬业、恪尽职守的优秀品质，体现出潜心钻研、精益求精的奋斗精神，展示出淡泊名利、无私奉献的崇高境界。希望全国护理工作者和红十字工作者以获奖者为榜样，继承和发扬南丁格尔精神，再接再厉，勤奋敬业，在促进卫生与健康事业改革发展、增进人民健康福祉的崇高事业中不断取得新的成绩。

出席大会的红十字国际委员会代表宣读了红十字国际委员会主席彼得·莫雷尔的致辞。颁奖仪式结束后，举行了获奖者事迹报告会。

7月21日 中国红十字会总会从总会备灾救灾中心紧急调拨救灾物资援助黑龙江省洪涝、风雹灾害地区。该批物资为500个家庭包，内装可以满足约2000人使用的日常起居用品，总价值11.62万元。

7月22日 中国红十字基金会“全心关爱”急性冠脉综合征患者

全程管理捐赠项目之“基层医生培训”项目在2017年第十四届心脏影像及心脏干预大会上启动。中国红十字基金会副理事长刘选国、全军心血管内科专业委员会主任委员陈韵岱等与来自全国各地的150余名心内科医生见证了项目的启动。

7月24日 由中国红十字会总会主办、内蒙古红十字会联办的“2017年海峡两岸红十字青少年夏令营”在北京开营，来自大陆和台湾高校的近60名红十字青少年参加开营仪式。据悉，自1993年起，“海峡两岸红十字青少年夏（冬）令营”活动每年在大陆和台湾轮流举行，为增进两岸红十字青少年之间的互信和友谊，发挥了红十字组织独特的优势和作用。

本月 四川省遭受暴雨洪涝灾害，造成自贡、攀枝花、德阳等14个市（州）51万人受灾，1人死亡，4人失踪，3210人紧急转移安置，4635间房屋倒损，2.4万公顷农作物受损，其中绝收面积2795公顷，直接经济损失4.08亿元。中国红十字会总会针对灾情启动四级应急响应，根据灾区需求，自四川省备灾救灾中心调拨棉被3000床、夹克衫3000件、家庭包1000个，物资共计价值63.66万元，用于支持当地红十字会开展灾害救助工作。

8月7日至10日 中国红十字会副会长兼秘书长王平赴新疆调研基层红十字会工作。自治区政协副主席、红十字会会长程振山会见调研组一行，对总会长期以来给予新疆红十字会工作的大力支持表示感谢，同时希望总会继续加大对新疆红十字事业发展的支持力度，指导自治区红十字会在参与“一带一路”建设中发挥作用，深化全国红十字会系统对口援疆工作，为助力新疆脱贫攻坚战略实施、新疆社会稳定和长治久安总目标的实现提供更多支持和帮助。

在自治区红十字会机关，调研组一行先后实地参观考察了新疆红十字应急救护培训示范基地，慰问了自治区红会机关干部和总会援疆干部，听取了自治区红十字会2017年以来工作开展情况汇报，并围绕红十字会积极参与脱贫攻坚工作、医疗队筹建情况及阿富汗先心病救助项目准备情况进行了深入交流与探讨。

在新疆医科大学第一附属医院，调研组一行听取医院建设情况介绍，并围绕即将启动的“天使之旅——‘一带一路’阿富汗大病患儿人道救助计划”，与自治区红十字会、新疆医科大学负责人及相关工作人员进行座谈，就合作内容开展深入探讨，并达成初步合作意向。

在克孜勒苏柯尔克孜自治州阿合奇县阿合奇村，调研组一行围绕红十字会如何参与脱贫攻坚和精准扶贫工作开展调研。先后实地考察了由红十字会国际委员会和中国红十字会总会支持的生计发展、牧区人畜安全饮水、红十字博爱卫生站、红十字博爱超市等项目，看望了自治区红十字会驻村工作队队员、困难家庭，详细了解了牧民生产生活和家庭情况，并召开专题座谈会，听取驻村工作队工作汇报。

8 月 16 日 为深入学习贯彻习近平总书记系列重要讲话精神，凝聚向上向善、无私奉献的正能量，激励全国红十字会系统广大党员干部和工作人员践行使命，履职尽责，为建设中国特色红十字事业做出积极贡献，中国红十字会总会印发《关于开展向杨海燕同志学习的决定》，在全国红十字会系统开展向杨海燕同志学习活动。

杨海燕同志生前是河北省邯郸市红十字会一名优秀的年轻党员干部，2017 年 6 月 9 日因病不幸去世，家人遵照其生前遗愿将她的肝脏、肾脏和眼角膜无偿捐献，挽救了 3 名患者的生命，让 2 名失明患者重见光明。作为一名红十字会器官捐献工作的推动者、见证者、践行者，她以不凡的善举，用生命诠释了“人道、博爱、奉献”的红十字精神，展示了一名共产党员的高尚情怀，无愧为践行社会主义核心价值观的典型，她的大爱善举，被中央、省、市各级媒体广泛报道，赢得社会普遍赞誉。

8 月 17 日 中国红十字会总会在湖北省武汉市召开红十字基层组织建设工作座谈会，来自江西、湖南、河南、安徽、陕西、湖北等省红十字会，以及合肥、南昌、长沙、郑州、武汉等市红十字会的负责人共 50 人参加座谈会。

8 月 18 日 中国红十字基金会“丝路博爱基金”管委会成立。中国红十字会副会长、中国红十字基金会理事长郭长江担任基金管委会主任。据悉，“丝路博爱基金”成立于 2017 年 2 月 20 日，是中国红十字会服务“一带一路”建设的专项公益基金。基金成立以来，已累计接受捐赠款物 2589 万元，另有协议捐赠 5000 余万元。

8 月 26 日 中国红十字援外医疗队开始在阿富汗首都喀布尔皇家医院开展先天性心脏病儿童筛查工作，正式启动“天使之旅——‘一带一路’大病患儿人道救助计划阿富汗行动”。医疗队由来自北京朝阳医院、北京友谊医院、新疆医科大学第一附属医院的医疗专家及中国红十字会项目人员组成，由中国红十字基金会“丝路博爱基金”资助，将在阿富汗开展针对 0 ~ 7 周岁儿童的先心病筛查行动，一期计划救助 100 名先心病患儿。

8 月 27 日 阿富汗首席执政官阿卜杜拉会见中国红十字援外医疗队，对中国红十字会派遣医疗队赴阿富汗开展先心病患儿救助行动表示感谢。他说，阿富汗同中国是友好近邻，两国人民友谊源远流长，阿富汗人民感谢中国政府、中国红十字会给予阿富汗贫困家庭先心病患儿的帮助。阿方坚持对华友好，是“一带一路”建设的最坚定支持者和推动者，对中国红十字会会长陈竺提出的打造“健康丝绸之路”的提议高度认同，并请医疗队转达他对陈竺会长及中国红十字会的崇高敬意。

8 月 28 日 中国红十字会总会党组召开会议，专题传达学习习近平总书记对群团改革工作的重要指示和群团改革工作座谈会精神，研究贯彻落实措施。

会议认为，习近平总书记重要指示重申了党的群团工作的重要地位，充分肯定了过去两年来群团改革取得的成绩，再次从全局和战略高度深刻阐明了推进群团改革的重大意义、目标任务和基本要求，为红十字会进一步把党中央对群团工作和群团改革的部署要求落到实处，指明了前进方向，提供了重要遵循。

会议就红十字会系统抓好学习贯彻工作做出部署：一是深刻学习领会习近平总书记重要指示和座谈会精神，强化改革自觉，进一步增强责任感和紧迫感；二是牢牢把握红十字会改革正确方向，依法治会，坚定不移地走中国特色的群团发展道路；三是坚持问题导向，采取有力措施，着力破解重点难点问题；四是以改革为牵引，不断提高红十字组织的工作和服务水平；五是强化领导责任，健全完善改革推进机制。

会议指出，红十字会改革的目标是保持和增强政治性、先进性、群众性，从而更广泛地凝聚和动员社会人道力量，更好地服务易受损群体，更好地发挥党和政府在人道领域联系群众的桥梁和纽带作用。各级红十字会要齐心协力抓改革，凝神聚力抓落实，努力开创工作新局面，以更加优异的成绩迎接党的十九大胜利召开。

8 月 28 日 中国红十字援外医疗队偕同首批阿富汗先心病患儿及监护人一行 54 人抵达乌鲁木齐，进入新疆医科大学第一附属医院接受进一步诊断和治疗。中国红十字会副会长、中国红十字基金会理事长郭长江，新疆维吾尔自治区政协副主席、自治区红十字会会长程振山等赴机场迎接，红十字志愿者为阿富汗红新月会同行工作人员、中国红十字援外医疗队和阿富汗先心病患儿赠送鲜花，表示欢迎。受中国红十字会委托，孙硕鹏代表中国红十字基金会与阿富汗红新月会代表阿克拉姆签署了项目合作谅解备忘录。

8 月 31 日 中国红十字基金会“天使之旅——‘一带一路’大病患儿人道救助计划蒙古国行动”签约仪式在蒙古国首都乌兰巴托的国立第三医院举行。中国红基会副理事长刘选国、蒙古国红十字会秘书长宝乐尔玛和蒙古国国立第三医院院长铁木尔奥其尔等出席仪式并签署三方合作协议。“天使之旅——‘一带一路’大病患儿人道救助计划蒙古国行动”是在中国红十字会参与国家“一带一路”建设的统一部署下启动的先心病患儿筛查救助项目，中国红基会将组建中国红十字援外医疗队，携手北京和内蒙古相关医院的儿童先心病救治领域专家，赴蒙古国对当地 0 ~ 14 周岁儿童展开先心病筛查。

本月 广西壮族自治区多地遭受暴雨洪涝灾害，造成柳州、桂林、南宁等 5 市 15 县 8. 72 万人受灾，6 人死亡，1 人失踪，1822 间房屋倒损，农作物受灾面积 3. 88 千公顷，其中成灾 3. 68 千公顷，绝收 0. 40 千公顷。中国红十字会总会启动四级应急响应，自广西备灾救灾中心调拨棉被 500 床、棉衣 500 床、家庭包 250 个，物资共计价值 12. 12 万元，用于支持当地红十字会开展灾害救助工作。

9 月 1 日 由中国红十字会、红十字会与红新月会国际联合会共同举办的“青春善言行”青年同伴教育培训班在北京闭营。据悉，项目已累计培训青年同伴教育者超过 400 名，令数以万计的青少年从中受益。2013 年，中国红十字会“青春善言行”项目在第 19 届红十字会与红新月会国际联合会大会上荣获“2013 青年行动奖”。参与此次活动的还有来自全国各地高校红十字社团的大学生、云南等地基层红十字组织工作人员、曾参与红十字志愿服务行动及对红十字事业有认同感的志愿者等。

9 月 5 日至 8 日 中国红十字会总会在内蒙古自治区呼和浩特市举办中国红十字会财务与统计培训班，王汝鹏副会长出席培训班开班式并讲话，内蒙古自治区红十字会常务副会长王芳出席开班式，来自全国 32 个省（区、市）和新疆生产建设兵团红十字会的近百名干部参加培训。

举办此次培训班的目的是贯彻落实新修订的《中华人民共和国红十字会法》对财产监管方面的要求，进一步提高全国红十字会系统财务人员和统计人员的业务水平。

9 月 11 日至 12 日 由中国红十字会总会、广西壮族自治区人民政府主办，广西壮族自治区红十字会、中国红十字基金会承办，红十字会与红新月会国际联合会支持的“中国—东盟红十字博爱论坛”在广西南宁举行。全国人大常委会副委员长、中国红十字会会长陈竺，广西壮族自治区人大常委会副主任高雄，自治区副主席、红十字会会长黄日波，中国红十字会副会长兼秘书长王平等出席论坛。文莱、柬埔寨、印度尼西亚、老挝、马来西亚、缅甸、菲律宾、新加坡、泰国、越南等东盟国家红会和罗马尼亚红会派出高级代表团参会。红十字会与红新月会国际联合会、红十字国际委员会，国内部分省级分会，香港、澳门特别行政区红十字会及总会机关、部分直属单位代表参会，商务部、蓝天救援队、企业代表及专家学者、志愿者等共计100余名代表出席本次论坛。

陈竺在开幕式上致辞。他指出，当今世界和平与发展潮流愈发强劲，但全球范围内冲突和贫困尚未消除，人类社会正面临二战以来最严峻的人道挑战，目前人道主义危机正在由传统形式向多样化发展，同时，面临着对人道主义援助总需求与总供给的不匹配、资源配置不合理等挑战。中国红会作为国际红十字与红新月运动的一员，一直积极参与重大自然灾害和地区冲突的国际紧急救援工作，举办了发展中国家红会能力建设培训班，并实施非紧急人道主义物资援助项目和社区发展项目。随着中国和世界的深度融合，中国红十字会人道工作的理念和内容也在不断丰富，从以救灾备灾、紧急救援、应急救护为主导，逐步扩展到减贫、改善弱势群体生存状况、保障妇女儿童权利等人道救助领域，以及生命安全和健康促进领域。

他特别强调，“一带一路”倡议实施4年来，在“五通”领域取得了丰硕成果。随着“一带一路”建设的深入推进，中国红十字会提出“红十字/红新月与‘一带一路’同行”计划，创设博爱论坛机制，构建人道交流合作平台；开展人道主义救援和长期发展援助项目；成立“丝路博爱基金”，打造新的合作品牌。东盟是“一带一路”的重要区域，中国红会和东盟红会将继续深化在人道领域的交流，在应急救援、人道救助、社区发展等领域开展卓有成效的工作，推动区域人道合作蓬勃发展，携手将“一带一路”打造成为传承人道主义精神，推进民心相通，推动区域人道合作的平台。

本次论坛作为“第十四届中国-东盟博览会”高层论坛的分论坛，主题是“人道与发展”。与会各国红会代表分别就“社区发展与社区服务”“卫生服务与健康促进”“青年与创新”3个议题进行了充分的讨论，为中国和东盟各国红会合作与交流打造了一个平台。会上，中国红十字会与东盟10国红会进行了“丝路博爱基金”资助项目捐赠仪式。

论坛活动期间，与会代表还赴南宁市红十字会，参观红十字文化展示馆、红十字生命健康体验馆及广西红十字会南宁备灾中心代储物资库，体验红十字文化传播、备灾救灾、生命健康、应急救护等方面的做法，同时观摩了广西红十字专业救援队的地震灾害应急救援演练活动。

9月13日 在新疆医科大学第一附属医院完成手术治疗的12名阿富汗先心病患儿康复出院，并全部安全返回阿富汗。至此，首批来华的21名阿富汗先心病患儿已全部完成免费治疗，标志着中国红十字会发起的“一带一路”大病患儿人道救助计划取得阶段性成果。

术后康复的阿富汗先心病患儿与新疆医科大学第一附属医院医护人员依依惜别

行前，中国红十字会副会长、中国红十字基金会理事长郭长江在新疆医科大学一附院主持召开座谈会，对首批阿富汗先心病患儿入院救治情况进行总结，并规划了下一步救助行动。郭长江高度评价此次救助行动，认为这是“一带一路”人道救助计划的良好开端，也是具有典范意义的精品项目，值得认真总结和推广。郭长江代表中国红十字会感谢新疆维吾尔自治区党委政府和有关方面特别是新疆医科大学一附院广大医务人员为践行人道使命、推进“一带一路”民心相通、增进中阿人民友谊做出的杰出贡献。

9月13日 由新疆维吾尔自治区红十字会承办的第27期全国人体器官捐献协调员培训班在乌鲁木齐开班，来自黑龙江、吉林、辽宁、甘肃、宁夏、河南及新疆本地的90余名学员参加培训。

9月14日 2017年中国红十字会报刊宣传工作会议在四川成都召开。中国红十字会副会长郭长江出席会议并讲话，他强调新闻宣传工作意义重大、作用重大，全国各级红十字会要充分重视报刊宣传工作，巩固“一报一刊”的重要宣传阵地，采取有力措施抓紧抓好新一年报刊订阅。四川省红十字会常务副会长冉茂琴参会并致辞，来自全国红十字会系统的近200名宣传干部参加会议。

会上宣读了中国红十字会总会《关于通报表彰2017年度报刊宣传先进集体和先进个人的决定》，对在本年度宣传工作中表现突出的先进集体、先进个人予以表彰；宣读了中国红十字会总会报刊社《关于表彰2017年度优秀新闻作品的决定》，对《中国红十字报》评出的2017年度优秀新闻作品、理论文章、优秀新闻故事和新闻图片进行表彰。部分省、市红十字会做了交流发言。江苏省红十字会、南京市红十字会、山东省莒南县红十字会开展对口支援，为部分老、少、边、穷地区红十字会赠阅“一报一刊”的创新做法，获得与会人员一致点赞。

9月15日 由中国红十字会总会主办的中国与非洲国家“可持续发展与人道救援”研讨班在北京开班。全国人大常委会副委员长、中国红十字会会长、红十字会与红新月会国际联合会副主席陈竺在开班式上讲话。中国红十字会常务副会长徐科主持开班式，来自埃塞俄比亚、南苏丹、南非、津巴布韦、乌干达、赞比亚、肯尼亚、刚果、马拉维等国家红会和有关部门的20余位学员，红十字国际委员会、红十字会与红新月会国际联合会以及中国商务部、外交部等机构代表出席开班式。

陈竺在讲话中表示，中国红十字会作为中国民间外交的重要渠道，一贯高度重视与非洲各国红会在人道领域的交往与合作，一直致力于与非洲各国红会一起增进双方的民心相通。长期以来，中国红十字会积极支持非洲国家红会开展自然灾害和紧急状态的救援工作；向部分非洲国家红会提供备灾救灾物资、医疗和办公设备等非紧急人道主义物资援助；先后举办了40期涵盖非洲的发展中国家红会能力建设培训班，迄今为36个非洲国家培训了近400名人员；与埃塞俄比亚、乌干达等非洲国家红会开展涉及公共卫生、防灾减灾、生计项目、能力建设的社区综合发展项目，受到当地民众的欢迎和认可。

据悉，此次研讨班以“实现可持续发展与人道救援”为主题，积极探讨中国与非洲各国特别是红会之间增进交往、加强合作、促进双方可持续发展的有效途径。研讨班将邀请有关专家围绕对非人道援助、卫生健康援助工作、“一带一路”倡议、红十字会核心业务等内容进行授课和研讨，并将安排学员实地考察北京市红十字会紧急救援中心和红十字“博爱家园”、灾后重建及志愿服务进社区等项目。

9 月 19 日 中国红十字会第十届常务理事会第四次会议在北京召开，全国人大常委会副委员长、中国红十字会会长陈竺主持会议。会议听取了中国红十字会 2017 年重点工作进展情况报告，审议了《关于中国红十字会第十届理事会人事变更情况的报告》《关于 2016 年三项基金收支情况报告》《中国红十字会 2017 年 1—7 月三项基金财务收支情况报告》《关于申请三项基金预算的报告》《中国红十字会人道基金管理办法》《红十字（会）名称和红十字标志授权使用管理规定》，通过了中国红十字会第十届常务理事会第四次会议决议案。

9 月 22 日 根据中国红十字会总会参与国家“一带一路”建设部署，中国红十字援外医疗队抵达巴基斯坦瓜达尔港，开始为期两年的医疗服务。此次中国红十字援外医疗队由国家卫生计生委和中国红十字会总会共同派出，已纳入国家援外医疗队总体规划，同时使用中国医疗队名称，执行相关管理规定。首批派驻瓜达尔港的中国红十字援外医疗队由来自复旦大学附属华山医院、北京红十字会 999 急救中心的医疗专家及红十字会项目人员组成。

中国红十字援外医疗队出征前，全国人大常委会副委员长、中国红十字会会长陈竺鼓励队员们不辱使命，不负重托，为助力国家“一带一路”建设、为增进中巴人民友谊做出应有的贡献。中国红十字会常务副会长徐科，副会长郭长江、王海京、王汝鹏，副会长兼秘书长王平，国家卫计委国际合作司副司长冯勇、国际交流合作中心主任高卫中，以及北京市红十字会、复旦大学附属华山医院、北京红十字会 999 急救中心相关领导参加了动员会。红十字国际委员会东亚地区代表处、国家卫生计生委国际交流合作中心等为医疗队员进行了培训。

受总会委托，中国红十字会副会长、中国红十字基金会理事长郭长江率领中国红十字援外医疗队前往巴基斯坦，安排部署医疗队入驻相关工作。医疗队抵达巴基斯坦当日，郭长江率全体队员到中国驻卡拉奇总领馆与王愚总领事等座谈。王愚代表总领馆热烈欢迎红十字援外医疗队的到来，认为这是密切中巴两国友好关系、增进中巴友谊的一件大事。在卡拉奇，郭长江一行还访问了巴基斯坦红新月会信德省分会，与俾路支省分会负责人进行了会谈，就我医疗队入驻、医疗设备清关、医疗转运等事宜进行了协商。

10 月 17 日 由中国红十字会总会主办，中国红十字基金会、北京轻松筹网络科技有限公司承办，杭州轻松购网络技术有限公司协办的首届全国红十字会系统众筹扶贫大赛决赛在江西省南昌市举行。

此次大赛采用产品众筹模式，以电商扶贫为背景，探索“众筹扶贫”这一“互联网+精准扶贫”新模式，形成“村官（带头人）+贫困农户+特色农产品+众筹”的脱贫链条。各级红十字会对口扶贫点和易受损地区脱贫带头人带动贫困户参赛，通过众筹平台将各地特色农产品销售出去，以增加贫困户的经济收入，让他们有尊严地脱贫、可持续地致富。

最终，综合评委评分和各省（区、市）红会代表的投票情况，甘肃景泰小金瓜项目团队荣获一等奖；江西修水金丝菊项目团队、广西横县茉莉香包项目团队和安徽潜山云峰土鸡项目团队获二等奖；广西横县木瓜丝酱菜项目团队、安徽黄山胭脂米项目团队和青海化隆回绣项目团队等6个团队获三等奖；安徽潜山五福瓜篓籽、江西井冈山茶油和浙江武义宣莲等20个项目获优秀项目奖。各获奖团队将获得中国红十字基金会提供的10万元生计金支持，翟政娇、高翰轩、程磊等20位项目负责人被评选为脱贫带头人。

10月26日 中国红十字会党组书记、常务副会长徐科主持召开党组会议，传达党的十九大会议精神，对总会学习宣传贯彻党的十九大精神做出部署安排。与会党组同志一致表示，坚决拥护大会通过的决议和报告，坚决拥护以习近平同志为核心的新一届中央领导集体，坚决贯彻落实党的十九大精神，以永不懈怠的精神状态，撸起袖子加油干，推动红十字事业持续健康发展。

10月27日 中国红十字会党组书记、常务副会长徐科主持召开总会党员干部大会，传达党的十九大精神，对总会学习宣传贯彻党的十九大精神进行再动员再部署。总会机关全体党员干部、直属单位处以上党员干部、离退休干部党支部代表参加会议。

10月28日 中国红十字会援外项目组抵达叙利亚首都大马士革，落实中国红十字会针对叙利亚武装冲突地区的人道援助项目。

应叙利亚红新月会呼吁和请求，根据中国红十字会援外工作部署，中国红十字会将通过中国红十字基金会“丝路博爱基金”向叙利亚援助多组大型移动医院，并提供脊髓灰质炎、脑膜炎、肝炎等疫苗援助。此举标志着中国红十字会武装冲突地区国际援助的新突破。中国红十字会援助的大型多功能移动医院具备移动和远程医疗功能，可为当地民众提供基本诊疗、手术、体检、疾病筛查、医疗转运等综合性卫生健康服务。每组移动医院由两辆大巴车和两辆救护车组成。每辆大巴车经过改装，装配了手术方舱、生化检验、X光、B超、除颤、心电图等设备，并配套开发了信息系统，可实现远程会诊和实时通信。此次援助叙利亚的移动医院和疫苗分别由北汽福田、中生股份、权健集团等“丝路博爱基金”公益合作伙伴捐献。

项目组抵达叙利亚后，在中国驻叙利亚使馆的支持和协助下，先后与叙红新月会、卫生部，红十字国际委员会、红十字会与红新月会国际联合会驻叙代表处等进行了会谈，并就中国红十字会援助叙利亚项目执行及效益评估、后续人道援助、交流合作等与叙红新月会达成了共识。

项目组组长、中国红十字基金会常务副理事长兼秘书长孙硕鹏介绍，这是中华人民共和国成立以来，中国红十字会首次派员出访叙利亚，也是继2014年中国红十字会援助缅甸北部克钦流离失所民众后，再次进入武装冲突地区开展国际援助。

在叙利亚期间，中国红十字会项目组还实地考察了红十字国际组织和当地红新月会为难民和流离失所民众提供医疗、供水、假肢等人道服务的项目点，走访了遭遇战争和离乱疾苦的民众，并就后续援建儿童假肢康复中心等项目进行了调研和评估，所到之处均受到当地民众和各有关方面的热烈欢迎。

10月29日 全国人大常委会副委员长、中国红十字会会长陈竺在中国红十字会副会长、中国红十字基金会理事长郭长江等陪同下赴首都医科大学附属北京安贞医院看望了“天使之旅——‘一带一路’大病患儿人道救助计划”第二批来京治疗的蒙古国先心病患儿。陈竺一行为每位孩子送上由中国红十字基金会特别制作的“英雄能量包”，包内装有学习、益智玩具和生活用品等。

陈竺（中）与患儿家长亲切交谈

10 月 30 日　中国红十字会总会召开全国红十字会系统学习宣传贯彻党的十九大精神会议，总会党组书记、常务副会长徐科对全国红十字会系统学习宣传贯彻党的十九大精神做出部署。会议强调，全国红十字会系统要以高度的政治责任感和使命感，认真学习宣传贯彻党的十九大精神，把思想和行动统一到党的十九大精神上来，把力量凝聚到实现党的十九大确定的各项任务上来，牢固树立政治意识、大局意识、核心意识、看齐意识，在思想上政治上行动上同以习近平同志为核心的党中央保持高度一致，自觉维护以习近平同志为核心的党中央权威和集中统一领导。要原原本本、原汁原味学习好党的十九大精神，深刻学习领会习近平新时代中国特色社会主义思想，深刻学习领会中国特色社会主义进入新时代的新论断，深刻学习领会我国社会主要矛盾发生变化的新特点，深刻学习领会分两步走全面建设社会主义现代化国家的新目标，深刻学习领会党的建设的新要求，着力在学懂上下功夫，在弄通上下功夫，在落实上下功夫。党组要制订学习计划，落实学习任务和要求。领导干部要带头学深学透，要面向全体党员开展多形式、分层次、全覆盖的学习和培训，推进“两学一做”学习教育常态化制度化，按照中央部署开展“不忘初心、牢记使命”主题教育。要把学习宣传贯彻党的十九大精神与推动红十字工作紧密结合起来。要宣传各级红十字会学习贯彻的具体举措、实际行动、典型事迹和良好风貌，坚定自觉地把党中央各项决策部署落到实处。

中国红十字会党组成员，各省级红十字会、副省级城市红十字会党组书记、常务副会长，总会机关各部门各单位主要负责人参加会议。

10 月 30 日　中国红十字会总会召开全国红十字会系统宣传工作会议，常务副会长徐科出席会议并讲话，副会长郭长江主持会议。

徐科指出，中国红十字会第十次全国会员代表大会以来，全国红十字会系统高举中国特色社会主义伟大旗帜，认真学习宣传贯彻习近平新时代中国特色社会主义思想，全面加强宣传工作，深化拓展思想理论建设，创新新闻舆论工作方式方法，扎实推进宣传阵地建设和新媒体应用，积极实施品牌建设和声誉风险管理，让主旋律更加响亮、正能量更加强劲，为中国特色红十字事业发展提供了有力的思想保证、精神动力和舆论支持。

郭长江就传达贯彻会议精神提出明确要求。他强调，要把党的十九大精神落实到红十字宣传工作中去，以习近平新时代中国特色社会主义思想为指导，抓领导、抓契机、抓学习、抓内容、抓载体、抓品牌、抓队伍、抓落实，切实做好新时代红十字宣传工作。

副会长王海京、王汝鹏出席会议，各省级红十字会、副省级城市红十字会党组书记、常务副会长，总会机关各部门、各单位主要负责人参加会议。

11 月 4 日 四川省芦山县车岭镇澳门红十字博爱初级中学落成并举行启动仪式。中国红十字会副会长王汝鹏，澳门红十字会中央委员会主席黄如楷、副主席曹国希，四川省红十字会常务副会长冉茂琴，雅安市副市长王冬林等出席启动仪式并为校碑揭幕。

据悉，2013 年芦山地震发生后，澳门红十字会积极向灾区伸出援手，捐款 2209 万元，在雅安市援建了 8 个民生项目，分布在雅安市名山区、汉源县和天全县等地，包括学校、卫生站、妇幼保健中心、备灾救灾仓库等，目前已全部竣工并投入使用。

仪式结束后，王汝鹏与黄如楷一行参观了由澳门红十字会援建的车岭镇初级中学和车岭镇岱宗桥，实地考察了援建资金管理使用、援建项目工程质量等情况，并就进一步开展相关合作进行了探讨交流。

11 月 4 日至 5 日 中国红十字会代表团的青年代表参加了 2017 年红十字与红新月运动青年论坛，与来自 146 个国家红会的 155 名青年代表一起围绕青年参与红十字与红新月运动决策展开讨论。中国红十字青年代表在《2030 战略》更新、志愿服务、移民 3 个平行主题工作坊做专题发言，并在区域青年网络工作坊中发挥积极作用，推动区域红十字青年网络建设与区域间的红十字青年合作。青年代表设计的红十字运动元素服装和青年文化创意产品还在中国红十字会展台展示，吸引了众多参会代表驻足观看。

11 月 6 日至 8 日 红十字会与红新月会国际联合会第 21 届全体大会在土耳其安塔利亚举行，来自 188 个国家红十字会、红新月会代表团的 1500 多名代表与会。全国人大常委会副委员长、中国红十字会会长陈竺，中国红十字会常务副会长徐科、副会长兼秘书长王平，总会有关部门代表、香港和澳门红十字会代表以及青年代表组成的中国红十字会代表团出席会议。

6 日，大会第一次全体会议选举产生了新一届国际联合会主席、副主席和领导委员会成员，全国人大常委会副委员长、中国红十字会会长陈竺当选副主席。陈竺表示，近年来，中国红十字会在围绕中心、服务大局、参与国家脱贫攻坚等工作的同时，积极参与国际红十字与红新月运动，启动了“红十字与‘一带一路’同行”项目，加强与“一带一路”沿线国家合作，在红十字运动治理与规则制定、国际人道援助等方面做出了积极贡献。此次当选国际联合会副主席，有利于中国红十字会通过国际人道平台支持发展中国家红十字会与红新月会建设、关爱易受损群体，为促进全球人道事业发展、推动构建人类命运共同体做出更大的贡献，与世界各国人民一道共同创造人类美好未来。

为期 3 天的全体大会听取了国际联合会主席和秘书长的工作报告，审议通过了未来 4 年工作计划和预算，围绕制定《2030 战略》、增强各国红会间的协调与合作、修订国际联合会章程、保护与响应弱势移民群体的需求、提高志愿服务水平等议题展开讨论，通过了有关决议。8 日下午，全体大会闭幕，新一届国际联合会主席弗朗西斯科·罗卡在会上致辞。大会决定下一届全体大会于 2019 在瑞士日内瓦举行。

会议期间，中国红十字会代表团全面参加了全体大会的各项议程，还与 32 个国家红会进行了双边、多边会谈，就进一步加强中国红十字会与有关国家红会及红十字国际组织的交流合作进行了深入探讨。

11 月 6 日至 11 日　国际红十字与红新月运动法定会议在土耳其安塔利亚举行，来自 146 个国家的 155 名青年参加各国红会代表团出席会议。东亚红十字青年网络主席任艺、北京华宇公益基金会秘书长杨洋、香港红十字会青年理事萧景威作为我国红十字青年代表与会。会议期间，全国人大常委会副委员长、中国红十字会会长陈竺多次与青年交流，接受青年采访，激励青年参与红十字运动。

中国红十字会青年代表积极参与会议各个环节，与国际联合会和各国代表频繁互动，密切交流。杨洋设计的红十字青少年主题服装和纪念品等备受欢迎，吸引了众多关注。

11 月 10 日　民政部副部长、国家减灾委员会秘书长顾朝曦一行赴中国红十字会总会，就红十字会灾害管理工作进行考察，并就双方进一步落实中共中央国务院《关于推进防灾减灾救灾体制机制改革的意见》进行会谈。中国红十字会副会长王海京陪同考察并主持会谈。

考察期间，顾朝曦一行还参观了中国红十字会总会展室，现场了解了“中国红十字会灾害管理信息系统”建设使用情况并慰问了灾害管理处工作人员。

11 月 23 日　由苏州大学红十字运动研究中心与中国红十字会总会报刊社、中国红十字基金会共同主办，上海市嘉定区红十字会（红十字运动研究中心嘉定研究基地）承办的红十字会软实力建设研讨会在嘉定区举行。

中国红十字会副会长郭长江，中国红十字会总会报刊社总编辑吕进福，中国红十字基金会副理事长刘选国，上海市红十字会常务副会长张浩亮，嘉定区区长章曦等出席研讨会。来自北京、山东、贵州、浙江、安徽、河南、江苏、陕西、湖北、内蒙古等省（区、市）从事红十字工作的相关领导和专家学者50余人出席会议。

与会专家学者围绕红十字会软实力建设这一主题进行了广泛深入的交流，并考察了徐行镇小庙村红十字服务站和南翔智地群团服务站红十字生命健康安全体验馆，把实地调研、经验分享与理论探索有机结合起来。红十字运动研究中心主任、苏州大学池子华教授对本次研讨会取得的学术成果做了全面总结。

郭长江副会长在讲话中指出，历届理论研讨会从不同视角对红十字运动进行研究，讨论了红十字事业发展中的重大问题。近年来，在苏州大学红十字运动研究中心引领下，红十字理论研究的队伍、规模、影响和成果不断扩大、上升。研究越来越接近红十字事业发展中的关键问题、突出问题，甚至是瓶颈问题。他强调，未来红十字理论研究应加强顶层设计，要有组织、有规划、有平台、有方向、有保障、有队伍、有效果。各级红十字组织要尊重知识、尊重人才、尊重和分享研究成果，用理论指导实践，在实践中体现价值。

本月　由全国人大教科文卫委员会人口卫生体育室和中国红十字会总会办公室联合编著的《中华人民共和国红十字会法释义》，已由中国法制出版社出版，面向全国发行。该书按照法律条文逐条解析，准确阐述条文含义，附录了大量立法资料和相关法律法规，是学习理解《红十字会法》的权威读本。

12月2日至3日　为迎接第32个国际志愿者日，“博爱单车”全球志愿服务行动江西站、云南站，分别在南昌和昆明启动。挪威红十字会与中国生物技术股份有限公司总计捐赠1400辆单车及配套头盔，用于两地志愿者开展志愿服务。本次活动是“博爱单车”在国内首次落地。红十字会与红新月会国际联合会东亚地区代表处新闻官伊丽莎白·茉莉表示，在危机和灾难应对方面，红十字和红新月运动是世界最大的人道组织。“博爱单车”项目为志愿者开展志愿服务提供了一个简单、切实、有效的方案，增强了志愿者在服务中的流动性、可及性和可视性。

中国红十字会总会联络部部长任浩在启动仪式上表示，全世界1300万红十字志愿者，每年帮助约1.5亿需要帮助的人。希望各级红十字会结合自身工作，以“博爱单车”支持志愿者们前往城市、郊区及农村，开展各项志愿服务，扩大红十字的影响力，弘扬人道主义精神。

“博爱单车”全球志愿服务行动由红十字会与红新月会国际联合会、中国红十字会共同倡导推动，目的是为全球红十字与红新月志愿者提供出行便利。该行动今年5月在中国启动，首站在马来西亚开启，中国红十字会向马来西亚红新月会捐赠500辆单车用于其组织开展志愿服务。

12月3日至5日 中国老龄事业发展基金会副理事长、中国红十字会总会事业发展中心主任江丹一行，赴澳门仁慈堂安老院和香港红十字会考察调研公益养老服务工作，探索新时代背景下内地与香港、澳门的公益养老服务合作模式。

12月4日 “2017世界健康大会”在浙江杭州举行。大会宣布成立由浙商总会大健康委员会联合中国红基会共同发起的中国红十字基金会“浙商博爱基金”。该基金旨在践行人类命运共同体精神，突出“互联网+”理念，为浙商参与人道公益事业搭建平台，助力“健康中国”和“健康丝绸之路”建设，帮助最易受损群体获得更好的生命体验。

全国人大常委会副委员长、中国红十字会会长陈竺，世界卫生组织第七任总干事、永久荣誉总干事陈冯富珍，浙江省人大常委会副主任王辉忠，中国红十字会副会长、中国红十字基金会理事长郭长江，浙商总会会长、阿里巴巴集团董事局主席马云以及来自卫生健康领域的专家学者和浙商企业代表等近千人出席会议。

陈竺在大会上发表了《让人人享有健康》的主旨演讲。他指出，健康是人类全面发展和社会进步的基础。中国特色社会主义进入新时代，呼唤中国卫生与健康事业的新发展、新作为，共建人类命运共同体的新实践需要中国健康促进世界健康、全民健康推动人类健康。陈竺介绍了中国红十字会在助力健康中国、健康丝路中开展的工作以及未来所肩负的重要职责，他充分肯定了企业家在推进健康中国和健康世界中的重要作用，希望广大浙商为人类健康事业贡献更大的力量。

陈竺为浙商总会大健康委员会颁发了中国红十字基金会“浙商博爱基金”发起人证书。郭长江代表中国红十字基金会接受了来自杭州民生医药控股集团有限公司、康恩贝集团有限公司、浙江寿仙谷医药股份有限公司、浙江中坤（控股）集团有限公司、微医等5家浙商企业总额为1000万元人民币的捐赠，并颁发了捐赠证书。大会还成立了由31位大健康领域专家组成的智库，包括18位中国科学院院士和中国工程院院士，以及多名国际专家、企业家代表和来自政策与管理领域的专家。

12月5日至6日　中国红基会2017年彩票公益金项目总结暨儿童大病救助经验分享会在重庆召开，全国31个省（区、市）红十字会、基金会、定点医院负责人、儿童大病救助工作者130余人参加会议。中国红十字会副会长、中国红基会理事长郭长江，重庆市红十字会副会长毛荣志出席会议，中国红基会副理事长刘选国做了题为《信守人道　勠力同心　做好新时代儿童大病救助工作》的报告。会上为20个优秀项目执行省份、7家合作医院、12名优秀个人颁发了感谢状。

据悉，2017年政府彩票公益金对中国红基会儿童大病救助项目资助额度再创新高，全年共资助彩票公益金2.15亿元，是中国红基会大病救助项目年度执行救助量最大的一年。

12月9日　中国红十字会监事会改革工作座谈会在上海市嘉定区召开，全国人大常委会副委员长、中国红十字会会长陈竺出席座谈会并发表重要讲话。中国红十字会副会长王汝鹏主持座谈会。

陈竺指出，上海市嘉定区红十字会设立监事会，是新修订的《中华人民共和国红十字会法》正式施行以来，全国红十字会系统第一个依法选举产生的监事会，实现了依法设立监事会的突破，是红十字事业发展中的一项标志性工作，在全国具有示范意义和导向作用。

座谈会上，上海市嘉定区副区长、区红十字会会长王浩介绍了嘉定区红十字会依法设立监事会的工作经验。来自江西、江苏、内蒙古、四川、广西、安徽、浙江、河南、河北等9个省级红十字会的常务副会长交流了各地筹备换届和设立监事会的进展情况，并提出了有关意见和建议。嘉定区委书记马春雷出席座谈会并致辞，来自全国14个省级红十字会和上海市各区红十字会的负责人参加座谈。

参会代表还参观了上海红十字运动历史文化展馆、应急救护培训基地、灾害场景体验基地和嘉定区南翔智地群团服务站红十字生命安全健康体验馆。

12月19日　全国人大常委会副委员长、中国红十字会会长陈竺，中国红十字会常务副会长徐科赴贵州开展2017年“红十字博爱送万家”活动，走访慰问部分困难群众。今年是中国红十字会第19次开展“红十字博爱送万家”活动。活动启动后，中国红十字会总会将派出队伍，分别赴贵州、山东、广西、四川、重庆、陕西、河南、黑龙江、湖北、甘肃、江西等省（区、市）开展送温暖活动，向困难群众赠送款物共计930万元。数据显示，自1999年首次开展本活动以来，各级红十字会已投入送温暖款物超过20亿元。

12 月 19 日 全国红十字会系统组织建设工作坊和宣传工作培训班在北京举行。中国红十字会副会长郭长江出席开班式并讲话。培训班为期 4 天，培训内容包括推进组织建设、监事会改革、会员发展和管理、会费收缴、服务理事和理事发挥作用、理事建议、加强社区红十字会建设、推进红十字会参与城乡社区治理、红十字工作品牌创建、先进典型选树宣传、网上红十字会建设、红十字网络宣传、舆情和声誉风险管理、红十字文化传播教育基地建设、志愿服务和红十字青少年工作等 16 个专题，涵盖组织建设、宣传工作、志愿服务和青少年工作等领域。全国各省级红十字会分管宣传工作的负责人和宣传部门负责人，部分副省级城市、省会城市、地市、区县红十字会负责人及总会直属单位有关同志 120 余人参加培训。

12 月 19 日至 22 日 中国红十字会助力脱贫攻坚“博爱家园”项目推进会在贵州举行，全国人大常委会副委员长、中国红十字会会长陈竺出席推进会并发表讲话。中国红十字会常务副会长徐科，国务院扶贫开发领导小组办公室副主任陈志刚，贵州省人大常委会副主任李岷，贵州省副省长、省红十字会会长何力出席会议，中国红十字会副会长王海京主持会议。

陈竺指出，党的十九大做出了中国特色社会主义进入了新时代，我国社会主要矛盾已经转化为人民日益增长的美好生活需要和不平衡不充分的发展之间的矛盾等重大政治论断。新时代要有新气象，更要有新作为。全国红十字会系统务必以高度的政治责任感和使命感，切实把党的十九大精神学习好、贯彻好、落实好，在决胜全面建成小康社会、夺取新时代中国特色社会主义伟大胜利、实现中华民族伟大复兴中国梦的伟大实践中彰显红十字人的作为和价值。他强调，党的十九大报告提出坚决打赢脱贫攻坚战，要求动员全党全国全社会力量，坚持精准扶贫、精准脱贫，注重扶贫同扶志、扶智相结合，重点攻克深度贫困地区脱贫任务。这为红十字会参与精准扶贫、精准脱贫提出了新要求，也提供了新机遇。各级红十字会要积极参与，主动作为，以“博爱家园”项目为抓手，为我国脱贫攻坚做出积极贡献。要推动社区参与，坚持以人民为中心的发展理念；要发挥独特优势，努力化解转型中的社会矛盾；要积极动员社会资源，坚持扶贫大格局；要传播红十字精神，践行社会主义核心价值观。

会议围绕实施红十字助力脱贫攻坚行动、推进“博爱家园”项目工作，重点部署了推进实施全国红十字会助力脱贫攻坚“博爱家园”项目、总结分享了各地“博爱家园”项目鲜活经验、培训提升了红十字项目运作管理能力等进行。

“博爱家园”项目是中国红十字会围绕中央脱贫攻坚、精准扶贫的战略部署，着力打造的以社区（村寨）为平台的品牌项目。项目实施包括硬件建设、生计发展、能力培训、志愿服务等4个方面内容，项目实施后，每个项目社区将拥有“一个基层组织和一支志愿者队伍”“一种社区精神文明建设模式”“一项利民工程”和“一笔生计基金”，社区综合实力得到明显提高。项目自2011年1月启动以来，已经覆盖云南、内蒙古、青海等22个省（区、市）的国家级贫困县、877个社区，为改善贫困社区的面貌，助力脱贫攻坚做出了积极贡献。

民政部、国家卫计委、农业部相关负责人和来自各省级红十字会的常务副会长与“博爱家园”项目负责人，香港红十字会、中国红十字会总会相关部门代表和红十字国际委员会东亚地区代表处、红十字会与红新月会国际联合会东亚地区办事处代表参加会议。

12月25日至29日 中国红十字会副会长王汝鹏率慰问组先后赴广西梧州、江西赣州等革命老区开展2018年“红十字博爱送万家”活动，走访慰问贫困乡村困难群众。此次“红十字博爱送万家”活动，共为两地6000个贫困家庭送去了红十字温暖箱，约2万名老区困难群众感受到了来自党和政府以及红十字组织的关爱和温暖。

慰问期间，王汝鹏还先后前往广西红十字会心理救援队（梧州）训练基地和梧州中恒集团股份有限公司进行工作调研，并在赣州市寻乌县主持召开了市县红十字会负责人座谈会，要求各级红十字会深入学习贯彻习近平新时代中国特色社会主义思想和党的十九大精神，适应新时代，争创新作为，努力开创新时代中国特色红十字事业新气象。

12月28日 全国人大常委会副委员长、中国红十字会会长陈竺与中国红十字援外医疗队驻瓜达尔港的队员们视频连线，进行座谈。中国红十字会常务副会长徐科，副会长郭长江、王海京，副会长兼秘书长王平等参加座谈。

据悉，中国红十字援外医疗队已经基本完成巴基斯坦瓜达尔港中巴医疗博爱急救中心的医疗设备安装调试、急救中心发电、上下水管道疏通等工作，并克服困难、创造条件，为驻港中巴企业员工和瓜达尔当地民众开展24小时不间断医疗急救服务，保障了驻港中巴企业员工急救和卫生服务需要。目前已诊治病人近500例，为当地450名中小学生进行了免费体检，并配合国家卫计委开展了“光明行”瓜达尔白内障患者筛查救治前期工作，会同巴基斯坦俾路支省红新月会启动了当地基层医生培训项目。

12月28日 中国红十字基金会第四届理事会第四次会议在北京召开。中国红十字会副会长、中国红基会理事长郭长江主持会议。会议听取并审议通过了中国红基会2017年工作报告、财务报告和关于筹建红十字国际学院情况的报告，审议通过了《中国红十字基金会第四届理事会第四次会议决议》，并对2018年工作做出部署。

郭长江在总结发言中指出，在习近平新时代中国特色社会主义思想的指引下，中国进入了新时代，面对新时代、新征程，作为全心全意为最易受损群体谋福祉的人道公益组织，红基会负有义不容辞的使命担当和时代责任，要有新作为、新发展。他指出，要巩固好医疗救助项目的基石、不断延展红十字国际援助项目体系、抓好品牌传播的营销推广，紧抓“共建人类命运共同体”发展契机，努力推进红十字文化传播、推进红十字国际学院建设落地，创新公益传播形式，强化“爱微笑”品牌，利用好网络众筹平台、打造“互联网+公益”新模式，提升内容产出质量和效益。要与各国人民携手，共同创造人类美好未来。

2018 年

1 月 1 日 中国红十字基金会与江苏省苏州市乐助慈善基金会联合发起的“捐赠 1 美元，救助叙利亚肢残儿童”国际援助项目在苏州文化艺术中心启动，同时发布项目筹款二维码。该项目向中国及世界爱心人士发出募捐倡议，希望通过互联网和移动支付手段募集 1000 万人民币（约 150 万美元）善款，在叙利亚红新月会帮助下，与叙利亚当地公益组织合作建设一个全新的假肢中心。其中，首期筹募善款将为 600 名以上的叙利亚受战争伤害儿童免费安装假肢并提供后期康复训练。

1 月 2 日至 3 日 全国人大常委会副委员长、中国红十字会会长陈竺率慰问组赴山东省临沂市开展“红十字博爱送万家”活动，并来到山东省红十字会，视察了省红十字会的爱心接待室、备灾仓库、中国造血干细胞捐献者资料库山东省分库和省红十字救援队，听取了山东省副省长、省红十字会会长王随莲对山东省红十字会信息化建设、品牌培育、公信力建设、能力建设及“三救”“三献”等工作情况的汇报。

陈竺对山东省红十字会各项工作给予充分肯定，并就新时代发挥红十字会作用提出 5 个方面要求：一是深入学习贯彻党的十九大精神，要深刻领会习近平新时代中国特色社会主义思想的精神实质和丰富内涵，要把学习贯彻习近平新时代中国特色社会主义思想与贯彻落实习近平总书记关于红十字事业发展的重要指示精神结合起来；二是深入宣传落实《中华人民共和国红十字会法》，依法全面推进设立监事会，督促换届地方红十字会依法设立监事会，逐步建立理事会决策、执委会执行、监事会监督的治理结构，要依法建立健全信息公开制度，规范信息发布；三是落实中央群团改革部署，坚定不移地走中国特色群团发展道路，要不断增强红十字会政治性、先进性、群众性，更好地发挥党和政府在人道领域联系群众的桥梁纽带作用；四是围绕中心任务认真履行职责，加大“博爱家园”建设力度，持续开展“一老一小”服务工作，扎实推进“三献”工作，加强信息化平台建设，积极参与“一带一路”建设；五是大力加强自身建设，要全力抓好基层组织建设、志愿服务、宣传动员能力建设等工作，进一步推动红十字会向更加专业化、规范化的方向发展，为决胜全面建成小康社会、建设社会主义现代化国家贡献更大力量。

1月5日 为深入贯彻落实党的十九大精神和习近平总书记关于红十字事业发展的重要指示精神，有效解决人道需求巨大与人道资源供给不足等突出问题，中国红十字会总会印发《关于加强人道资源动员工作的指导意见》。《意见》要求各级红十字会要切实加强对人道资源动员工作的领导和支持，加强对人道资源动员工作的组织领导，加强人道资源动员的机构和人才队伍建设，努力形成人道资源动员工作的整体合力。要抓住红十字事业发展的大好机遇，勇于变革、勇于创新，以永不懈怠的精神状态和一往无前的奋进姿态做好人道资源动员工作，努力开创新时代中国特色红十字事业新局面。

1月15日至19日 中国红十字会总会举办处级以上领导干部及党支部委员学习贯彻党的十九大精神培训班。中国红十字会党组书记、常务副会长徐科，党组副书记、副会长郭长江，党组成员、副会长王海京、王汝鹏，党组成员、副会长兼秘书长王平出席开班式。徐科在讲话中强调，学习贯彻党的十九大精神，是总会当前和今后一个时期首要政治任务，必须持续用力、久久为功。要坚持全面准确学、突出重点学、联系实际学，进一步深刻领会党的十九大精神的丰富内涵和精髓要义，真正把党的十九大精神学深悟透。要坚持学以致用，学用结合，自觉用习近平新时代中国特色社会主义思想武装头脑、指导实践、推动工作。

1月17日 中国红十字援外医疗队在中巴博爱医疗急救中心为15名学生做完了体检。至此，中国红十字援外医疗队在当地已为110多名学生进行了体检。据悉，医疗队已在当地工作了4个月，共收治中巴病人近700例；配合国家卫生计生委完成了“健康快车巴基斯坦光明行”瓜达尔地区白内障患者筛查救治前期工作；与当地政府和港区公司通力合作，开展宣教，提升当地公共卫生水平；夜间紧急出动救护车3次，及时有效地保障了当地民众和中国驻港员工的生命健康安全。

2月7日 针对台湾花莲县6日深夜发生6.5级地震，造成重大人员伤亡和财产损失，中国红十字会决定向台湾红十字组织提供100万元人民币紧急救灾款，用于受灾民众的人道救助。

2月8日至9日 中国红十字会第十届理事会第四次会议在北京召开。全国人大常委会副委员长、中国红十字会会长陈竺出席会议并讲话，十届理事会理事170余人参加会议。

陈竺在讲话中对2017年中国红十字会的工作给予充分肯定。他说，过去的一年，在以习近平同志为核心的党中央坚强领导下，全国各级红十字会各项工作取得了重要进展和新成效，许多大事、要事得以圆满完成。新修订的《中华人民共和国红十字会法》颁布实施，扎实开展“三救”“三献”核心业务，助力脱贫攻坚力度不断加大，参与“一老一小”服务成效显著，“一带一路”项目取得突破性进展，成功连任红十字会与红新月会国际联合会副主席，进一步增强了国际话语权。

陈竺对今后中国红十字会的主要任务和红十字事业发展提出要求。他指出，要以习近平新时代中国特色社会主义思想为指导，大力发展中国特色红十字事业；要大力宣传贯彻《红十字会法》，保障红十字事业沿着法治化轨道前进；要统筹国内国际两个大局，在做好传统的“三救”“三献”核心业务的基础上，突出重点做好“博爱家园”项目、“一老一小”服务、参与“一带一路”建设等人道服务工作；要坚持改革创新，增强组织活力，为红十字事业发展提供体制机制保障。

陈竺强调，全国各级红十字会要把学习宣传贯彻党的十九大精神作为当前的首要政治任务，要始终坚持以习近平新时代中国特色社会主义思想为指导，紧紧围绕中央对群团改革的要求，不断增强和保持政治性、先进性、群众性，坚定不移地走中国特色社会主义群团发展道路，扎实推动中国特色红十字事业迈进新时代，为决胜全面建成小康社会、夺取新时代中国特色社会主义伟大胜利、实现中华民族伟大复兴的中国梦做出新的更大贡献。

会议审议通过了《中国红十字会2017年度工作报告》《中国红十字会2017年度财务收支情况报告》，以及常务理事会关于制定《红十字（会）名称和红十字标志授权使用管理规定》等文件；表决通过了有关人事变更的决议，选举田学军、王贺胜为中国红十字会副会长。会议期间，来自基层的12名红十字工作者、红十字志愿者代表围绕红十字会各项业务工作进行交流发言。会议还对全国197名优秀红十字志愿者，以及12个“一带一路”同行优秀志愿服务集体和个人进行了嘉奖。

会议现场还与驻巴基斯坦瓜达尔港的中国红十字援外医疗队进行了视频连线，听取了医疗队入驻瓜港4个多月来工作进展的汇报。

2月9日 中国红十字会总会召开红十字会系统从严治党工作会议。中国红十字会党组书记、常务副会长徐科主持会议并讲话，党组副书记、副会长郭长江，党组成员、副会长王海京、王汝鹏，党组成员、副会长兼秘书长王平和中央纪委驻国家卫计委纪检组史盛丰出席会议。

这次会议的主要任务是，深入贯彻落实党的十九大和十九届中央纪委二次全会精神，以习近平新时代中国特色社会主义思想为指导，进一步统一思想，提高认识，狠抓落实，推动全面从严治党向纵深发展。各省级红十字会常务（专职）副会长，总会机关各部门及直属单位主要负责人参加会议。

3月5日 全国政协委员、中国红十字会副会长王海京出席了全国政协十三届一次会议，并围绕红十字工作的主题，向大会提交的5份提案，主题包括“支持社会组织参与精准扶贫”“更好发挥红十字会等社会组织在老年人能力评估工作中的作用”“遗体和人体器官捐献立法”“推动公众提高使用自动体外除颤仪的能力”“加大政府购买服务力度扩大白血病医疗救助范围”等。

3月13日 中国红十字基金会再次收到由中国船级社质量认证公司颁发的《质量管理体系认证证书》。该证书的获得，标志着中国红十字基金会在标准化质量管理方面符合最新版 GB/T19001-2016/ISO 9001：2015 标准。这是中国红十字基金会自 2015 年 3 月成为国内首家获得 ISO9001 认证的5A级基金会后，再次通过 ISO 标准化认证。

3月23日 中国红十字会副会长郭长江会见了红十字国际委员会总部外科主任、灾害医学与创伤学教授安德烈亚斯·弗拉迪斯，双方就在战地开展救护工作交换了意见。

郭长江充分肯定了弗拉迪斯教授本人在冲突和灾害中开展工作的成绩，并向其介绍了中国红十字会与红十字国际委员会长期以来的合作情况，如探索国际人道法项目的合作等。郭长江指出，对于中国红十字会而言，在冲突及灾害中开展救助是一个全新的领域，目前处于了解阶段，希望国际委员会继续给予支持。

弗拉迪斯表示，愿意向中国红十字会提供各方面协助，以增进双方的后续合作。会见前，弗拉迪斯教授还在总会举办了题为“在冲突与灾害中利用有限资源开展外科手术”的专题讲座。总会相关部门及各直属单位业务人员50余人参加了此次讲座。

3月28日 中国红十字基金会召开2018年度目标管理责任制暨党风廉政建设责任书签署会议，强调以全面加强党的领导为统领，以治理能力现代化为导向，以职能优化协同高效为着力点，进一步改革项目制机构设置。中国红十字会副会长、中国红十字基金会理事长郭长江出席会议并讲话，中国红十字基金会常务副理事长兼秘书长孙硕鹏做《中国红十字基金会关于深化项目制管理方案改革工作报告》，中国红十字基金会副理事长刘选国宣读项目制中心主任聘用通知。孙硕鹏、刘选国分别与各部门负责人、项目制中心主任签署2018年度部门及项目制中心目标管理责任制和党风廉政建设责任书。

根据改革方案，中国红十字基金会将整合、调整、增设现有11个项目制中心为14个项目制中心，涵盖基础医疗服务、社区发展、救灾赈济、生命救护、医疗救助、“互联网+”等各个方面，构建科学规范、运行高效的项目制管理体系，为践行红十字人道使命、建设中国人道领域最具影响力的基金会提供强有力的制度保障。

3月29日 由中国红十字会总会主办，山西省红十字会承办的中国红十字赈济救援队（山西）培训班暨联合演练在太原市举行，山西、河北、内蒙古、重庆、四川、陕西、甘肃等7支红十字赈济救援队参加演练，来自广西、云南、宁夏等省（区）的红十字赈济救援师资给予了现场指导。这标志着2018年中国红十字会总会救援队培训演练工作正式开始。山西省红十字会会长张建欣、常务副会长郑红，以及省文明办、省政府总值班室、省发改委、省民政厅、省卫生计生委、省旅发委、省地震局、山西广播电视台、太原海关等单位负责人受邀到场进行观摩。

本月 江西省多地遭受风雹灾害，造成9市54县（市、区）33.5万人受灾，14人死亡，3800余人紧急转移安置；400余间房屋倒塌，4.1万间不同程度损坏；农作物受灾面积13.6千公顷，其中绝收面积400余公顷。

灾情发生后，中国红十字会总会立即启动四级应急响应，并根据灾区需求，调拨救灾家庭包2000个、棉被2000床、棉帐篷100顶，物资共计价值97.44万元，用于支持当地红十字会开展灾害救助工作。

4月1日 中国红十字基金会“院士+”博爱基金2017年度院士博爱奖学金颁奖仪式在浙江大学医学院举办，首批57名来自上海交通大学、浙江大学、复旦大学、首都医科大学、中南大学和东南大学的品学兼优、临床表现突出的全日制本科生和研究生获得奖励。中国科学院院士、“院士+”博爱基金发起人陈国强，中国红十字会副会长、中国红十字基金会理事长郭长江，中国红十字基金会副理事长刘选国等出席颁奖仪式。

据悉，截至2017年12月31日，“院士+”博爱基金累计接受社会捐赠款物6111.44万元，共资助开展了8期“配套成组”儿科医师研修班，培训西部儿科医师158名；举办了1期对乌鲁木齐儿童医院小儿泌尿科为期1年的科室托管培训；举办了5期老年介护培训班，培训老年介护师资及学员189名；举办了2期基层医生培训班，培训基层医生100名；实施了“全心关爱”专项人道救治行动，救助急性心梗患者14万余人。

4月12日 经过半年多的紧张设计、生产，中国红十字救援队应急供餐车在北京完成生产，并交付给宁夏、辽宁、广西和青海4支国家级红十字赈济救援队使用。

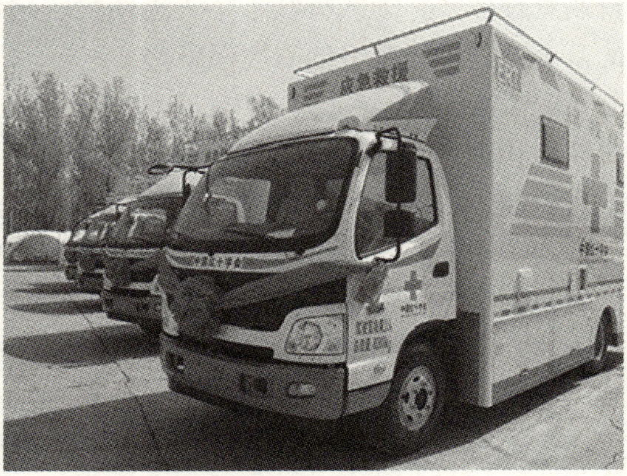

中国红十字救援队应急供餐车

此次完成生产交付使用的4辆新一代应急供餐车是中国红十字会总会在多年实践的基础上，和北京北铃专用汽车有限公司共同研发设计的，定位于向大规模受灾人群及救援人员提供餐饮服务。餐车设计科学合理，设备齐全，具有较强的机动性、野战性，可适应不同灾区条件下的供餐服务，将有效提升红十字赈济救援队的救援水平，为受灾群众及灾区救援队员提供更为完善的人道服务。

为自然灾害等突发事件中受影响的群众提供餐饮救助、为救援人员提供餐饮保障是赈济救援队的重要功能之一。2002年，中国红十字会为北京市红十字会配备了第一辆应急供餐车，多年来，该车在汶川地震、玉树地震、北京7·21暴雨灾害、芦山地震等国内重特大灾害中发挥了重要作用。

4月13日 中国红十字援外医疗队一行12人飞抵阿富汗首都喀布尔，标志着2018年度“天使之旅——‘一带一路’大病患儿人道救助计划”全面展开。这是时隔8个月后，中国红十字援外医疗队再赴阿富汗开展人道救助行动。

据悉，“天使之旅——‘一带一路’大病患儿人道救助计划”阿富汗行动由步长制药捐资支持。该公司多年来致力于人道公益事业发展，积极支持红十字人道公益事业和“一带一路”建设，是中国红基会“丝路博爱基金”重要发起人和首批捐助方，已捐资300万元人民币支持中巴急救走廊建设，捐资800万元人民币支持“天使之旅——‘一带一路’人道救助计划”。

4月17日至18日　由澳门红十字会举办的“红十字人道资源动员研讨会”在澳门举行。中国红十字会副会长王汝鹏出席研讨会并做主旨演讲。澳门红十字会中央委员会主席黄如楷在开幕式上致辞，副主席曹国希主持开幕式。来自内地部分省市红十字会、香港和澳门红十字会以及台湾红十字组织的60多名代表出席研讨会。

会上，澳门红十字会分享了灾害救援筹资经验；香港红十字会介绍了筹资策略、定期捐赠人招募及捐赠人服务等方面的经验；台湾红十字组织分享了开展筹资活动和品牌传播等方面的工作经验。澳门红十字会还邀请捐赠人代表做了企业践行社会责任的经验分享。云南、贵州、江西红十字会分别分享了开展互联网众筹、建立“博爱云”大数据综合服务平台、创新筹资项目和活动等人道资源动员工作的经验。

4月20日　中国红基会举行新闻通报会，宣布第二次面向全国公开招募10名社会监督巡察员。2009年7月，中国红基会主动引进社会监督机制，公开招募社会监督巡察员，对所实施的公益项目进行实地巡察和全方位监督，并陆续发布一系列社会监督简报。该举措当时被评价为“中国公益组织在社会监督方面所迈出的具有实质意义的第一步”。

近9年来，中国红基会先后招募了18名社会监督巡察员，共有146人次进行了139次实地巡察和电话监督回访，对公益项目的实施情况，运行管理和社会受益情况进行巡察监督。监督项目涵盖了包括救灾、助医、助学三大领域的278个专项基金或公益项目，涉及全国31个省（区、市）。

4月29日　由上海华山医院，复旦大学附属妇产科医院及北京999急救中心组成的第二批中国红十字援外医疗队一行14人，前往巴基斯坦瓜达尔港开展为期半年的人道医疗救助服务。

5月3日至4日　内蒙古自治区红十字会第四次会员代表大会在呼和浩特市隆重召开。全国人大常委会副委员长、中国红十字会会长陈竺，自治区党委书记、人大常委会主任李纪恒出席大会并讲话。自治区主席、自治区红十字会名誉会长布小林，中国红十字会副会长郭长江出席会议。

陈竺在讲话中指出，第三次会员代表大会以来，内蒙古各级红十字会砥砺前进、开拓创新，关键领域取得重大突破，各项工作得到蓬勃发展。他高度肯定第四次会员代表大会依法选举产生了内蒙古自治区红十字会监事会，开创了落实新修订《中华人民共和国红十字会法》的先河，在完善内部治理结构方面迈出了坚实的一步。

陈竺强调，中国特色社会主义进入新时代，红十字事业发展迎来新机遇。站在新时代的起点上，我们要深入学习贯彻党的十九大精神，自觉坚持和加强党对红十字事业的领导，牢牢把握红十字事业改革发展方向。要坚持以人民为中心的发展思想，以实际行动落实坚决打赢脱贫攻坚战的战略部署，在保障和改善民生上不断取得新进展，在参与“一带一路”建设中发挥积极作用。要坚持依法治会，完善体制机制，推进红十字会改革创新，把红十字会建设得更加充满活力、坚强有力。

大会闭幕式上，陈竺、李纪恒、布小林分别为全区“光明行”社会公益活动（2018—2020）、“健康心”救助活动、“一带一路·光明行”蒙古国行动等三项人道救助行动授旗。包商银行公益基金会、老牛基金会、内蒙古光彩事业促进会和光彩基金会、中国平安保险（集团）股份有限公司等爱心单位和团体向自治区红十字会捐赠善款2910万元；亚洲防盲基金会捐赠“光明8号”流动手术车，支持开展“光明行”等社会公益活动。

自治区党委常委、组织部部长、红十字会名誉副会长曾一春，自治区人大常委会副主任、红十字会第一届监事会监事长廉素，自治区副主席、新当选的自治区红十字会会长欧阳晓晖，自治区政协副主席、红十字会名誉副会长王中和，自治区政协副主席、红十字会原会长刘新乐，自治区人大常委会原副主任、红十字会名誉副会长呼尔查等出席会议。自治区本级、12个盟市、机关企事业单位、社会各界红十字会员代表240多人出席大会。河北、广东、广西、西藏、辽宁、新疆等6省（区）红十字会负责人参加会议。

5月6日　全国人大常委会副委员长、中国红十字会会长陈竺到苏州大学就医学教育发展、中国红十字会与苏州大学合作共建红十字国际学院相关情况开展调研。中国红十字会副会长、中国红十字基金会理事长、红十字国际学院筹委会主任委员郭长江，中国红十字会副会长兼秘书长王平、中国红十字基金会常务副理事长兼秘书长孙硕鹏，中国红十字会基金会副理事长、红十字国际学院筹委会委员兼办公室主任刘选国，江苏省人大常委会副主任曲福田，江苏省原副省长、省红十字会会长何权，省红十字会常务副会长盛放等有关方面负责同志，苏州大学主要负责人参加了调研活动。

陈竺听取了苏州大学红十字研究中心主任池子华教授关于中心研究情况的简要汇报，并与校红十字会同学们就高校红十字会的发展进行交流。

在苏州大学红十字运动发展与研究座谈会上，熊思东校长简要回顾了中国红十字运动与苏州、苏州大学的百年渊源；介绍了苏大红十字运动研究成果、苏大浓厚校园红十字文化，特别是苏大师生践行红十字精神，积极参与灾害救治、海外人道主义援助等案例。最后，他表示苏州大学将秉承人道、博爱、奉献的红十字精神，发挥现有红十字研究及相关学科群的优势，与中国红十字会合作共同将红十字国际学院打造为高素质红十字人才培养基地、高水平红十字学术研究中心和高层次红十字国际交流节点，服务国家“一带一路”倡议，助力人类命运共同体建设。

郭长江说，中国红十字总会经过多地走访调研，最终确定与苏州大学开展合作共建红十字国际学院，希望双方能努力打造一个专门致力于红十字运动研究、人才培养、文化传播、学术交流的教学科研机构，培育更多更优红十字会法定业务相关专业人才，成为国际国内红十字研究的重要智库，为红十字运动更好发展提供智力支持和解决方案。

陈竺在总结讲话中简要回顾了中国红十字会的历史沿革，红十字运动的发展趋势和红十字事业的前进方向。他指出，自第十次全国会员代表大会举行以来，中国红十字会更加注重协助政府开展国际人道主义工作，面向贫困地区和困难群体开展人道救助，服务“一带一路”沿线国家和地区人道健康事业。建立红十字国际学院，正是以实际行动贯彻落实习近平新时代中国特色社会主义思想和习近平总书记关于红十字事业的重要讲话精神的重要举措。他对江苏省、苏州市红十字会以及苏州大学近年来在红十字事业发展中所做出的突出贡献表示感谢，并就红十字国际学院的下一步建设做了重要部署。他希望双方能以此次研讨会为契机，更好地理解红十字国际学院建设的使命和任务，进一步夯实完善可行性方案，成立专门机构加快推进实质性建设的进程，通过共同的努力为保护生命与健康、促进社会进步和国际人道主义事业发展，为建设富强民主文明和谐美丽的社会主义现代化强国做出更多新的贡献。

据悉，由中国红十字会与苏州大学合作共建的红十字国际学院正在积极筹备中，该学院将以培养红十字运动方向研究型人才为基础，聚焦红十字文化、国际人道法、全球公共卫生、救护医学、灾难医学、老年医学等方向，在未来成为国际人道主义工作专业人才培养教育提升的机构，国际红十字会的智库，国际红十字运动理论、国际人道法的研究机构和传播机构，红十字运动发展项目策划、绩效评估、运营管理的咨询机构，红十字运动数据、案例、培训课程的生产、收集、发布和开发应用的机构。

5月7日 中国红十字会副会长王汝鹏会见红十字会与红新月会国际联合会财务委员会主席胡斯雷，双方就联合会会费改革、财政计划和预算、资源动员和发展等共同关心的问题进行了交流。

王汝鹏表示，中国红十字会一向支持国际联合会的工作，尤其是陈竺会长担任国际联合会副主席以来，非常重视中国红十字会与联合会在各领域的合作，积极响应联合会相关呼吁，在资金、物资和人力等方面为联合会提供力所能及的支持，并足额向联合会缴纳会费。王汝鹏说，财务管理和资源动员是中国红十字会的重点工作之一，希望在这些方面进一步加强与国际联合会的交流与合作。

胡斯雷感谢中国红十字会一直以来对国际联合会工作的大力支持，表示国际联合会将一如既往地支持中国红十字会开展工作，期待双方在财务领域进一步建立起战略合作伙伴关系。

5月8日 中国红十字会援助叙利亚人道救援设备启运仪式在上海举行。全国人大常委会副委员长、中国红十字会会长陈竺出席活动并宣布中国红十字会援助叙利亚人道救援设备启运。中国红十字会副会长、中国红十字基金会理事长郭长江出席启运仪式并致辞。

活动中，陈竺向为此次国际人道援助慷慨捐赠的北汽福田汽车股份有限公司及为援助设备提供免费运输支持的中国远洋海运集团有限公司颁发了捐赠证书。此次援助的人道救援设备是一所大型多功能移动医疗单元，由两辆医疗大巴、两辆救护车组成，具备移动医疗和远程医疗功能，可为当地民众提供基本诊疗、手术、体检、医疗转运等综合性卫生服务。

5月8日 中国红十字会总会和上海市人民政府共同主办的“博爱申城——5·8世界红十字日滨江行”活动在沪启动。全国人大常委会副委员长、中国红十字会会长、红十字会与红新月会国际联合会副主席陈竺，上海市委副书记、市长应勇分别致辞，上海市副市长、市红十字会会长翁铁慧出席。

陈竺在讲话中指出，无论是战争年代，还是和平时期，无论是重大自然灾害，还是突发公共事件，无数红十字人以“人道”为宗旨，为保护人类生命和健康、推动世界和平与发展做出了不可磨灭的贡献。他希望红十字会系统广大工作者和志愿者们以习近平新时代中国特色社会主义思想为指引，突出红十字会在人道领域的独特地位，把依法履职与服务大局结合起来，以更加饱满的工作热情、更加严实的工作作风，大力弘扬“人道、博爱、奉献”的红十字精神，不断开创中国特色红十字事业的新局面。

应勇在讲话时说，上海是中国红十字运动的发源地，也是中国红十字会的诞生地。上海正站在全面建设卓越的全球城市的新起点上，希望上海红十字会勇于创新、主动作为，继续深化改革，完善治理结构，拓展基层网络，加强专业服务，不断增强政治性、先进性、群众性，当好党和政府在人道领域的得力助手，进一步打响上海红十字的服务品牌。红十字事业是为民造福的崇高事业，希望把红十字精神传递下去、弘扬开来，在全社会进一步汇聚起推动红十字事业发展的强大合力。

此次活动是中国红十字会总会与省级人民政府首次共同举办的大型主题宣传活动，旨在弘扬红十字精神，传播红十字文化，提升上海红十字运动的影响。

5月8日 以“你微笑时，世界很美”为主题的“红十字与‘一带一路’同行”分享暨研讨会在上海复旦大学附属华山医院（中国红十字会华山医院）举办。全国人大常委会副委员长、中国红十字会会长、红十字会与红新月会国际联合会副主席陈竺，中国红十字会副会长、中国红十字基金会理事长郭长江，中国红十字会副会长兼秘书长王平等出席活动。

陈竺在讲话中表示，重温习近平总书记在达沃斯、日内瓦主旨演讲的精神，深入学习领会习总书记共建人类命运共同体思想，是对进一步推进新时代中国特色红十字事业发展、携手共建人类命运共同体的一种使命责任担当。国际红十字运动起源于战地救护，从诞生之日起就秉持对人类命运的整体性关照和体认；中国红十字运动始终以扶危救困、为民造福为己任，成为共建人类命运共同体的一支重要力量；面向新时代，红十字事业在践行人类命运共同体的实践中肩负着特殊重要的使命。

陈竺提出4项倡议：牢固树立人类命运共同体意识，以保护人的生命健康、维护人的尊严为己任，积极应对人道危机和挑战，加强国际应急和备灾协作，共建“一带一路”红十字急救走廊，携手打造“人道丝绸之路”；紧紧围绕红十字运动宗旨，积极开展大病救助、疾病预防、健康干预、应急救护、健康管理领域的国际合作，发展灾难医学、急救医学、老年医学、社区护理，建设“一带一路”医疗健康服务联盟，持续开展“天使之旅——‘一带一路’人道救助计划”，携手打造“健康丝绸之路”；坚持以人民为中心的价值追求，紧贴“一带一路”民生需求，实施海外“博爱家园”计划，植根社区，面向基层民众，广泛开展防灾减灾、扶贫开发、医疗卫生、教育促进等人道救助和人道服务活动，一视同仁、不加歧视地救助所有需要帮助的人，促进人和人之间的相互了解与合作，增进“一带一路”民心相通，携手打造“友谊丝绸之路”；大力弘扬“人道、博爱、奉献”的红十字精神，广泛动员人道资源，发展人道公益伙伴，发展国际志愿服务队伍，加强部门、行业、组织、地方和国际协作，从供给侧与需求侧两端发力，优化人道服务供给，拓展人道领域交流合作，不断扩大“一带一路”朋友圈，携手打造“博爱丝绸之路”。

活动中，以陈竺提出的打造“四个丝绸之路”构想为主旨，形成并发布了《“丝路博爱基金”上海倡议》，号召全社会在“一带一路”倡议下，携手打造“人道丝绸之路、健康丝绸之路、友谊丝绸之路、博爱丝绸之路”，牢固树立人类命运共同体意识，共同投身人道公益新实践。

中国红十字会副会长、中国红基会理事长、“丝路博爱基金”管委会主任郭长江宣读“致敬丝路天使”致敬词，与会领导和嘉宾向给予基金大力支持的捐赠企业、志愿服务单位、媒体及个人颁发“丝路天使”奖牌和奖章。现场还以“你微笑时，世界很美：共建人类命运共同体”为主题，邀请嘉宾就“共建人类命运共同体”话题进行研讨并分享各自在人道公益领域的实践经验，并举行了中国红基会“丝路博爱基金”新伙伴加盟仪式。

本次活动由中国红十字会总会、外交部、中联部、国家卫生健康委员会、国家国际发展合作署指导，中国红十字基金会“丝路博爱基金”、中华医学会、国家卫健委国际交流中心联合主办。外交部、国家卫生健康委员会、国家国际发展合作署等相关部委领导，红十字国际委员会东亚地区代表处、红十字会与红新月会国际联合会代表，巴基斯坦、阿富汗、叙利亚驻华使领馆代表，两院院士代表，地方红十字会代表，医疗机构代表及相关新闻媒体代表共200余人出席活动。

5月11日至12日 全国人大常委会原副委员长、中国红十字会原会长彭珮云赴四川，参加“5·12”汶川特大地震抗震救灾10周年纪念仪式，参观了“5·12汶川特大地震灾区发展振兴成就展”，并对四川省红十字工作和相关项目进行考察与调研。

彭珮云（右二）参观“5·12汶川特大地震灾区发展振兴成就展”

5月14日 中国红十字会助力脱贫攻坚“博爱家园”项目推进会在云南省昆明市举办。全国人大常委会副委员长、中国红十字会会长陈竺，全国政协副主席何维等出席推进会。陈竺等向云南、贵州、内蒙古、陕西、宁夏、江西、四川、青海等省、区的10个“博爱家园”项目颁发了全国红十字会系统“博爱家园”项目助力脱贫攻坚精品项目奖牌，为新成立的3支中国红十字医疗救援队（云南、吉林、新疆）授旗，并为中国红十字会总会新冠名的医疗机构——云南阜外心血管病医院揭牌。

来自财政部、生态环境部、农业农村部、国家卫生健康委员会、国家中医药管理局、国务院扶贫办、中国红十字会等部门相关负责人，以及来自全国各省（区、市）红十字会的代表和红十字医疗救援队、红十字冠名医院代表共100余人参加本次会议。

5月15日 巴基斯坦代总统兼参议院主席萨迪克·桑吉拉尼在就任代总统第二日便来到瓜达尔港中巴博爱医疗急救中心，慰问中国红十字援外医疗队，对医疗队每一位队员的付出表示感谢，对中巴博爱医疗急救中心的工作给予高度评价，并高度赞扬中国红十字会在巴基斯坦开展的援外医疗项目。

据悉，中巴博爱医疗急救中心于2017年5月7日在瓜达尔港落成，是中巴急救走廊的首个“应急单元”。该急救中心包括急救设备、急救车辆等，由中国红十字基金会“丝路博爱基金”整体援建。

5月21日至23日 澳门特别行政区红十字会与贵州省红十字会签订援建项目协议书，澳门红十字会将帮助贵州省从江县改善农村医疗、教育条件和生计扶持。澳门红十字会理事长马建华一行在从江县出席了澳门帮扶从江县脱贫攻坚工作座谈会，其间还深入贫困村寨考察落实援建项目。

据悉，澳门红十字会首期援助的700万元，将援助从江县建小学3所、幼儿园1所、卫生站5个、“博爱家园”2个。结合本次援建项目进展情况，澳门红十字会将在第二期再援助人民币500万元，用于从江县贫困群众的生计扶持。

澳门红十字会一直牵挂贵州贫困群众，针对贵州频发的风雹、洪涝、凝冻等自然灾害以及地方病防治工作，先后无偿援助款物价值人民币1495.7万元，相继援建“博爱家园——红十字健康新村”14个、博爱学校4所、博爱卫生院10所以及备灾设施、饮水工程等，使全省6865户贫困户超过2.5万人直接受益。

5月22日至25日 中国红十字会总会报刊社、红十字国际委员会东亚地区代表处联合主办的2018年度新闻传播业务培训班在江苏省无锡市开班。中国红十字会副会长郭长江、江苏省红十字会常务副会长盛放、中国红十字会总会报刊社社长金宝杰、总编辑吕进福等出席开班式。来自全国各地红十字会的近700名宣传工作者分两期参加培训。

《中国红十字报》资深记者贺晔、《博爱》杂志资深编辑陈晓亚、中国红十字基金会首席摄影师付春来分别讲述了新闻写作实务、杂志稿件写作特点与要求、新闻摄影等课程；培训班还特别邀请红十字国际委员会东亚地区代表处网络传播主管孙翼飞、重庆市红十字会组宣部调研员秦红梅、辽宁省葫芦岛市红十字会常务副会长马艳莉分别就人道网络传播、新时代红十字品牌传播、宣传是红十字事业发展的第一推动力等话题分享了宣传工作经验。

5月29日至31日 为进一步提升红十字会系统的财务管理水平，提高财务和统计人员的综合素质与业务能力，中国红十字会总会在上海国家会计学院举办了全国红十字会系统财务与统计培训班，来自全国32个省级红十字会及总会机关和直属单位的100余名财务统计人员参加了培训。中国红十字会副会长王汝鹏出席开班式并讲话，上海国家会计学院院长李扣庆在开班式上致辞，上海市红十字会副会长孙大红出席开班式。培训班邀请有关专家教授和实务工作者讲授了财经法规、政府会计改革与会计准则、行政事业单位资产管理、民间非营利组织会计实务以及统计业务等方面的课程。

5月30日 国家副主席王岐山在北京会见红十字国际委员会主席彼得·莫雷尔。王岐山表示，红十字国际委员会为保障人的生命和健康、促进世界和平与发展做出了积极贡献。当前国际人道形势依然严峻，国际社会应加大人道援助力度，特别是发达国家要切实履行援助义务。习近平主席提出构建人类命运共同体的重要思想，倡导国际社会共同弘扬“人道、博爱、奉献”精神。中国政府将一如既往地支持红十字人道主义事业，鼓励中国红十字会与国际红十字组织就“一带一路”建设等各领域加强务实合作。

莫雷尔高度评价中国对国际人道主义事业做出的贡献，感谢中方对红十字国际委员会的支持，希望同中方加强“一带一路”建设等各领域合作。

5月30日 全国人大常委会副委员长、中国红十字会会长陈竺在北京会见红十字国际委员会主席彼得·莫雷尔，双方就中国红十字会和红十字国际委员会进一步加强人道领域合作，特别是依托“一带一路”建设平台，共同应对日益严峻的国际人道危机与挑战，深入交换了意见。

陈竺对莫雷尔来访表示欢迎，对红十字国际委员会在中国红十字会参与国际人道主义事务方面给予的支持表示感谢，并向莫雷尔介绍了中国红十字会在国家“一带一路”框架下积极开展国际合作取得的最新成果。

陈竺说，“一带一路”国际合作高峰论坛召开一年来，在中国倡议和相关国家共同努力下，“一带一路”建设稳步前行。中国红十字会于2017年初成立了“丝路博爱基金”，并在该基金支持下与“一带一路”沿线的巴基斯坦、阿富汗、蒙古、叙利亚等国家红会密切合作，开展了许多深受当地民众欢迎的人道援助项目。

陈竺强调，多年来，红十字国际委员会和中国红十字会一直保持着良好的合作关系，面对复杂多变的国际局势和日益增加的人道需求，双方应继续致力于开展可持续性合作。中国红十字会将在中国政府及社会各界的支持下，更多地参与国际人道事务，与红十字国际委员会继续深化务实合作，特别是在“一带一路”沿线国家共同致力于开展援危助困、救济民生的人道主义项目，为促进世界和平发展、保护人的健康、实现人人享有尊严的生活而努力。

莫雷尔感谢中国红十字会对红十字国际委员会各项工作的支持，表示中国有着日益重要而广泛的国际影响力，近年来，中国红十字会在国际人道事务中发挥着越来越显著的作用，为国际红十字运动的发展做出了重要贡献。红十字国际委员会非常重视与中国红十字会的合作，将利用自身优势，支持红十字国际学院等中国红十字会重点项目的建设。同时，愿在共同感兴趣的领域进一步扩大与中国红十字会的良好合作，更好地在世界范围内积极开展人道主义救助活动。

双方签署了合作备忘录、工作人员派遣框架协议、救助肢体残疾者合作协议等。合作备忘录提出，中国红十字会与红十字国际委员会将共同参与“一带一路”建设，致力于把人道打造为“一带一路”倡议中的重要支柱之一，从人道角度助力构建人类命运共同体。双方一致表示，将进一步深化交流协作，尽快启动相关合作项目。

中国红十字会常务副会长徐科，副会长兼秘书长王平，以及红十字国际委员会亚太地区主任鲍里斯·米歇尔、红十字国际委员会主席中国事务个人特使白良、红十字国际委员会东亚地区代表处主任裴道博等参加会见。

陈竺（左）与莫雷尔签署合作备忘录

5 月 30 日　中华骨髓库 2018 年度 HLA（人类白细胞抗原）实验室技术培训班在四川省成都市举办。中华骨髓库、四川省红十字会以及来自全国 32 个省（区、市）分库、血液中心、实验室代表 90 余人参加培训。四川省红十字会常务副会长冉茂琴、中华骨髓库主任李黎等出席开班式。

5 月 31 日　“999 人道救助热线”开通发布会在北京市红十字会紧急救援中心举行。该热线由中国红十字基金会和北京市红十字会紧急救援中心共同开设，目前面向几种大病患儿和患者开通24小时热线服务，下一步将逐步扩大救助功能和范围，为更多求助者服务。

中国红十字会副会长、中国红十字基金会理事长郭长江，中国红十字基金会常务副理事长兼秘书长孙硕鹏，北京市红十字会常务副会长李宝峰等出席发布会，并为“999人道救助热线”揭牌。“999人道救助热线”是全国首个一站式受理的“智能化人道救助热线”，将面向全国开展服务，即日起北京求助者可拨打电话“999”，外埠求助者拨打“010-999”，可咨询人道救助项目或寻求相关服务和帮助。

6月6日　由中国红十字会总会和台湾红十字组织主办，福建省红十字会承办，厦门市红十字会协办的第八届海峡两岸红十字博爱论坛在厦门举行。中国红十字会副会长兼秘书长王平、台湾红十字组织常务监事召集人曹尔忠、国务院台湾事务办公室交流局副局长董碧幽、福建省红十字会常务副会长林圣魁、厦门市政协副主席陈昌生等出席论坛开幕式。来自中国红十字会总会、台湾红十字组织、香港特别行政区红十字会和福建、辽宁、江苏、浙江、江西、山东、湖北、云南等省红十字会的代表，以及台湾佛教慈济慈善事业基金会、中华耆人之扶发展协会、福建行政学院和台湾大学的120余名红十字工作者、志愿者、公益人士及专家学者，通过论坛研讨、主题分享会和实地参观等形式，进行了对话和交流。

据悉，自2011年第一届海峡两岸红十字博爱论坛成功举办并纳入海峡论坛子论坛以来，已经连续举办8届。论坛始终携手人道、聚焦民生，充分体现“保护人的生命和健康”宗旨，以深耕人道公益的坚守，展现出不凡的亲和力，凸显了红十字人道交流的可持续性，也使人道的理念得以不断发展与传承。海峡两岸红十字博爱论坛已经成为两岸红十字人和公益人士相识、相知、相聚的重要平台，为两岸民间互动注入了生机与活力，也彰显了红十字组织在不断促进两岸“加强交流、增进融合、共赢发展”方面的重要力量与作用。

6月7日至9日　为贯彻落实党的十九大关于推进志愿服务制度化建设的决策部署和国务院《志愿服务条例》精神，全国红十字志愿服务工作坊在北京举办，来自全国31个省级红十字会志愿服务工作负责人及红十字志愿者骨干90余人参加。

工作坊邀请了来自香港红十字会、中国红十字基金会、云南省红十字备灾救灾中心、上海志趣公益基金会、顺丰公益基金会等志愿服务工作领域的专家学者，以及长期从事红十字志愿服务工作的同人，就《志愿服务条例》、志愿服务项目管理、志愿服务项目评估与报告、红十字志愿服务信息管理系统等课题进行讲授，并采取平行分论坛的形式，围绕志愿者价值、志愿服务团队管理、志愿服务项目的传播和筹资四大主题展开深入讨论。

工作坊还安排了国际红十字与红新月运动七项基本原则团队建设活动、各省红十字会志愿服务项目成果展示以及红十字志愿服务项目路演。8 个获得总会资助的 2018 年红十字志愿服务发展一类项目团队负责人现场进行项目陈述，由来自中央文明办、北京师范大学、红十字会与红新月会国际联合会等方面的领导和专家现场点评。

工作坊亮点突出，内容丰富，得到了参训者广泛好评。未来，总会将进一步加强各级红十字会志愿服务工作人员的能力建设和骨干志愿者培训，为志愿者增能赋权，以推动志愿服务规范化发展。

6 月 8 日　中国红十字会副会长王海京、山东省红十字会常务副会长李全太等一行赴青岛市，调研青岛市红十字会参与服务保障上海合作组织青岛峰会等工作。

王海京一行听取了青岛市红十字会常务副会长王建中关于青岛红十字会参与服务保障上合峰会工作情况的汇报，并先后来到青岛市北红十字护老院、青岛海丽雅集团，详细了解青岛市红十字会参与养老服务和开展“第一响应人”应急救护培训等工作情况，对青岛市红十字会围绕中心、服务大局，充分发挥职能作用，服务保障上合峰会，着力促进民生改善，提升城市公共安全等工作给予充分肯定。

6 月 12 日　由 CCTV 微视与中国红十字基金会联合发起的“博爱足球队”项目在北京启动。中国红十字基金会副理事长刘选国、北京中电高科技电视发展有限公司代表刘冰等出席仪式。仪式上，CCTV 微视向中国红基会捐资 14.6 万元，支持组建 10 支“博爱足球队”，计划在山西阳泉和临汾的 10 所学校开展项目，主要资助学校购置足球队的足球服等装备，并由阳泉市足球协会为学生组织为期 1 年的足球训练，以推动资助学校开展足球运动。

6 月 14 日　为弘扬救死扶伤的人道主义精神，感谢献血者的无私奉献，营造全社会支持、参与无偿献血工作的良好氛围，由国家卫生健康委员会、中国红十字会总会、中央军委后勤保障部主办的第 15 个“世界献血者日”主题宣传活动全国主会场在四川大学举行，今年活动的主题是“为他人着想　捐献热血　分享生命”。

中国红十字会副会长王海京、国家卫生健康委员会医政医管局副局长周长强、中央军委后勤保障部卫生局李芳大校、四川省人民政府副秘书长何旅章、四川省卫生计生委主任沈骥、四川省红十字会常务副会长冉茂琴等出席活动。王海京在讲话中向多年来积极参与无偿献血事业的所有献血者和志愿者，以及支持无偿献血事业发展的社会各界爱心人士致以崇高的敬意和衷心的感谢。与会领导还为四川省无偿献血特别贡献奖、杰出奉献奖和终身荣誉奖获得者颁发荣誉证书。终身荣誉奖获奖代表邓健全和宣传大使代表张山发出献血倡议。

活动现场点亮了2018年“世界献血者日”主题宣传活动暨《中华人民共和国献血法》实施20周年总结宣传季活动标志，推出了四川省首个无偿献血吉祥物大熊猫“雪宝”。活动结束后，与会领导、嘉宾带头献血，在场的公务人员、医务人员、部队官兵、大学师生积极参加无偿献血，用实际行动号召社会各界积极行动起来，参与无偿献血，挽救更多人生命。

6月21日至27日 由商务部、中国红十字会总会主办，中国红十字会总会训练中心承办的“2018年尼泊尔通道建设和灾后重建能力研讨班”在北京举办。中国红十字会副会长兼秘书长王平出席开班式并致辞。此次研讨班主题为“通道建设和灾后重建能力”，来自交通运输部、中国红十字会、对外经济贸易大学、北京师范大学等部门、单位的专家教授及相关人员围绕研讨班主题，分别介绍中国政府、中国红十字会以及社会组织在通道建设、灾后重建等领域的工作和经验。

尼泊尔总理府、财政部、文化旅游和民航部、国家重建委员会、城市发展部、基础设施与运输部以及特里布文大学的25名政府官员和专家学者参加研讨班，共同探讨并交流了灾后重建和道路建设与运输领域的经验和案例。

6月23日 由中国、意大利、加拿大三国红十字会共同举办的纪念亨利·杜南和诺尔曼·白求恩人道精神研讨会，在索尔费里诺所在的意大利布雷西亚市举办。红十字会与红新月会国际联合会主席、意大利红十字会会长弗朗西斯科·罗卡主持研讨会，中国红十字会副会长王汝鹏，加拿大红十字会原董事会主席、国际联合会领委会成员莎拉在会上致辞，来自中国的红十字青年代表任艺也在会上发言。应邀出席纪念活动的红十字会与红新月会国际联合会部分领委会成员出席了会议。

当天，中国红十字会代表团与来自60多个国家的红会代表和近万名志愿者一起参加了在索尔费里诺举行的“火炬游行”大型纪念活动。在“火炬游行”启动仪式现场，王汝鹏向弗朗西斯科·罗卡转交了中国红十字基金会捐赠的100辆“博爱单车”。

6月29日 中国红十字会第十届理事会第五次会议在北京召开。会议根据《中华人民共和国红十字会法》和《中国红十字会章程》，聘请国家副主席王岐山为中国红十字会名誉会长。全国人大常委会副委员长、中国红十字会会长陈竺出席会议并讲话，中国红十字会常务副会长徐科主持会议，中国红十字会第十届理事会理事出席会议。

陈竺指出，王岐山同志担任中国红十字会名誉会长，充分体现了以习近平同志为核心的党中央对我国红十字事业的高度重视和亲切关怀，全国广大红十字工作者备受鼓舞、倍感振奋。这次会议对于全国各级红十字会增强信心、振奋精神，扎实有效地做好各项工作，促进中国特色红十字事业持续健康发展，服务决胜全面建成小康社会，具有十分重要的意义。

陈竺对中国红十字会十届四次理事会以来的工作给予充分肯定，对2018年下半年红十字会改革发展的各项工作提出了要求。他强调，红十字会系统要始终把学习宣传贯彻党的十九大精神作为首要政治任务，自觉以习近平新时代中国特色社会主义思想为指引，坚持中国特色社会主义群团发展道路，推进红十字事业持续健康发展。要全力打造红十字精准扶贫项目，助力国家脱贫攻坚战略；注重发挥总会和地方两个积极性，积极参与国家“一带一路”建设；要不断推进改革，继续着力做好监事会设立工作；以创新的精神，扎实做好人道资源动员；加快推进信息化建设，为公信力提升奠定坚实技术基础；要积极筹建红十字国际学院，大力促进红十字人才队伍建设。

会议还审议通过了《中国红十字会第十届理事会人事变更情况报告》，宣读了致离任中国红十字会名誉会长、名誉副会长的感谢信，听取了中国红十字会助力扶贫攻坚工作进展情况和中国红十字会参与“一带一路”建设工作进展情况报告。

6月29日 中国红十字基金会携手广东天普生化医药股份有限公司举行“关爱急性血栓性脑梗死患者公益项目——凯启计划”2018年项目启动会。天普药业向中国红十字基金会捐赠款物价值588.5万元，用于支持开展2018年度“凯启计划”。

“凯启计划”是由中国红基会与天普药业于2017年联合发起的关爱急性血栓性脑梗死患者的公益项目。截至2018年5月底，“凯启计划”向患者捐赠款物400万元，395名患者受益，并在全国51家合作医院开展线上线下医生培训，惠及上海、江苏、广东、广西、河南、黑龙江、辽宁、山东、山西、甘肃、内蒙古等11个省（区、市）。

7月3日 中国红十字会副会长、中国红十字基金会理事长郭长江一行赴“天使阳光基金”定点医院广东省惠州市第一人民医院，调研该院开展先心病患儿救助情况，并看望正在手术治疗的患儿。

在惠州期间，郭长江一行还调研了惠州市红十字救护站，观摩了水上救援队开展的应急救护和水上应急救援演练，出席了惠州市红十字会与惠州市第三人民医院合作建设的生命健康安全体验馆启动仪式。

据悉，“天使阳光基金”迄今已累计救助1万余名先心病儿童。惠州市第一人民医院是中国红基会在全国设立的第50所、广东第2所救助贫困先心病儿童定点医院。该院的加盟进一步加强了中国红基会对贫困先心病儿童的救助力量，也为粤东地区受助患儿提供了优质的医疗技术和便捷的救治条件。

7月8日 中国红十字会总会启动四级应急响应，自江西省红十字会备灾救灾中心调拨赈济家庭包2000个、毛巾被2000床，同时拨付紧急救灾备用金5万元，款物价值共计78.76万元，用于支持当地红十字会开展救灾工作。

近日，江西省爆发严重暴雨洪涝灾害，造成9市39个县（市、区）91.5万人受灾，1人死亡，10.2万人紧急转移安置，1676户4625间房屋倒损，农作物受灾70.6千公顷，因灾直接经济损失达10.1亿元。

7月12日 中国红十字基金会紧急启动“天使之旅——四川抗洪行动”，派出工作组前往灾区一线组织救灾工作，并紧急从四川省眉山备灾中心调拨2000只赈济家庭箱驰援灾区。据悉，截至7月6日，四川省9市（自治州）23个县（市、区）共计逾21.1万人受灾，4人因房屋倒塌死亡，1.2万人紧急转移安置，1200余人需要紧急生活救助，直接经济损失超3亿元。

7月17日 中国红十字会总会召开了2019年预算编制工作动员会，中国红十字会副会长王汝鹏出席会议并做动员讲话。会议总结了总会各部门、各直属单位的预算管理进展情况，通报了上半年的预算执行情况和2017年度绩效评价结果，提出了有关内部控制建设的工作要求，并对2019年预算编制工作进行了部署。

7月20日 2018年第一期曜阳养老护理员培训班结业暨红十字福寿安康养老服务基地授牌仪式在山西省大同市第五人民医院举行。中国红十字会总会事业发展中心主任江丹，以及山西省卫计委主任李凤岐、省红十字会常务副会长郑红、大同市副市长郭蕾等出席授牌仪式并致辞。

7月22日 中国红十字基金会启动“天使之旅——甘肃、内蒙古行动”，向甘肃、内蒙古暴雨洪涝灾区各援助2000只赈济家庭箱，并派出救灾工作组赴灾区组织家庭箱配送工作。至此，中国红基会应对今夏暴雨洪涝灾情已援助灾区赈济家庭箱1万只。

7月26日 中国红十字青年骨干训练营在云南昆明开营，来自北京等14个省（区、市）的107名红十字青年骨干参加培训。

训练营由中国红十字会总会、香港红十字会联合主办，红十字会与红新月会国际联合会、红十字国际委员会支持，云南省红十字备灾救灾中心承办。培训授课师资团队由北京、天津、上海、香港四地红十字青年骨干，以及浙江、江苏两地探索人道法师资组成。训练营还邀请了来自玛丽斯特普国际组织、中国红十字（云南）大众卫生救援队等资深师资进行专题分享。

7月27日 河北省第十三届人大常委会第四次会议表决通过了《河北省实施〈中华人民共和国红十字会法〉办法》，自9月1日起施行。这标志着河北省成为新修订的《中华人民共和国红十字会法》正式施行后，全国首个出台实施办法的省份，为推动新时期河北省红十字事业高质量发展提供了法治保障。

7月27日 由中国红十字会淘宝公益基金、阿里巴巴公益主办，中国红十字基金会承办的全国“魔豆妈妈”创业扶贫大赛决赛在北京落幕。40名“魔豆妈妈”齐聚北京，通过路演和专家评审角逐20名全国“优秀魔豆妈妈”。

据悉，“魔豆妈妈”项目是2010年由阿里巴巴集团捐赠1000万元与中国红十字会总会共同发起，设立中国红十字会淘宝公益基金，在全国范围内寻找“身处困境但自强不息”的困难母亲群体，为她们提供电商创业、就业技能培训，确保她们通过电商创业、就业获得可持续收入，实现有尊严的脱贫。8年来该项目已帮助了8300余名困难母亲。

7月28日 由中国红十字会总会、台湾红十字组织共同举办的“2018海峡两岸红十字青少年人道之旅暨夏令营”活动在台湾开营。来自大陆和台湾高校近60名红十字青少年参加。夏令营为期8天，两岸红十字青少年将组成小队参加各种活动，开启一场别开生面的红十字人道传承之旅。

7月31日 中国红十字基金会第四届理事会第五次会议在湖北省英山县召开。中国红十字会副会长、中国红基会理事长郭长江主持会议。会议听取并审议了中国红基会2018年上半年工作报告和财务报告，对下半年工作做出安排部署。

与会人员围绕工作报告、财务报告，聚焦健康扶贫、参与“一带一路”建设、资源动员、互联网公益等话题展开热烈讨论，并就下一步的工作发表了意见和建议。会议提出，要围绕国家精准扶贫中心任务，建立良好的扶贫生态，发展健康精准扶贫，逐步减少因病致贫、因病返贫的发生率；要根据国家“一带一路”倡议和“红十字与‘一带一路’同行”的部署，发挥红十字的优势，加大国际援助力度；要加强社会资源动员，尤其是通过互联网资源动员，吸引公众小额筹款，链接社会公众，增加捐赠人的“黏性”；要加强品牌传播能力建设，梳理项目子品牌，打造红基会品牌矩阵。

郭长江在总结讲话时指出，本次理事会选择在中国红十字会对口扶贫县英山县召开，是为了进一步加大调研督导力度，促进精准扶贫项目更好落实，从而为英山脱贫攻坚尽我们的一份力量。这也是中国红基会首次在京外召开理事会，是加强理事参与、完善理事会治理的一次有益尝试。我们将这次特殊的理事会视为不忘初心主题教育实践活动，也是新时代新气象新作为的具体体现。

本月　福建省遭受“玛莉亚”台风灾害，共造成8市70个县（市、区）71.8万人受灾，9100间房屋倒损，22.26万人紧急转移安置，因灾直接经济损失达22.6亿元。中国红十字会总会启动四级应急响应，根据灾区需求，从福建省红十字会备灾中心调拨家庭包3000个、毛巾被3000床、夹克衫700件，物资价值共计89.326万元，用于支持当地红十字会开展灾害救助工作。

本月　山东省遭受洪涝灾害，中国红十字会总会根据山东省红十字会上报的灾情及需求，启动四级应急响应，从山东省红十字会备灾中心调拨赈济家庭包2000个，从青岛市红十字会备灾中心调拨单帐篷100顶，物资价值共计65.722万元，支持当地红十字会开展灾害救助工作。

8月6日　中国红十字会援助蒙古国“博爱单车”项目交接仪式、“天使之旅——‘一带一路’人道救助计划蒙古国行动”和“蒙古国光明行”三项人道行动启动仪式，在中蒙边境的内蒙古自治区二连浩特市举行。

该活动由中国红十字会主办，中国红十字基金会、内蒙古自治区红十字会承办，锡林郭勒盟红十字会、二连浩特市政府协办。中国红十字会副会长、中国红十字基金会理事长郭长江，蒙古国红十字会秘书长宝乐尔玛，红十字会与红新月会国际联合会东亚地区代表处北京办公室灾害管理代表巴拉姆出席活动，分别代表中蒙国家红十字会、红十字国际组织签署合作协议，并向负责开展先心病筛查救助的中国红十字援外医疗队授旗。内蒙古自治区副主席、自治区红十字会会长欧阳晓晖向赴蒙古国开展白内障患者筛查救助的医疗队授旗。

中国红十字基金会常务副理事长兼秘书长孙硕鹏在致辞中表示，根据中国红十字会参与国家“一带一路”建设的统一部署和中蒙两国红十字会人道交流合作协议，2018 年中国红十字基金会“丝路博爱基金”将继续开展“天使之旅——‘一带一路’人道救助计划蒙古国行动”，完成救助百名蒙古国先心病儿童一期计划；联合内蒙古自治区红十字会启动“蒙古国光明行”项目，每年为百名蒙古国白内障患者进行免费手术，5 年将有 500 名白内障患者在中蒙红会的合作下重见光明；中国红十字基金会及内蒙古自治区红十字会同时向蒙古国捐赠了 150 辆“博爱单车”，用于支持蒙古国红十字志愿者在应急救护、防灾减灾、健康干预、道路安全倡导和社会融入行动等领域开展志愿服务。

8 月 12 日　“一带一路”沿线国家红十字青年交流营在北京开营。本次交流营由中国红十字会总会、红十字会与红新月会国际联合会共同举办。来自日本、孟加拉国、蒙古、哈萨克斯坦、缅甸、马来西亚、越南等国的红十字会或红新月会青年代表，与北京、天津、上海、江苏、山东、湖南等省（区、市）及香港、澳门的红十字青年骨干共聚一堂，开启为期 7 天的青年人道教育之旅。

中国红十字会副会长郭长江出席开营仪式并讲话，红十字会与红新月会国际联合会宣传与倡导代表伊丽莎白·茉莉在开幕式上致辞。

据悉，“一带一路”沿线国家青年交流营是中国红十字会“红十字与‘一带一路’同行”战略的组成部分。中国红十字会已经连续两年举办这一青年交流活动。通过国际交流营这一平台，普及红十字运动知识和人道理念，传播非暴力和平文化，倡导面对不同文化的开放包容、互学互鉴，助力在沿线国家青年中形成相互欣赏、相互理解、相互尊重的人文格局。

8 月 16 日　中国红十字会援助叙利亚大型多功能移动医疗单元在叙利亚首都大马士革完成交接。该套移动医疗单元由两辆医疗大巴、两辆救护车组成，配备 X 光机、B 超机、除颤仪、远程诊疗系统等，具备移动医疗和远程医疗功能，可为当地民众提供基本诊疗、手术、体检、医疗转运等综合性卫生服务。

另外，叙利亚战乱导致 120 余万难民进入黎巴嫩境内。中方项目组两次深入黎巴嫩首都贝鲁特的西贝卡谷地叙难民聚集社区开展调研评估。经与红十字会与红新月会国际联合会中东北非办公室、黎巴嫩红十字会、叙利亚红新月会研究，中国红十字会将为在黎境内的叙利亚难民提供卫生供水、光伏发电、医疗卫生以及过冬物资等方面的人道援助——这是中国红十字会首次针对难民社区开展的综合性人道援助项目。

本月 经中共贵州省委、省人民政府研究决定，同意命名85个单位（场所）为第六批“贵州省爱国主义教育基地”，中国红十字会救护总队图云关旧址名列其中。

本月 受台风、暴雨等极端天气影响，我国多地发生洪涝等自然灾害，中国红十字会总会根据法定职责，开展救灾救助工作，共对14个省份启动应急响应23次（三级响应3次，四级响应11次，特殊响应3次，追加救助6次），向灾区调拨赈济家庭包32600个、毛巾被20500床、服装16700件、棉被5000床、单帐篷550顶、折叠床500张，并拨付紧急救灾备用金356.61万元，款物价值共计1517万元，用于支持当地红十字会开展灾害救助。

其中，总会积极协调红十字会与红新月会国际联合会、香港红十字会、澳门红十字会对灾区进行救助，为四川、甘肃提供联合会救灾资金222.92万元，为山东、安徽提供香港红十字会、澳门红十字会救灾资金78.68万元。各受灾地红十字会也积极派出救灾工作组或调派救援队伍在一线参与评估灾情、发放物资等救灾工作。

9月11日 由中国造血干细胞捐献者资料库（中华骨髓库）管理中心主办的纪念第四个“世界骨髓捐献者日”活动暨“造血干细胞捐献者，你还好吗”主题采风媒体分享会在北京举行。中国红十字会副会长兼秘书长王平、中华骨髓库管理中心主任李黎等出席活动。

国家卫生健康委员会、国家海关总署、中国民用航空局、国家邮政局、北京海关等部门负责人，以及近30家中央媒体、中华骨髓库捐献者、志愿者代表，共120余人参加等活动。

9月12日 由中国红十字会总会、广西壮族自治区人民政府主办，广西壮族自治区红十字会承办，红十字会与红新月会国际联合会支持的“中国-东盟红十字博爱论坛”在南宁开幕。

中国红十字会副会长兼秘书长王平、广西壮族自治区副主席黄俊华等出席论坛开幕式并致辞。红十字会与红新月会国际联合会东亚地区代表处主任彭玉美、红十字国际委员会东亚地区代表处高级政治顾问郭阳到会致辞。

本届论坛纳入第15届“中国-东盟博览会”总体框架，以“共同引领、共同行动、共享未来”为主题，积极探索和促进中国红十字会与东盟各国红会在公共卫生、社区抗灾、应急救援等方面的发展，助力各国在人道主义领域的交流与合作。

柬埔寨、老挝、马来西亚、缅甸、新加坡、泰国、越南等东盟国家红会派出代表团参会。红十字会与红新月会国际联合会，红十字国际委员会，以及湖北、辽宁、山西等省红十字会，澳门红十字会，总会机关、部分直属单位代表及专家、学者和爱心企业代表共100余人参加了开幕式。

9月18日 全国红十字报刊宣传工作会议在湖南长沙召开。中国红十字会副会长王汝鹏出席会议并讲话。湖南省人大常委会党组成员、省红十字会会长李友志出席会议并致辞。

会议表彰了2018年度全国红十字报刊宣传工作先进集体和先进个人，颁发了2018年度优秀新闻作品奖。上海市、山东省、陕西省咸阳市、江苏省南通市、河南省郑州市、安徽省宿州市、辽宁省丹东市、四川省成都市青白江区、江苏省南京市秦淮区等地方红十字会在会上做了经验交流。各省级红十字会和部分市、县红十字会负责人及宣传工作者参加会议。

9月27日 全国人大常委会副委员长、中国红十字会会长陈竺到宁夏调研红十字会工作并召开座谈会。宁夏回族自治区主席咸辉主持座谈会并讲话，中国红十字会副会长兼秘书长王平出席座谈会。会上，中国红十字会总会分别与宁夏回族自治区人民政府签署精准扶贫战略合作备忘录，与宁夏医科大学总医院签署参与“一带一路”倡议合作备忘录。

陈竺一行还来到宁夏红十字会备灾物资储备库，实地查看赈济救灾物资储备管理使用情况，观看了解了中国红十字（宁夏）赈济救援队装备、搭建的帐篷以及近年来的救援工作。随后，听取了宁夏红十字会的工作汇报。陈竺指出，近年来，宁夏红十字会充分发挥党和政府在人道领域的助手和联系群众的桥梁纽带作用，一些工作走在了全国前列。特别是参与国际国内救援、造血干细胞捐献、志愿服务、机关党建等工作有特色、有影响，红十字事业开创了新局面、取得了新成绩、展示了新风采，实现了“小省区大作为”的宏大志向，赢得了各级组织的认可和赞誉。当前，脱贫攻坚已经进入攻坚拔寨、啃硬骨头的关键阶段，宁夏各级红十字会要在习近平新时代中国特色社会主义思想和习近平总书记关于红十字事业发展的重要指示精神指引下，围绕中心、服务大局，在脱贫攻坚、全面建成小康社会中积极所为；大力推进《红十字会法》的贯彻落实，依法治会、依法兴会；全面落实中央群团改革精神，进一步加强自身能力建设；大力加强“三救”“三献”和红十字青少年等核心业务工作，不断提高各项工作能力和水平；扎实有效做好红十字健康精准扶贫试点工作，为全国红十字会系统健康精准扶贫工作全面铺开打牢基础、做出表率。希望自治区党委和政府一如既往地支持红十字会工作，帮助协调解决实际困难和问题，切实推动宁夏红十字事业全面发展。

9月24日 国务院办公厅印发《中国红十字会总会改革方案》，明确中国红十字会是党领导下的群团组织，是从事人道主义工作的社会救助团体，是党和政府在人道领域的助手和联系群众的桥梁纽带。推进中国红十字会改革，是深入贯彻落实习近平总书记在中央党的群团工作会议上的重要讲话精神的重要举措，是按照中央关于全面深化改革的总体部署和《中共中央关于加强和改进党的群团工作的意见》要求，深化党的群团改革工作的具体实践。

《方案》明确了中国红十字会总会改革的指导思想、基本原则、主要目标。《方案》提出，要全面贯彻党的十九大和十九届二中、三中全会精神，坚持以习近平新时代中国特色社会主义思想为指导，牢固树立政治意识、大局意识、核心意识、看齐意识，认真落实党中央、国务院决策部署，统筹推进“五位一体”总体布局和协调推进“四个全面”战略布局，以保持和增强政治性、先进性、群众性为目标，坚定不移走中国特色社会主义群团发展道路，培育和践行社会主义核心价值观，弘扬“人道、博爱、奉献”的红十字精神，推进改革创新，加强自身建设，真心关爱群众，着力提高服务能力和水平，为推进红十字事业持续健康发展、实现“两个一百年”奋斗目标和中华民族伟大复兴中国梦、促进人类和平进步事业做出积极贡献。红十字会改革必须坚持党的领导，坚定正确方向；必须坚持依法依规治会，认真履行职责；必须坚持人道宗旨，服务困难群众；必须坚持改革创新，推动健康发展；必须坚持问题导向，加强自身建设。通过深入推进改革，保持和增强总会政治性、先进性、群众性，积极推进红十字会治理结构、人事制度、运行机制和工作方式等方面改革创新，建设理想信念坚定、联系群众密切、作风扎实过硬、组织体系健全、运行机制科学、更加公开透明、更具公信力的红十字组织，成为促进社会和谐的重要力量、精神文明建设的生力军和民间外交的重要渠道。

《方案》从7个方面提出了具体改革措施：改进治理结构，优化机构设置；改革组织人事制度，密切机关干部与群众的联系；加强基层组织和阵地建设，动员社会力量广泛参与；加强公信力建设，提高人道服务能力；加强理论研究，大力开展宣传工作；参与国际红十字运动事务，加强交流合作；加强党的领导，加大党委和政府对红十字工作的支持力度。《方案》要求，要加强组织领导，凝聚改革共识，明确工作要求，统筹协调推进，强化督促检查，确保改革措施落到实处。

9月27日 全国首个省级红十字志愿者协会在重庆成立并召开第一次会员大会，首批82名会员参加大会。重庆市红十字志愿者协会是由重庆市红十字志愿服务组织和红十字志愿者自愿组成的全市性社会团体，是公益性非营利性社会组织。重庆市红十字会秘书长徐伟当选重庆市红十字志愿者协会会长。

9月28日 中国红十字会援助伊拉克人道救援设备在深圳启运，中国红十字基金会理事长郭长江、伊拉克驻华使馆代表纳吉等出席活动。

据悉，此次中方援助的人道救援设备是一套大型多功能移动医疗单元，由两辆医疗大巴、两辆救护车组成，具备移动医疗和远程医疗功能，配有医疗舱、综合急救箱、心电图机、除颤监护仪等专业医疗设备，可为当地民众提供基本诊疗、手术、体检、医疗转运等综合性卫生服务。整套设备的设计采用国内顶尖技术，针对伊拉克国内局势设计，旨在为武装冲突地区民众提供更高效、快捷的紧急医疗救治。每辆医疗车的内部配置可以达到国内甲等医院的仪器水平。

本月 中国红十字基金会启动“天使之旅——青海行动”，驰援青海省暴雨洪涝地区赈济家庭箱1000只。其中，在互助县发放100只，在华隆县发放200只，在循化县发放100只，在乐都区发放300只，在民和县发放300只。中国红基会工作组迅速前往前方，组织赈济家庭箱的装配发放工作。

据悉，入汛以来，青海省海东市出现持续强降雨天气，局部地区达到大暴雨级别，创历史极值，共造成全市6县（区）66个乡镇、1个管委会1138个村的、11.3万户48万人受灾，4人死亡、5人受伤。8月31日至9月3日，全市又出现连续降雨过程，由于降雨量大，民和、华隆和循化等县部分乡镇发生洪涝和泥石流灾害，致使9座桥梁被冲毁，多处发生山体滑坡，道路被毁。

此前，为应对入汛以来全国多地大到暴雨天气造成的洪涝灾害，中国红基会相继在7月12日启动“天使之旅——四川抗洪行动”，7月17日启动“天使之旅——重庆行动”，7月22日启动“天使之旅——甘肃行动、内蒙古行动”，8月25日启动“天使之旅——山东抗洪行动、安徽抗洪行动”。至此，中国红基会应对今夏暴雨洪涝灾情已援助赈济家庭箱16100只，累计发放逾124519只，总价值近4000万元。

10月19日至25日 中国红十字会副会长王海京率团访问克罗地亚和格鲁吉亚红十字会。同时，王海京一行作为唯一的亚洲国家红会代表，出席了克罗地亚红十字会成立140年庆祝活动，并转达了陈竺会长的祝贺。

红十字会与红新月会国际联合会主席弗朗西斯科·罗卡、秘书长哈吉·阿西、欧洲区副主席凯雷姆·科纳克，红十字国际委员会欧洲与中亚区主任帕特里克·维亚，以及来自13个欧洲国家红会的代表和克罗地亚政府相关部门的高层领导参加了克罗地亚红十字会的庆祝活动。访问期间，王海京与克罗地亚红十字会会长约瑟普·耶利奇和执行会长罗伯特·马克特进行了会面，并参观考察了克罗地亚红十字会物流中心和寻求庇护者接待中心。

在访问格鲁吉亚期间，王海京与格鲁吉亚红十字会会长纳蒂娅·劳拉茨进行了会见，就两国红十字会共同感兴趣的领域和未来合作方向进行了交流和探讨。代表团还与格鲁吉亚中央政府派驻克维莫-卡特利州代表绍塔·列赫维拉什维利和鲁斯塔维市市长伊拉克利·塔巴古阿进行了会见，就格鲁吉亚红十字会区域性备灾中心建设进行了探讨。随后，代表团考察了格鲁吉亚红十字会位于卡赫季州代多普利斯茨卡罗市的卫生站，并与副市长马尔卡斯·梅拉比什维利进行了会面。

此次出访是中国红十字会第一次正式访问格鲁吉亚红十字会，也是中国红十字会时隔多年再次访问克罗地亚红十字会，是在“一带一路”框架下深化与两国红十字会双边关系的重要举措。此次访问达到了预期目的，为中国红十字会与两国红十字会的进一步合作奠定了基础。

10月24日 27名病情危重及当前最宜实施手术的阿富汗先心病患儿和家长在阿富汗红新月会领队的陪同下，乘机飞抵新疆乌鲁木齐，将在新疆医科大学第一附属医院接受免费手术治疗。至此，中国红基会已实现救助100名阿富汗先心病患儿的目标。

10月25日至26日 中国红十字会人道传播与创新项目督导评估工作会在湖北武汉召开，来自全国32个省级红十字会、15个项目执行单位负责人参加会议。会议展示了2018年人道传播与创新项目实施情况并进行了督导评估，就深入推进网上红十字会建设进行了认真研讨。中国红十字会副会长王汝鹏出席会议并讲话。

据悉，中国红十字会总会、红十字国际委员会从2016年开始联合开展人道传播与创新项目，共支持、指导23个省、市红十字会在网络人道传播、网上人道服务、网上组织建设等方面开展创新性工作，先后推出了“江小红的人道课堂”（江西）、“红十字生命教育在线平台”（浙江）、“红心侠博@”（重庆）、“博爱夜读”（武汉）、“红十字一键救援服务”（南京）等23个人道传播与创新项目，在社会上产生了积极影响。红十字国际委员会和中国红十字基金会有关负责人，还分别围绕互联网人道传播和人道资源动员进行了主题分享。

10月26日 中国工商银行、中国红十字会、五粮液集团、顺丰集团、百度集团、中央广播电视总台央广网、本来生活、沱沱工社等在成都联合发起成立“精准扶贫美好生活联盟”。该联盟将以金融机构、公益组织、权威媒体、产品和物流龙头企业为核心成员，以工行“融e购”电商平台为线上主要载体，打造“大型银行+中央媒体+物流通道+运营直销”的产业扶贫生态链。

中国红十字会总会扶贫办副主任、赈济救护部部长李立东出席联盟计划启动大会暨精准扶贫高峰论坛，并发表主旨演讲。他表示，贫困威胁人的生命、健康和尊严，是当今世界最为严峻的人道挑战之一。消除贫困是联合国可持续发展目标的首要目标，也是红十字人道使命的题中之意。他强调，中国红十字会是党和政府在人道领域联系群众的桥梁和纽带，是党和政府在人道领域的得力助手，积极参与精准扶贫、精准脱贫，既是发挥党和政府人道领域助手作用的具体举措，也是践行红十字会人道使命的必然要求。中国红十字会将与联盟各方携手，共同编织“一头牵着贫困户脱贫致富希望，一头系着消费者美好生活需求”的纽带，扶贫创新，共创美好生活。

10月31日 由中国红十字会总会与香港红十字会主办、天津市红十字会承办的全国红十字青少年工作培训班在天津开班。中国红十字会副会长王汝鹏出席开班式并讲话，天津市副市长、市红十字会会长曹小红在开班式上致辞。天津、香港、澳门红十字会，红十字国际委员会、红十字会与红新月会国际联合会代表出席开班式。来自全国各省级红十字会分管红十字青少年工作的领导及部门负责人参加培训。

11月6日 中国红十字会副会长王汝鹏，新疆维吾尔自治区政协常务副主席、自治区红十字会会长程振山，中国驻阿富汗大使刘劲松，新疆红十字会常务副会长隋霞，中国红基会副理事长刘选国等来到新疆医科大学第一附属医院，看望即将回国的27名阿富汗儿童，并为他们送上中国红基会特别准备的“英雄能量包”。

在随后召开的座谈会上，王汝鹏回顾了“天使之旅阿富汗行动”的历程，对新疆维吾尔自治区党委政府、相关医务人员及捐赠企业给予的支持和帮助表示衷心感谢。王汝鹏并代表中国红十字会向新疆医科大学第一附属医院颁发了人道服务纪念证书，向刘劲松大使和做出突出贡献的10名医护人员颁发了人道服务奖章。

11月8日 为深入贯彻落实国务院办公厅印发的《中国红十字会总会改革方案》，中国红十字会总会召开改革工作动员会。中国红十字会党组书记梁惠玲做动员讲话，党组成员、副会长王海京、王汝鹏出席，党组成员、副会长兼秘书长王平主持会议。

梁惠玲在会上做动员讲话

梁惠玲强调，推进总会改革是对红十字会发展能力的重大考验。我国社会主要矛盾已经转化为人民日益增长的美好生活需要和不平衡不充分的发展之间的矛盾，人道服务的需求和方式也势必会发生转变。随着我国国际地位的不断提升，世界对我国在国际事务中发挥更大作用也有了更高期望，推动构建人类命运共同体为红十字会发挥作用提供了更宽的领域，对红十字会的实力、能力、活力都提出了新的更高要求，使红十字事业发展面临新的挑战。要通过深化改革，主动自觉地转职能、转方式、转作风，着力改进治理结构，优化机构设置，改革组织人事制度，增强创新活力，提高创新能力，提升人道服务水平，不断增强红十字会的影响力、公信力和凝聚力。

梁惠玲对贯彻落实好改革方案提出了3点要求：一是要坚持改革的

正确方向；二是要以重点突破实现改革的总体推进；三是坚持高标准高质量，实化细化总会改革具体措施。中国红十字会总会机关全体干部、各直属单位领导班子成员参加会议。

11月9日至10日 以“构筑人道桥梁”为主题的东吴国际人道交流合作研讨会在江苏苏州举行。这是中国红十字会为加强红十字国际人道交流合作、推动共建共享人道教育体系、促进新时代红十字事业持续健康发展而组织的一次国际交流活动。本次研讨会正值第十届红十字会与红新月会国际联合会亚太地区大会召开前期，将有助于中国红十字会更好地参与国际人道事务，彰显负责任大国红十字组织形象，推动共建人类命运共同体。全国人大常委会副委员长、中国红十字会会长、红十字会与红新月会国际联合会副主席陈竺主持研讨会并讲话。来自红十字会与红新月会国际联合会、红十字国际委员会以及瑞典、阿富汗、叙利亚、伊拉克、土耳其等国家红会代表参加研讨交流。外交部、中联部、国家国际合作发展署、应急管理部、教育部等部委有关人员参加会议。

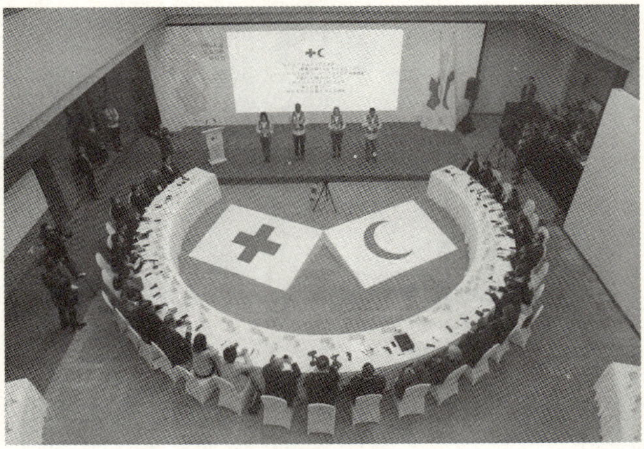

东吴国际人道交流合作研讨会现场

陈竺在讲话中表示，当今世界互联互通、融合发展，但同时又矛盾交织、经济乏力，人道领域面临巨大挑战。红十字运动成员彼此增强沟通交流、联合行动的必要性和急迫性大大增强。面对复杂严峻的人道主义危机，没有一个国家红会能够独自应对，必须从构建人类命运共同体的高度，重新定义和谋划全球人道事务分工，形成人道资源多方供给、人道行动协同推进的多元治理格局。

陈竺指出，中国红十字会于2017年成立的“丝路博爱基金”，已在23个国家开展人道行动，在援助的同时，也与各国红会建立了良好的战略合作伙伴关系，学习了许多有益的经验。中国红十字会将与红十字国际委员会、红十字会与红新月会国际联合会和各国红会一起，继续深化务实合作，共同致力于开展援危助困、救济民生的人道主义项目，积极培育救援、救护、救助服务体系，努力促进民心相通，助力构建人类命运共同体。

陈竺主持研讨会并讲话

陈竺表示，为促进人道事业更专业、更可持续地发展，智力和人才支撑至关重要，需要在共建共享人道教育方面进行深入合作和积极探索。为此，中国红十字会提出了建设红十字国际学院项目动议，希望为推动全球领域的人道教育和传播尽自己的一份力量。

中国红十字会党组书记梁惠玲、江苏省人民政府副省长陈星莺、外交部国际司参赞李集涓、红十字会与红新月会国际联合会秘书长哈吉·阿西、红十字国际委员会东亚代表处主任裴道博、马海德基金会会长周幼马分别致辞。研讨会期间，与会人员参观了“红十字运动在中国系列展览之百年东吴与红十字运动”主题展览，调研走访了社区红十字服务站、景区红十字救护站，参观考察了苏州立升净水科技有限公司、苏州鱼跃医疗科技有限公司。

研讨会由中国红十字会主办，中国红十字基金会、苏州大学、苏州市红十字会承办。中国红十字会副会长兼秘书长王平、苏州市市长李亚平、苏州大学党委书记江涌以及江苏省人大、省政府、省红十字会，苏州市政府、市红十字会等相关部门负责人参加了研讨交流活动。

11 月 11 日　红十字会与红新月会国际联合会第十届亚太地区大会青年论坛在菲律宾马尼拉举行。中国红十字会青年代表及亚太、中东地区其他国家红会青年代表参加了论坛。

红十字会与红新月会国际联合会副主席、全国人大常委会副委员长、中国红十字会会长陈竺出席青年论坛开幕式，与来自亚太、中东地区41个国家红会的青年工作者、志愿者代表进行了亲切交流。

青年论坛期间，中国红十字会青年代表与国际联合会主席、副主席和各国红会代表频繁互动、密切交流，积极发挥青年参与人道事务的积极作用。中国红十字会青年代表、东亚地区青年网络主席任艺召集了“人道主义教育促进青年参与和赋权”为主题的非正式会谈，向与会代表介绍了中国红十字会在人道主义教育领域的实践成果和行动路径，并与参会代表针对人道主义教育实施过程中面临的挑战进行了讨论，鼓励大家分享各自在本地实践中卓有成效的应对措施。青年代表陈亿翘、吴新利参加了“社区行动与青年参与”“本地行动——急救和献血”“现代社会中的志愿服务”等主题讨论。

青年论坛启动了“人道马拉松”行动，就应对气候变化、本地社区行动、非暴力与和平文化、十亿人恢复力联盟、现代社会中的志愿服务等5个主题，组织青年分组讨论，开展头脑风暴，提出各自小组的解决方案。中国红十字会青年代表就“吸引并保持运动中的青年志愿者”的主题代表研讨小组在大会上做行动计划报告。报告呼吁各国红会支持青年网络开展全球人道青年领导力培养计划，进一步提升青年群体的人道服务能力，培育青年对红十字运动的价值认同和心理归属。

青年论坛结束后，中国红十字会青年代表全程参加了第十届红十字会与红新月会国际联合会亚太地区大会。

11月11日 红十字会与红新月会国际联合会第十届亚太地区大会在菲律宾马尼拉开幕。红十字会与红新月会国际联合会副主席、全国人大常委会副委员长、中国红十字会会长陈竺率中国红十字会代表团出席大会。来自亚太、中东地区51个国家红会约300名代表参加大会。

陈竺在主持大会第一次全体会议时指出，面对亚太地区不断增长的人道需求，各国红会迅速开展人道行动，在人道领域发挥了积极作用。陈竺强调，当今世界积聚了越来越多需要各国共同应对的议题，红十字运动成员增强沟通交流、开展联合行动的必要性和急迫性大大增加。面对复杂严峻的人道挑战，应从构建人类命运共同体的高度，重新谋划全球人道事务分工，形成人道资源多方供给、人道行动协同推进的多元治理格局。

11月11日至14日 中国红十字会常务副会长梁惠玲在马尼拉出席

第十届红十字会与红新月会国际联合会亚太地区大会期间，先后会见了红十字国际委员会、红十字会与红新月会国际联合会以及日本、越南、韩国、朝鲜等亚太地区国家红十字会领导人，就深化多边、双边合作进行了深入交流。

会见中，梁惠玲回顾了中国红十字会与各方交往合作的历程，对各方长期以来给予中国红十字会的支持和帮助表示感谢。她同时指出，习近平主席提出的“一带一路”倡议得到世界范围内的广泛响应，推进民心相通是践行“一带一路”倡议的重要内容，中国红十字会作为政府在人道领域的助手，愿与红十字国际组织和相关国家红会一道，继续深化交流，开展务实合作，为推进“一带一路”建设、构建人类命运共同体做出积极贡献。

参加会见的红十字国际组织领导人表示，中国在国际人道事务中的影响越来越大，愿与中国政府及中国红十字会开展广泛深入的合作，共同推进地区乃至全球人道事务的发展。相关国家红会领导人纷纷表示，感谢中国红十字会多年来的支持与帮助，在新的历史环境下，各国红会都希望能在国家友好合作的基础上，同中国红十字会保持传统友谊，不断加强高层互访以及在双边事务、防灾减灾、志愿服务、社区发展、卫生健康、红十字青少年等领域的交流与合作，共同推进国际红十字与红新月运动的发展。

11 月 12 日　中国红十字会采取通信选举方式，增补梁惠玲同志为中国红十字会第十届理事会理事、常务理事，选举梁惠玲同志为中国红十字会常务副会长，徐科同志为中国红十字会副会长（兼职）。

11 月 12 日　红十字会与红新月会国际联合会副主席、全国人大常委会副委员长、中国红十字会会长陈竺主持第十届红十字会与红新月会国际联合会亚太地区大会第一次全体会议，并做《北京创新呼吁》实施成果报告。

陈竺指出，2014 年第九届红十字会与红新月会国际联合会亚太地区大会发布了《北京创新呼吁》，提出国家红会要在开展创新行动、提升志愿服务工作水平、增强社区抗灾能力、推动公开透明、提高人道资源动员水平和构建新型伙伴关系等 10 个方面推进创新与发展。《北京创新呼吁》为亚太与中东各国红会提供了共同的行动愿景，成为各国开展相关业务和国际合作的纲领。4 年来，亚太、中东地区各国红会及红十字会与红新月会国际联合会秘书处致力于在人道资源动员、技术应用、伙伴关系构建等方面推动创新，有力提升了人道服务水平和影响力。

陈竺强调，当前，人道危机的数量、规模以及复杂性均呈现显著上升趋势，红十字与红新月运动要适应不断变化的复杂形势，满足日益增长的人道需求，必须要开辟新的思路、采取新的行动。《北京创新呼吁》的成功实践为应对威胁人类福祉与尊严的问题提供了自下而上的解决方案，也为亚太、中东地区国家红会推动人道事业持续创新发展创造了机遇。今后，国家红会要进一步激发创新潜力、推动工作机制创新、营造创新氛围，在更大范围内促进创新经验的分享，为红十字与红新月运动可持续发展注入源源不断的动力。

来自亚洲、太平洋和中东地区 51 个国家红会及国际联合会、国际委员会的 300 余名代表参加大会。该地区大会每四年举办一次，第九届亚太地区大会于 2014 年在北京举行并发布《北京创新呼吁》。

11 月 13 日　红十字会与红新月会国际联合会副主席、全国人大常委会副委员长、中国红十字会会长陈竺出席红十字会与红新月会国际联合会“2030 战略”专题研讨会并做总结讲话。

陈竺指出，红十字与红新月运动之所以能够经受历史和时间的检验，就是因为一直致力于推动变革和进步，始终不渝地坚持为世界范围内的易受损群体提供援助。当前，全球人道主义事业面临着更加复杂的机遇与挑战，红十字与红新月运动未来的发展需要各国红会共同规划、携手前行。红十字会与红新月会国际联合会组织国家红会共同起草制定“2030 战略”，正是为了在高度紧迫而又充满挑战的人道议题中更好地发挥红十字与红新月运动的作用。“2030 战略”的起草过程，集中了国家红会的智慧、洞见以及对这个组织的期许。希望各国红会未来在该战略框架下进一步驱动创新与发展，使这些谋划尽早成为现实，让人道行动惠及更多需要帮助的群体。

“2030 战略”是红十字会与红新月会国际联合会在评估“2020 战略”实施成效的基础上，着眼于未来发展环境与人道需求，综合考虑经济发展、全球治理、新型城市与社区、新兴技术、社会参与、冲突与贫困、气候与自然灾害、未来健康领域需求等要素，对 2021—2030 年的发展愿景与行动进行的规划。规划起草过程中，充分发挥各国红会与国际联合会秘书处主体作用，在全球范围内展开战略咨询和意见征集。目前，战略文件正在修订完善过程中，将由 2019 年红十字会与红新月会国际联合会第 22 届全体大会通过后正式实施。

11 月 13 日　应菲律宾红十字会会长理查德·高登邀请，红十字会与红新月会国际联合会副主席、全国人大常委会副委员长、中国红十字会会长陈竺，中国红十字会常务副会长梁惠玲，中国驻菲律宾大使馆公使衔参赞檀勍生等访问了菲律宾红十字会。

理查德·高登代表菲律宾红十字会热烈欢迎陈竺一行来访，诚挚感谢中国人民和中国红十字会给予菲律宾人民和菲律宾红十字会在应对人道危机方面的支持和帮助。

陈竺代表中国红十字会感谢菲律宾红十字会的盛情邀请，感谢菲律宾红十字会为红十字会与红新月会国际联合会第十届亚太地区大会召开所做的大量周到细致、卓有成效的工作。他说，中菲两国一衣带水、隔海相望，血缘相亲、民缘相融。近年来，在两国领导人指引下，中菲双边关系进入全新的历史发展时期。双方积极开展务实合作，两国关系健康稳定发展，给两国人民带来了切实利益，也为地区和平稳定做出了重要贡献。相信两国关系在长期友好的基础上必将跃上一个新的台阶。

陈竺指出，菲律宾 2013 年遭遇海燕台风后，中国红十字会提供了力所能及的帮助。我们永远不会忘记，菲律宾红十字会在 2008 年汶川特大地震后雪中送炭，为我们提供了宝贵的援助。非常赞成理查德·高登会长关于深化中菲两国红十字会友好合作的意见，建议双方在应急援助方面、在健康领域人道救助方面加强合作，不仅在总会层面，也在分会层面继续推进合作，且在多边领域加强合作。

陈竺表示，作为红十字会与红新月会国际联合会副主席，我愿意为包括菲律宾红十字会在内的地区红会的发展提供力所能及的服务。希望中菲两国红十字会能够为东南亚区域的中国-东盟（10+1）、东盟与中日韩（10+3）框架下的红会合作创造平台，为国际红十字与红新月运动、为亚太地区人道事业发展做出更大贡献。

11 月 14 日 红十字会与红新月会国际联合会第十届亚太地区大会圆满完成各项法定议程，在菲律宾马尼拉闭幕。红十字会与红新月会国际联合会副主席、全国人大常委会副委员长、中国红十字会会长陈竺发表总结讲话。中国红十字会常务副会长梁惠玲、副会长兼秘书长王平，以及由香港、澳门红十字会代表，总会有关部门代表、青年代表组成的中国红十字会代表团出席闭幕会。

陈竺在讲话中指出，此次亚太地区大会的召开对于本地区国家红会今后一个时期开展工作具有十分重要的指导意义，不仅为各国红会总结成果、分享经验提供了开放交流的平台，也针对下一阶段的工作重点和方向进行了卓有成效的讨论。会议期间，与会代表共同参与了气候变化、抗灾力、人口迁徙、老龄化社会、传染性及非传染性疾病等重大而紧迫的人道议题讨论，并进一步确立了在这些领域持续深入开展工作的决心和路径。

陈竺强调，当今世界，信任是最重要的财富之一。对于人道组织而言，只有获得信任，才有可能获得来自社会的支持，为易受损群体提供服务和帮助，国家红会的使命才能得以完成。要培育公众对红会的信任，必须要尊重社群的多样性，提升青年、女性以及残疾人等群体的社会参与度，通过充分发挥志愿者、社区以及地方红会的作用，着力提升社区的灾害抵御能力。

陈竺指出，《马尼拉宣言》提出国家红会从动员本土力量开展人道行动、加强信息化技术应用、提升应急反应能力、以社区为中心开展工作等几个方面做出承诺，得到了与会代表的热烈响应。希望各国红会结合本国实际和人道需求，认真履行《宣言》中的各项内容，推动红十字与红新月运动在本土社区更好地服务易受损群体。

会议期间，中国红十字会代表团全面参与了大会的各项议程，围绕气候变化与应急救援、抗灾力、当代社会的志愿服务、人道主义教育等议题积极发言或讨论，并派员参与了《马尼拉宣言》的起草工作。同时，分别与红十字国际委员会、红十字会与红新月会国际联合会以及日本、越南、韩国、朝鲜、伊拉克、科威特、阿富汗等国家红会进行了会谈，双方就进一步交流合作进行了深入探讨。

中国红十字会代表团还在会场设置展台，向各国代表发放《构筑人道桥梁》宣传册，和红十字会与红新月会国际联合会共同设立“博爱单车”项目展台，宣传展示中国红十字会开展国内外人道行动的工作和成效。参会代表纷纷到展台参观交流并合影留念，对中国红十字会开展的人道工作给予高度评价。

11 月 19 日　全国人大常委会副委员长、中国红十字会会长陈竺在总会机关会见了中国驻阿富汗大使刘劲松，双方就中国红十字会在阿富汗开展的人道救助工作进行了会谈。

刘劲松大使对中国红十字会在阿富汗开展的先心病患儿救助工作给予高度评价，代表中国驻阿富汗大使馆感谢中国红十字会为增进中阿友谊所做的卓有成效的工作。他说，这项工作在阿富汗百姓中产生了广泛而积极的影响，受到阿富汗各方的高度赞誉。阿富汗多年来饱受战乱之苦，面临着严重的人道主义危机，儿童先心病救治需求很大。明年是阿富汗国家独立 100 周年，希望中国红十字会继续深入开展先心病患儿救治工作，挽救更多患儿生命，促进中阿两国的民心相通。

陈竺表示，中国红十字会将加强和阿富汗红新月会的双边合作，一如既往地为阿富汗易受损人群提供力所能及的人道主义援助；将加大筹资力度，争取为更多的阿富汗先心病患儿提供免费救治服务。中国红十字会愿意进一步推动和协调各国红会在阿富汗开展人道项目，整合更多人道资源，更好地服务于阿富汗人民的福祉，为构建人类命运共同体做出积极贡献。

11 月 21 日至 23 日 中国红十字会党组书记、常务副会长梁惠玲率领调研组，在内蒙古自治区围绕深入贯彻落实党的十九大精神和习近平新时代中国特色社会主义思想、全面深化红十字会改革开展调研。

梁惠玲一行先后深入包头市和呼和浩特市的社区、学校、备灾救灾中心、青城驿站等场所，实地察看红十字会社区应急响应能力建设项目、红十字示范校建设、红十字会备灾工作以及应急救护点运行等情况。在内蒙古自治区国际蒙医医院，梁惠玲一行详细了解红十字会造血干细胞采集室运行情况，并看望了造血干细胞捐献者代表和血液病患儿。

11 月 24 日至 25 日 中国红十字会青年国际人道问题辩论赛在上海成功举办。本次辩论赛由中国红十字会总会和红十字国际委员会共同主办，上海市红十字会承办。中国人民公安大学、华东政法大学、南通大学、浙江大学、中国海洋大学、西安航空学院、香港青年及义工事务部、澳门科技大学等 8 支代表队论辩黄埔江畔，围绕人道援助、武装冲突、普及国际人道法等相关辩题精彩对决，中国人民公安大学代表队摘得桂冠，浙江大学代表队荣获亚军，中国海洋大学代表队和澳门科技大学代表队并列季军。

中国红十字会常务副会长梁惠玲、副会长王汝鹏，红十字国际委员会、红十字会与红新月会国际联合会有关负责人出席辩论赛决赛，并为获得冠军、亚军等代表队颁奖。

据悉，近年来中国红十字会大力开展探索人道法、“青春善言行”、人道问题辩论赛等红十字青少年人道主义教育工作，引导青少年传播红十字精神，培育和践行社会主义核心价值观。北京、天津、上海、江苏、浙江、山东、河南、陕西、云南、重庆、香港、澳门等地在大、中学校广泛开展探索人道法项目，超过 10 万名青少年从探索人道法项目中受益；在全国高校红十字组织开展“青春善言行”青年同伴教育项目，培训“青春善言行”项目核心师资 600 多名，广泛传播非暴力和平文化；连续两年举办“一带一路”沿线国家青年交流营，以青年为媒介，使青少年成为民心相通的重要力量。

上海市教委、共青团上海市委、上海市红十字会以及北京、江苏、浙江、山东、陕西、香港、澳门等地红十字会相关负责人出席了本次青年国际人道问题辩论赛初赛和决赛。上海市部分高校学生到场观摩了辩论赛初赛和决赛。

11 月 27 日 由中国红十字会总会与红十字国际委员会共同主办、浙江省红十字会承办的探索人道法项目经验交流会在浙江省湖州市举行。中国红十字会副会长王汝鹏出席会议并讲话。浙江省红十字会常务副会长陶竞，湖州市副市长、市红十字会会长闵云，红十字国际委员会东亚地区代表处相关负责人在开幕式上致辞。

来自全国 17 个省（区、市）和澳门红十字会代表、教育部门相关负责人，以及探索人道法项目试点学校师资共 130 余人参加会议。

11 月 27 日 2017 年度全国性社会组织评估等级结果公布，中国红十字基金会获评为全国 5A 级基金会，是中国基金会等级评估中的最高级别。这也是中国红基会第三次获得全国 5A 级基金会称号。

11 月 28 日 中国红十字会常务副会长梁惠玲一行赴浙江调研，浙江省红十字会常务副会长陶竞，杭州市副市长、市红十字会会长陈红英等陪同调研。

12 月 4 日 香港特别行政区红十字会在香港召开灾后恢复重建项目研讨会。会议旨在通过对红十字会灾后恢复重建工作经验分享和交流，共同探索红十字会在未来灾后恢复重建中的工作方向，探讨如何进一步提升工作质量、在灾后恢复重建工作中更好履行职责。中国红十字会副会长王海京出席会议并讲话。

王海京指出，灾后恢复重建是防灾减灾救灾工作的重要内容之一，关系到灾区群众的根本利益和灾区长远发展。红十字会在参与开展灾后恢复重建工作中应坚持 3 个理念：一是要坚持“以防为主，综合减灾”的理念，有效降低灾害风险；二是要坚持“综合施策、标本兼治”的理念，提升社区防灾减灾能力；三是要坚持“社区为本”原则，提升社区恢复力的关键是坚持社区为本，要让社区群众成为项目的主人和决策者，激发内生动力，实现项目可持续发展。

开幕式上，香港特别行政区红十字会主席胡郭秀萍致欢迎辞，香港特别行政区政府民政事务局副局长陈积志代表特区政府发表致辞。

红十字会与红新月会国际联合会，中国红十字会总会，香港特别行政区政府民政事务局，四川、宁夏、重庆等 14 个省（区、市）红十字会和香港、澳门特别行政区红十字会，台湾红十字组织及香港复康会、香港乐施会、世界宣明会等119位代表参加会议。

12月4日至6日 中国红十字会组织宣传工作研讨班在内蒙古呼和浩特市举办。中国红十字会副会长王汝鹏出席并讲话，内蒙古自治区红十字会常务副会长王芳出席开班式，各省级红十字会负责同志及组织宣传部门负责人、副省级城市和省会城市红十字会负责同志、总会有关直属单位负责同志参加研讨班。

王汝鹏在讲话中指出，这次研讨班的主要任务是深入学习贯彻习近平总书记关于群团工作和红十字工作的重要讲话精神，学习贯彻国办印发的《中国红十字会总会改革方案》，聚焦组织宣传工作的改革任务，研讨分析重点难点问题，为深入推进红十字会改革提出对策建议。

研讨班上，内蒙古、浙江、上海、江西、重庆、云南、济南、武汉等地方红十字会围绕组织建设、治理结构、会员管理、社区服务、宣传传播、网上红十字会建设等主题进行了经验交流，总会有关直属单位也就品牌传播和宣传工作分享了经验和做法。

研讨班期间，与会代表还深入内蒙古自治区红十字会、呼和浩特二中、青城驿站等场所，实地察看自治区红十字会开展的人道文化传播、应急救护培训、生命安全体验、学校红十字会建设以及红十字进社区等工作情况。

12月7日 由中国社会组织促进会主办，中国红十字基金会承办，中国社会组织杂志协办的第二十八期基金会双月沙龙在北京举行。沙龙围绕"'一带一路'人道公益合作"主题，深入探讨中国基金会在对外援助及参与"一带一路"建设方面的角色地位、面临的挑战等问题。

中国红十字基金会常务副理事长兼秘书长孙硕鹏在沙龙上用一张"红十字与'一带一路'同行"地图，直观、系统地介绍了中国红基会"丝路博爱基金"在23个"一带一路"沿线国家展开的人道行动，并围绕中国非政府组织是否需要走出去、如何走得更好等话题，从持久动力、资源禀赋、方法论和要素支撑等方面进行了思考与分析。

中国民间组织交流促进会、中国慈善联合会、欧美同学会、中国妇女发展基金会等50余家社会团体负责人，红十字国际委员会、世界宣明会等国际组织代表，通标标准、腾讯、用友等企业代表及新闻媒体共110余人参加了本届沙龙。沙龙由中国红十字基金会副理事长刘选国主持。

12月9日 红十字会与红新月会国际联合会副主席、全国人大常委会副委员长、中国红十字会会长陈竺访问伊朗红新月会。

陈竺先后赴伊朗红新月会志愿组织、备灾救灾中心进行了考察，在伊朗红新月会总部参观了博物馆，考察了健康、治疗和恢复部，在伊朗红新月会下属的努尔·阿尔沙医院与其会长阿里·阿斯加·帕万迪进行了会谈。

陈竺表示，伊朗红新月会历史悠久、实力雄厚，在灾害管理尤其是地震救援方面经验丰富，不仅服务伊朗人民，也为周边国家和世界上其他国家提供了卓有成效的人道主义援助。因此希望伊朗红新月会作为国际联合会领委会成员，加强与中东国家红会的协调合作，为饱受战乱之苦的易受损人群提供更多帮助。他衷心感谢伊朗红新月会在汶川特大地震时给予中国人民的无私援助，希望中伊两国红会在备灾救灾、志愿服务、国际援助等方面交流互鉴，加强合作，携手为世界红十字与红新月运动发展做出更大贡献。

阿里·阿斯加·帕万迪会长介绍了伊朗红新月会的主要情况，表示伊朗红新月会愿意在国际联合会的支持下，为促进中东与亚太地区国家红会之间的合作积极探索。期待中伊两国红会建立机制化的联系，在人道领域开展更多务实合作。

12月11日至12日　由中国红十字会总会主办、中国红十字基金会承办的“红十字99公益日总动员”活动暨“伙伴+”计划复盘总结会在北京召开。来自各地32家红十字会、红十字基金会的互联网项目负责人，以及19家“伙伴+”计划合作公益组织参加了本次复盘总结会，共创“伙伴+”计划合作新模式。

据悉，中国红十字基金会于今年6月承办中国红十字会总会“红十字99公益日总动员”活动，同时发起“伙伴+”计划，招募100家机构、100个项目参加今年的“99公益日”。经过3轮筛选、3轮培训，最终上线项目62个，参与机构51家。“99公益日”活动3天内，共获得捐赠25万笔，筹款629万元，撬动企业捐款206万元，5000余名志愿者参与，直接受益人数15万人。

经过8个月的合作与评估，本次复盘总结会从项目设计、人道资源动员等方面进行了综合评分，从参与活动的红十字组织中遴选出以云南红十字备灾救灾中心“云南博爱图书角”项目为代表的3个甲级项目、6个乙级项目，以及13个优创项目和8个潜力项目。同时，通过对项目宗旨、项目模式、资源动员能力等多方面考察，评选出青岛日善慈善公益服务中心等4个公益机构为“人道伙伴”，7个机构为“潜力伙伴”。

12 月 12 日　基金会中心网发布了基于 2017 年报数据的中基透明指数，在全国参与评分的 5000 余家基金会中，中国红十字基金会以满分 100 分排名第一。

中基透明指数是目前国内最权威、最专业的第三方透明度评价体系，2018 年度指标体系由 41 个综合指标构成，涵盖基本信息、财务信息和项目信息 3 个方面，以公开标准对全国基金会透明度进行评价。

12 月 13 日　中国红十字基金会在广州召开"红十字救护站"项目建设工作会。第十一届全国人大常委会副委员长、中国红十字会原会长、中国红十字会特别顾问、中国红十字基金会名誉会长华建敏，中国红十字会副会长王汝鹏，中国红十字基金会理事长郭长江，以及来自 29 个省（区、市）红十字会的相关负责人和媒体记者等百余人参加会议。

郭长江理事长在主持会议时介绍，旅游景区"红十字救护站"项目是华建敏会长于 2011 年在开展"红十字老区行"公益活动调研时，通过了解基层需求后，亲自参与策划实施的项目，他要求红十字会要贴近基层，贴近群众，让更多人民群众在紧急关头得到红十字会的援助。

华建敏出席"红十字救护站"项目建设工作会

华建敏在听取了会议报告和 4 个省份的典型发言后发表讲话。他说，"红十字救护站"项目提出的初心是"满足老百姓的期盼"。在和平时期，如何发挥红十字会的作用？就要大力开展社区公益服务，要推动红十字救护培训这个核心业务进社区、进农村、进学校、进企业、进机关，不断提高应急救护知识在人民群众中的普及率。今天老百姓增长最快的需求是旅游，而安全保障是推动旅游可持续发展的关键因素，这就要求在景区有红十字救护站。他对中国红基会在过去几年"红十字救护站”项目建设中取得的成绩表示欣慰，对贝因美集团等企业的长期支持表示感谢，并对“红十字救护站”下一步工作提出要求。他希望大家坚定建设“红十字救护站”的目标就是满足群众最急迫增长的需求，要坚持问题导向，明确下一步推进的难点并努力突破；要勇于探索创新，拓宽思路，广泛动员人道资源，发展公益伙伴，做好舆论宣传；要让景区“红十字救护站”项目成为红十字人文精神和人道意识的一张名片，成为红十字会系统和红十字人为之骄傲的公益品牌。

会议认为，经过全系统的共同努力，一定能完成《中国红十字事业发展规划（2016—2020年）》中提出的“到2020年，实现全国5A级风景区均建有红十字救护站”目标，将“红十字救护站”打造为保障游客生命安全的绿色通路，成为汇聚企业、社会资源、志愿服务的爱心站，成为普及应急救护知识和技能的科普站，成为传播红十字人道精神、共创幸福和谐社会的宣传站，成为汇聚人道力量、守护美丽中国的平台和阵地。

据悉，截至11月底，在全国23个省（区、市）共援建景区“红十字救护站”182所，培训景区应急救护人员22450名，累计服务人群超过8000万人次，成为中国红基会覆盖省份最多、受益群众最广泛的公益项目之一。其中爱心企业贝因美集团共捐资4305万元，在17个省份援建景区“红十字救护站”160所。

12月13日 国家卫生健康委员会、中国红十字会总会、中央军委后勤保障部卫生局在北京联合召开《中华人民共和国献血法》实施20周年暨2016—2017年度无偿献血表彰大会。中国红十字会副会长王海京出席表彰大会并为获奖者颁奖。山西、黑龙江、山东等省政府负责同志做了发言。中宣部、教育部、财政部、国家广电总局等部门有关同志，各省有关部门、军委各大单位有关部门负责同志参加会议。

12月13日至16日 澳门特别行政区红十字会携手澳门中联办、澳门街坊总会、澳门社服界赴贵州省黔东南州从江县考察落实援建项目，并与贵州省红十字会签订援建项目协议书。这是澳门红十字会继2018年5月通过贵州省红十字会捐资1200万元帮扶从江后，又一次组织澳门爱心团队及澳门同胞深入贵州考察。

考察期间，澳门街坊总会、澳门社服界、澳门红十字会分别与贵州省红十字会签订了3个援建项目协议，落实捐款180万元，帮助从江县雍里乡滚玉村、岜沙苗寨分别修建1所博爱小学和1所博爱幼儿园。

12月16日 四川省宜宾市兴文县发生5.7级地震，造成房屋倒塌、山体滑坡和人员受伤。灾害发生后，四川省红十字会迅速做出响应，立即收集灾区需求，向中国红十字会总会快报灾情，并迅速集结省红十字会赈济救援队开展相关救灾工作。

中国红十字会总会根据四川省红十字会上报的灾情，决定从中国红十字会成都备灾中心调拨棉被2000床、家庭包2000个、折叠床200张、冲锋衣2000件、棉帐篷100顶，总价值107.68万元的物资发往灾区，帮助灾区群众渡过难关。

12月17日 中国红十字会在北京召开全国红十字会系统改革推进会。会议以习近平新时代中国特色社会主义思想为指导，认真学习贯彻落实中央关于群团改革的决策部署，以及习近平总书记关于群团工作和群团改革的重要讲话精神、关于红十字事业重要讲话精神和国务院办公厅印发的《中国红十字会总会改革方案》，对全国红十字会系统全面深化改革工作进行动员部署。全国人大常委会副委员长、中国红十字会会长陈竺出席会议并讲话。

陈竺指出，红十字会改革是群团改革的重要组成部分，是全面深化改革的重要任务。全国红十字会系统必须站在贯彻落实习近平总书记重要指示精神的高度，站在贯彻落实党中央国务院决策部署的高度，扎实做好红十字会改革工作，通过切实有效的人道服务工作让人民群众有更多的获得感和满足感，为推动红十字事业发展提供不竭动力。

陈竺就做好红十字会改革工作提出3点要求：首先，要充分认识红十字会改革的重大意义，充分认识推进红十字会改革是贯彻落实中央群团改革重大决策部署的重要举措，是时代和形势发展的必然要求，是红十字事业发展的内在需求。新时代的红十字事业面临新的形势和任务，面临新的挑战和机遇，人民群众对人道服务提出了新的更高要求，迫切需要我们持续深化改革，用改革推动红十字工作不断迈上新台阶。其次，要牢牢把握改革的总体要求，着力破解改革重点难点问题，认真学习、深刻领会《中国红十字会总会改革方案》，采取有力措施，确保各项改革任务的全面落实。要坚持正确的改革方向，准确把握改革的基本要求，以转职能、转方式、转作风为突破口，着力破解改革的重点难点问题，有效增强红十字事业发展的动力和活力。最后，要勇于攻坚克难，确保红十字会各项改革举措落地生效，牢固树立改革“一盘棋”思想，凝心聚力、形成合力，以强烈的责任担当和自我革新勇气，确保各项改革任务如期完成。要抓好顶层设计，树立鲜明的问题导向，积极争取党委政府的支持，把红十字会改革融入改革发展大局，通过深化改革和创造性工作，不断开创红十字事业发展新局面。

中国红十字会党组书记、常务副会长梁惠玲主持会议并做总结讲话。她指出，国务院办公厅印发的《中国红十字会总会改革方案》，对推进红十字会深化改革做出了全面部署、提出了明确要求。红十字会要自觉在党和国家全面深化改革的大局中谋划改革，以改革破解难题，推进红十字事业持续健康发展，更好地发挥党和政府在人道领域的助手和联系群众的桥梁纽带作用。

中国红十字会党组成员、副会长王海京、王汝鹏，党组成员、副会长兼秘书长王平出席会议。全国各省级红十字会、副省级城市红十字会及总会机关各部室、直属单位主要负责同志参加会议。上海市、云南省红十字会负责同志分别介绍了推进改革的实践探索和经验做法，与会代表围绕全面推进红十字会深化改革、扎实抓好改革任务落实进行了讨论。

12 月 19 日　广西壮族自治区红十字会第九次会员代表大会在南宁召开，全国人大常委会副委员长、中国红十字会会长陈竺，国家卫生健康委副主任、中国红十字会副会长王贺胜，中国红十字会副会长王汝鹏，以及自治区党委副书记孙大伟、人大常委会副主任杨静华、政府副主席黄俊华、政协副主席黄日波等领导出席大会开幕式。

12 月 19 日　广西重型地中海贫血患者救治行动签约暨捐赠仪式在南宁举行。全国人大常委会副委员长、中国红十字会会长陈竺出席签字仪式，中国红十字会副会长王汝鹏、国家卫生健康委副主任王贺胜、广西壮族自治区政府副主席黄俊华代表三方签署救治行动合作协议。自治区党委副书记孙大伟、人大常委会副主任杨静华、政协副主席黄日波等出席并见证了协议签署。

协议明确，从 2018 年至 2020 年，支持广西重型地中海贫血患者开展造血干细胞移植治疗，提高他们的生存质量，提升广西在地中海贫血防控、救治和科研等方面的能力与水平，总结推广广西地中海贫血防治经验并形成“广西模式”，为其他地区和东盟国家解决地中海贫血防治问题提供经验。

仪式上，广西美来医药科技有限公司向中国红十字基金会地中海贫血救治行动捐赠款物 1000 万元（其中现金 500 万元、物资 500 万元），深圳齐心集团捐赠 100 万元，上海广慈转化医学研究发展基金会捐赠 22 万元，上汽通用五菱捐赠 250 万元。杭州民生医药控股集团有限公司和浙江寿仙谷医药股份有限公司将从“中国红基会浙商博爱基金”中列支

400 万元，用于支持地中海贫血移植仓的援建和专科医师培训等项目。陈竺会长、王汝鹏副会长分别为捐赠企业颁发救治行动发起人证书和捐赠证书，孙硕鹏代表中国红基会接受了捐赠。

仪式结束后，陈竺一行赴广西医科大学第一附属医院“地中海贫血爱心之家”看望和慰问了正在接受输血治疗和等待接受移植治疗的地中海贫血患儿，并与广西医科大学第一附属医院的医疗专家进行座谈，深入了解广西地中海贫血病的发病和防治情况，就进一步推进地中海贫血患者救治救助工作进行了研讨和部署。

陈竺指出，地中海贫血是为数不多的带有“贫”字的病种之一，为患者及其家庭带来身心苦痛和沉重的经济压力。广西是地中海贫血病高发地区，患者家庭因病致贫和因病返贫情况十分常见。因此，集中国红十字会、国家卫健委、地方政府三方之力，联合社会爱心力量和医疗单位，为重型地中海贫血患儿提供更先进、更全面、更彻底的治疗，争取更多的国家医保政策支持，是精准扶贫、温暖民心的有力举措，要通过各方共同努力，真正将党和政府的温暖送达困境中的地中海贫血患者及其家庭。

12 月 24 日 中国红十字会派出的首支援非医疗队一行 9 人从北京启程，前往布基纳法索首都瓦加杜古，正式开始为期一年的援外医疗任务。本次派出的医疗队由山东省红十字会组建，队员来自山东红十字会及山东、内蒙古的 7 家医院，包括心脏内科、急诊、重症医学、胸外科、消化内科、神经外科等方面的医疗专家。出发之前，中国红十字会总会为医疗队员组织了为期 4 周的出国前培训，为医疗队员在外执行任务做好行前准备。

据悉，今年 5 月，中国与布基纳法索正式恢复外交关系。作为搭建两国民心相通的重要桥梁，6 月，我国即复派首批医疗队抵布开展工作。受国家卫生健康委委托，中国红十字会总会承担了中布复交后第二批援布医疗队的派遣任务。

12 月 26 日 中国驻布基纳法索使馆举行欢送复派首批医疗队回国暨欢迎第二批医疗队到任招待会。中国驻布大使李健、布卫生部秘书长卡拉马、两批医疗队全体队员及国内派出单位代表等出席招待会。李健大使表示，向非洲国家派遣医疗队一直是中国外交的光荣传统，体现了中非兄弟般的友好情谊，向布复派医疗队意义重大，接续的是巩固双边民意基础的使命，弘扬的是担当敬业、服从大局的精神。他希望第二批医疗队接好接力棒，在第一批医疗队的工作基础之上，更加努力和投入，做出更加优异的成绩。卡拉马代表布政府向中国医疗队对布基纳法索人民的无私奉献致以崇高敬意，表示将为医疗队工作提供全力支持。

12月27日 中国驻印尼大使馆公使衔参赞孙伟德赴印尼红十字会总部出席捐助仪式，转交中国红十字会就巽他海啸向印尼红十字会提供的10万美元人道主义紧急现汇援助。印尼红十字会秘书长利托拉代表印尼红十字会接受中方援款，并向中方颁发捐助证书。

12月28日 中国红十字基金会第四届理事会第六次会议在北京召开。中国红基会理事长郭长江主持会议。中国红十字会副会长王汝鹏出席会议并讲话，他充分肯定了中国红基会2018年的工作成绩，并结合贯彻落实总会改革方案，对红基会下一步工作提出了要求。

中国红基会常务副理事长兼秘书长孙硕鹏做了题为《向着改革新征程进发》的工作报告。2018年，中国红基会以优异成绩再次蝉联全国5A级基金会，成为连续三次获评5A级的全国性公募基金会，中基透明指数再获满分评价。人道援助和服务项目扎实推进，党建和队伍建设不断加强，内部治理和公信力持续提升，募捐筹资创非重大灾害年份筹款新高。

中国红基会副理事长刘选国做2018年度财务报告。报告显示，截至2018年12月25日，中国红基会实现年收入6.6亿元，同比增长16%，公益支出5.97亿元，社会捐赠资金首次突破4亿元。

会议通过了《中国红十字基金会保值增值投资管理办法》，为在中国红基会服务5年和10年的工作者颁发“红十字人道服务勋章”。

本月 苏州大学红十字运动研究中心池子华教授担任总主编的《中国红十字运动通史（1904—2014）》（共6卷8册），由合肥工业大学出版社出版发行。该书是国家“十三五”社会科学与人文科学出版规划重点图书，由国家出版基金资助出版。它全面再现了中国红十字运动110年的风雨历程，是迄今为止规模最大、系统性最强、内容最丰富的中国红十字运动的通史性著作。它的出版，对于深化中国红十字运动研究，推进红十字事业改革发展具有重要的理论价值和现实意义。

2019 年

1 月 8 日　中国红十字会副会长王汝鹏率慰问组赴宁夏开展“红十字博爱送万家”活动。在吴忠市盐池县，慰问组走村入户，将装有棉衣、棉被、毛毯、大米和糖果的“红十字温暖箱”送进当地困难群众家中。

据悉，今年元旦春节期间，中国红十字会总会共投入 900 万元，采购包含棉衣、棉被、毛毯、大米和糖果等物品的温暖箱 3 万个，发往河北、山西、内蒙古、吉林、贵州、云南等 22 个省（区、市）的贫困地区，预计将使 3 万个贫困家庭受益。据不完全统计，“红十字博爱送万家”活动自 1999 年开展以来，全国各级红十字会累计筹集款物超过 20 亿元，受益困难群众超过 3000 万人次，受到了社会的广泛赞誉。

1 月 9 日　中国红十字基金会召开新闻发布会，宣布正式启动“博爱校医室”项目，同时发布《中国中小学校医室现状调查研究报告》和“博爱校医室”项目标准。中国红十字基金会理事长郭长江、常务副理事长兼秘书长孙硕鹏、副理事长刘选国，南都公益基金会理事长、希望工程创始人徐永光等参加发布会。

孙硕鹏介绍了“博爱校医室”项目试点工作及项目体系建设规划。2016 年，为帮助经济欠发达地区改善校园医疗卫生条件，提高青少年儿童健康素养，中国红基会试点启动“博爱校医室”项目，在金赛药业、中电集团、艾默生电气（中国）、蚂蚁金服等合作伙伴的支持下，先后在贵州、江西、湖北、四川、云南及新疆等地援建 62 所“博爱校医室”，举办 14 期校医培训，培训 1400 余名校（园）医和保健教师，组织近 3 万名学生免费体检，在 10 余所学校开展校园健康教育活动。未来 5 年，项目计划在全国建设 1000 所以上的“博爱校医室”，同时通过政策倡导，推动国家出台新的法规，推动全国中小学校园均达标配置校医室和校医，争取将健康教育和应急救护培训纳入中小学教学大纲，从而全面提升中小学校卫生健康保障水平、国民卫生健康和应急救护素养。

发布会现场，中国红基会宣布成立“博爱校医室项目专家委员会”，聘请刘晓云、史耀疆等8名来自国内知名研究机构的教育专家、医学专家、心理培训师等担任项目专家委员会委员。郭长江为到会专家颁发聘书，为爱心企业代表和“我们一起上学”公益项目发起人颁发感谢牌。

1月10日至11日 中国红十字会副会长王海京、党组成员尹德明分别率慰问组，赴重庆、新疆开展“红十字博爱送万家”活动，走访慰问困难群众，为他们送上党和政府以及红十字会的关怀与温暖。

据悉，今年的“红十字博爱送万家”活动，重庆、新疆红十字会分别筹募价值235万元、600余万元的慰问款物，在春节前后开展走访慰问活动，将党和政府的温暖、社会各界爱心人士的关怀送到困难群众心中，帮助他们温暖过大年。

1月14日至15日 中国红十字会总会事业发展中心与湖北省红十字会在湖北省英山县举办“曜阳关爱行动——走进英山”捐赠慰问活动，向英山县石头咀镇捐赠助步车、坐便轮椅、防褥疮垫等养老设备及生活物资，价值约30万元。总会事业发展中心主任江丹还到福利院慰问老人，入户慰问军人家属，发放慰问金和生活用品。

1月17日 中国红十字会第十届理事会第六次会议在北京召开。会议以习近平新时代中国特色社会主义思想为指导，深入学习贯彻党的十九大和十九届二中、三中全会精神，全面落实党中央关于群团工作和群团改革的决策部署及中国红十字会总会改革方案精神，总结2018年工作，研究部署2019年工作，推动全国红十字会系统紧紧围绕党和国家工作大局，勇于担当，开拓进取，以优异的成绩迎接中华人民共和国成立70周年。全国人大常委会副委员长、中国红十字会会长陈竺出席会议并做重要讲话。中国红十字会常务副会长梁惠玲做2018年度工作报告。

陈竺强调，全国红十字会系统要切实把思想和行动统一到贯彻落实习近平新时代中国特色社会主义思想和中央决策部署上来，并切实增强贯彻落实的思想自觉和行动自觉。要毫不动摇地坚持党对红十字事业的领导，认真落实新时代党的建设总要求，把党的政治建设放在首位，在围绕中心、服务大局中彰显作为，切实发挥好作为党和政府人道领域助手的作用。要全面推进红十字会深化改革，充分认识推进红十字会改革是贯彻落实中央群团改革重大决策部署的重要举措，是时代和形势发展的必然要求，是红十字事业发展的内在需求。要继续解放思想、更新观念，坚持以人民为中心的工作导向，始终把努力改善最易受损害群体境况作为红十字工作的出发点和落脚点，努力提升人道服务能力和水平，广泛动员社会力量参与人道工作，不断提升社会公信力，架好党和政府与人民群众之间的连心桥。要全力抓好各项工作落实，各级红十字会要对照会议的部署要求，以解决问题为牵引，加强分类施策，敢于啃硬骨头、打攻坚战，在破解难题、补齐短板中推动红十字事业实现新突破新发展，把中央的相关决策部署和今年红十字会的各项目标任务落到实处。

梁惠玲在报告中强调，2019 年是中华人民共和国成立 70 周年，是全面建成小康社会、实现第一个百年奋斗目标的关键之年，也是中国红十字会全面深化改革落实之年。全国红十字会系统要着力做好 3 个方面的重点工作：一是持续深入学习贯彻习近平新时代中国特色社会主义思想，坚决贯彻落实党中央关于群团工作和群团改革的决策部署；二是聚焦主责主业，充分发挥人道领域助手作用；三是深入推进改革创新，切实提升依法履职能力和水平。

会议审议通过了《中国红十字会 2018 年度工作报告》《中国红十字会 2018 年度财务收支情况报告》《中国红十字会十届六次理事会人事变更情况的报告》，通过了有关人事变更的决议，并向 2018 年度做出重要贡献的捐赠人颁发了奖章。会议选举张军、连维良、尹德明任中国红十字会副会长。

1 月 17 日 据中国红十字会十届六次理事会会议透露，2018 年全国红十字会系统接受捐赠 39.4 亿元，比上年增长 18%，捐赠支出 34.9 亿元，占捐赠收入的 89%。捐赠支出主要用于开展人道救助、救灾救援、应急救护、生命健康教育、造血干细胞捐献、人体器官捐献和无偿献血宣传等。

为鼓励捐赠善举，激发社会爱心，凝聚人道力量，根据《中国红十字会捐赠工作管理办法》规定，中国红十字会向 2018 年度为红十字事业做出重要贡献的捐赠人分别颁发“中国红十字人道勋章”“中国红十字博爱奖章”和“中国红十字奉献奖章”。安徽李士杰、珠海梅溪置业、贵州贵能投资等 11 个捐赠人获颁“中国红十字人道勋章”；山东威高集团、丰田汽车等 21 个捐赠人获颁“中国红十字博爱奖章”；雅迪科技等 244 个捐赠人获颁“中国红十字奉献奖章”。全国人大常委会副委员长、中国红十字会会长陈竺为获得“中国红十字人道勋章”和“中国红十字博爱奖章”的捐赠人代表颁发了奖章和证书。

1 月 17 日 中国红十字会改革发展座谈会在北京召开。国务委员王勇，全国人大常委会副委员长、中国红十字会会长陈竺出席会议并讲话。中国红十字会常务副会长梁惠玲主持会议。

王勇强调，党中央、国务院高度重视红十字事业，习近平总书记多次做出重要指示，为红十字事业发展指明了前进方向，提供了根本遵循。他要求，全国红十字会系统要坚持以习近平新时代中国特色社会主义思想为指导，深入贯彻落实习近平总书记关于红十字工作的重要指示精神，坚持和加强党的全面领导，不断深化自身改革创新，围绕中心、服务大局，充分发挥自身优势和独特作用，创造性地开展工作，努力开创新时代红十字事业发展新局面。

1月17日 国家卫生健康委印发《人体捐献器官获取与分配管理规定》，进一步明确人体器官获取组织（OPO）器官获取管理要求，强调在红十字会人体器官捐献协调员现场见证下获取捐献器官，不得在医疗机构以外实施捐献器官获取手术。该《规定》自3月1日起施行。

《规定》要求，OPO配合本省（区、市）各级红十字会人体器官捐献管理机构做好人体器官捐献宣传动员、协调见证、缅怀纪念等工作。各级各类医疗机构及其医务人员应当积极支持人体器官捐献与移植工作，并参加相关培训。发现潜在捐献者时，应当主动向划定的OPO以及省级红十字会报告，禁止向其他机构、组织和个人转介潜在捐献者。

1月17日 中国红十字会总会分别与香港红十字会、澳门红十字会签署3年合作项目（2019—2021）框架协议。中国红十字会副会长王平、香港红十字会主席胡郭秀萍、澳门红十字会中央委员会副主席曹国希出席活动并代表各方签字。据悉，这是总会与香港红十字会签署的第四轮合作协议，与澳门红十字会签署的第一轮合作协议。

1月18日 全国红十字会系统党建工作会议在北京召开。会议要求，以习近平新时代中国特色社会主义思想为指导，深入贯彻落实党的十九大和十九届二中、三中全会以及十九届中央纪委二次、三次全会精神，全面落实新时代党的建设总要求，以党的政治建设为统领，落实全面从严治党“两个责任”，加强全国红十字会系统党的建设，为红十字会改革发展提供坚强政治保证。中国红十字会党组书记、常务副会长梁惠玲出席会议并讲话。

梁惠玲指出，深入学习贯彻党的十九大精神，特别是推动学习贯彻习近平新时代中国特色社会主义思想往深里走、往心里走、往实里走，是当前和今后一个时期全国各级红十字会党建工作的首要政治任务。梁惠玲强调，要坚持党的全面领导，始终把党的政治建设摆在首位；要勇于担当作为，锻造过硬作风；要切实扛起全面从严治党政治责任，为推动红十字会改革发展提供坚强保证。

中央纪委国家监委驻国家卫生健康委纪检监察组副局级纪律检查员李长先出席会议并传达了十九届中央纪委三次全会精神。中国红十字会党组成员王海京、王汝鹏、王平、尹德明出席会议。各省级红十字会主要负责人及总会机关各部室、各直属单位主要负责同志参加会议。

1 月 19 日至 20 日 中国红十字会党组书记、常务副会长梁惠玲一行赴贵州开展“红十字博爱送万家”慰问活动并调研工作，贵州省人大常委会副主任、省红十字会会长何力，副省长王世杰分别陪同调研、慰问。

梁惠玲一行来到涟江村贫困户家中，代表中国红十字会为他们送去装有棉衣、棉被、毛毯、大米、糖果等生活物资的家庭箱和慰问金，祝福他们新春快乐、阖家幸福。在中国红十字会救护总队贵阳图云关抗战旧址，梁惠玲一行实地了解中国红十字会救护总队贵阳图云关抗战纪念园项目筹建情况，现场观看中国红十字会救护总队历史图片展板，听取红十字抗战救护历史介绍，并在中国红十字会救护总队纪念碑前敬献鲜花。梁惠玲一行还考察了贵州省红十字会备灾仓库、“博爱云”大数据综合服务平台建设运营情况，深入惠水县司蒙村“博爱家园”项目点调研并看望惠水县红十字救援队队员。

在听取贵州省红十字会工作情况汇报后，梁惠玲给予了充分肯定。她说，贵州省红十字会工作思路清晰、重点突出、特色鲜明、成效显著，充满着干事创业的激情和干劲，全省红十字事业呈现持续健康发展的良好局面。

1 月 19 日至 22 日 中国红十字会副会长王海京、副会长兼秘书长王平、副会长尹德明分别率慰问组，赴云南、四川、河北开展“红十字博爱送万家”活动，走访慰问困难群众，为他们送上党和政府以及红十字会的关怀和温暖。

据悉，云南省红十字会今年组织 8 个慰问组，前往文山、怒江等州（市）部分县（区），预计发放价值近 500 万元的慰问物资。河北省各级红十字会筹集价值近 1000 万元的爱心款物，在春节前后开展走访慰问活动。

1 月 25 日 中国红十字会常务副会长梁惠玲一行赴黑龙江开展“红十字博爱送万家”慰问活动，慰问困难群众和红十字志愿者，为他们送去党和政府及红十字会的温暖与新春祝福，并看望基层红十字会工作者，调研基层红十字会工作。黑龙江省副省长、省红十字会会长孙东生，省红十字会专职副会长鞠海洋陪同慰问、调研。

1月28日 中华骨髓库造血干细胞捐献突破8000例宣传活动暨上海市造血干细胞捐献第424例慰问活动在上海举行。来自上海市金山区的曾德才成为中华骨髓库第8000例造血干细胞捐献者，他也是上海市第424例造血干细胞捐献者。上海市红十字会常务副会长张浩亮，中华骨髓库管理中心副主任高东英分别向捐献者颁发“上海市红十字人道博爱奖章”和“中华骨髓库捐献荣誉证书”。共青团上海市委员会、金山区等单位、志愿者共约200人参加了活动。

据悉，中华骨髓库现有265万余名造血干细胞志愿捐献者，已成为世界最大的华人造血干细胞捐献者资料库。

1月30日 中国红十字会副会长、总会直属机关党委书记王海京率队走访慰问困难职工，致以新春祝福。

2月8日 位于巴基斯坦瓜达尔港的中巴博爱医疗急救中心在短暂关闭后重新开诊，驻守在此的中国红十字援外医疗队为港区中方建设者及当地民众提供专业医疗服务。

中国红十字援外医疗队由原国家卫计委和中国红十字会总会共同派出，为瓜达尔港的中方建设者和巴基斯坦当地民众提供免费医疗服务。一年多来，中巴博爱医疗急救中心共接诊中巴患者2300余人次，在当地收获了良好口碑。

2月13日 全国人大常委会副委员长、中国红十字会会长陈竺在北京会见世界卫生组织西太区主任葛西健一行，双方就卫生安全、慢病防控、环境健康等问题进行交流，并探讨了中国红十字会与世卫组织未来可能的合作方向。

陈竺说，为了更好地促进国际人道交流合作，中国红十字会提出了“红十字与‘一带一路’同行”的构想。近年来，与相关国家红十字会、红新月会合作，陆续开展了“中巴急救走廊”建设、阿富汗和蒙古国先心病儿童救助、叙利亚和伊拉克医疗流动单元援助、孟加拉国血液透析中心援建等项目；受国家卫生健康委委托，向巴基斯坦和布基纳法索派遣了援外医疗队，积极为全球人道需求和卫生健康事业贡献力量。

葛西感谢中国政府和中国人民对世卫组织工作的大力支持。他说，未来5年希望把西太区建设成为最安全、最健康的区域。为此，将重点优先考虑卫生安全、慢病防控、环境健康等领域，也特别期待在这些领域与中国政府、各个机构特别是中国红十字会加强密切合作。

2月14日 国家应急管理部党组书记、副部长黄明一行赴中国红十字会总会调研应急工作并召开座谈会。全国人大常委会副委员长、中国红十字会会长陈竺出席调研座谈会并讲话。中国红十字会常务副会长梁惠玲主持调研座谈会。

陈竺强调，加强应急管理部和中国红十字会的合作，建立良好的沟通协调机制，形成更加融洽、务实的合作关系，是深入贯彻习近平总书记关于防灾减灾救灾重要论述，全面落实党中央有关决策部署的具体实践，是国际社会的通行做法，有利于发挥红十字会在国家应急领域中的独特作用。

陈竺指出，习近平总书记高度重视社会救援力量参与应急工作，强调“要把志愿者等社会救援力量有效组织起来，平时登记训练，需要时科学组织调度”。《中共中央国务院关于推进防灾减灾救灾体制机制改革的意见》任务分工中，明确了红十字会要参与完善政府与社会力量协同救灾联动机制。红十字会是党和政府在人道领域的助手，更应该成为应急管理部贯彻落实党中央关于应急工作方针政策和决策部署的重要助手。希望应急管理部根据国家应急工作实际，通过双方紧密合作，管理、指导、使用好红十字会的应急救援力量，在政策制定、工作规划、信息通报、任务安排等方面给予红十字会一定支持，充分发挥其在国家总体应急体系中的独特作用，为保障人民群众生命财产安全和社会稳定做出更大贡献。

黄明表示，将加强双方合作，统筹资源力量，更好发挥政府主导作用和红十字会助手作用，加强应急救援主力军、国家队和社会应急力量，有力有效地应对灾害事故，全方位守护老百姓安全。具体而言，一是发挥红十字会在应急救护培训方面的优势，协助政府开展国家综合性消防救援队伍和安全生产专业救援队伍的相关培训，切实把队伍建得更加正规化、专业化；二是建立航空救援联动机制，依托中国红十字会总会航空医疗资源力量，构建种类齐全、反应灵敏、覆盖全国的航空应急救援体系；三是共同研究建立社会力量参与应急救援机制，通过搭建协作服务平台、组织竞赛比武和评估认证等方式，提高社会力量参与救援的规范化、科学化水平；四是把红十字会总会备灾仓库网络、储备物资纳入应急管理部门储备体系，实现信息共享、统一调配，为受灾群众提供更加全面、及时的救助服务。

梁惠玲表示，红十字会系统要服务国家应急管理工作大局，严格落实应急管理部赋予的各项任务，积极向应急管理部报告工作信息，在重大自然灾害等突发事件救援救助中主动接受应急管理部的指挥调度，真正成为应急管理部开展应急工作的得力助手。

应急管理部副部长、中国地震局局长郑国光，中国红十字会副会长兼秘书长王平、副会长尹德明出席座谈会。应急管理部和中国红十字会总会相关部门负责人参加会议。

2月18日至21日 中国红十字会常务副会长梁惠玲一行在广东省珠海市、中山市、广州市、深圳市进行调研，并出席了中山“慈善万人行”活动。其间，梁惠玲一行实地调研了红十字景区救护站、应急救护培训基地、镇村（社区）“博爱家园”项目、遗体和人体器官捐献工作、无偿献血和造血干细胞捐献工作等，分别召开了动员社会力量、改革创新发展、“三献”工作专题座谈会。

梁惠玲指出，推进红十字事业改革创新，必须坚定不移走中国特色社会主义群团发展道路，把保持和增强政治性、先进性、群众性作为主线贯穿改革全过程。要不断提升“三献”工作质效，依法履行职责，加强志愿者队伍建设，严格规范管理，强化风险管控，确保“三献”工作持续健康发展。

2月19日 广东省中山市2019年“慈善万人行”巡游活动隆重举行。此次活动由中山市红十字会牵头组织，共有2万余名市民和各界人士组成的260余支巡游队伍参与，接收社会捐赠款物价值1亿余元。

中国红十字会常务副会长梁惠玲一行出席“慈善万人行”活动，对活动给予充分肯定。她指出，中山“慈善万人行”活动，按照“党委重视、政府引导、红会牵头、部门配合、市镇联动、全民参与”的模式，连续举办了32年，共募集善款14亿余元，开展了110多项公益慈善项目，成为全国闻名、影响深远的公益慈善品牌。“慈善万人行”为中山社会各界搭建了奉献爱心、服务社会、建设博爱中山的活动平台，广泛传播了社会主义核心价值观和红十字精神，增强了社会凝聚力。

2月25日 伊拉克巴士拉港，中国红十字会项目组向伊拉克红新月会交付捐赠的人道救援设备——大型多功能移动医疗单元，并对伊方人员进行了设备使用培训。该移动医疗单元由两辆医疗大巴、两辆救护车及一组可展开医疗帐篷组成，配备X光机、B超机、除颤仪、远程诊疗系统等，具备移动医疗和远程医疗功能，可为当地民众提供基本诊疗、手术、体检、医疗转运等综合性卫生服务，总价值约500万元人民币。

在伊期间，项目组还前往伊拉克流离失所民众聚居区、学校、医疗机构，考察评估当地人道主义现状和需求。经历连年战乱，伊拉克医疗卫生、食品、饮用水等基本生活保障堪忧，境内有超过200万民众流离失所，超过1000万人需要人道援助。根据中国红十字会援外工作部署，未来中方将根据伊方人道需求，继续提供力所能及的人道援助。而伊拉克人道援助计划也是中国红十字基金会“丝路博爱基金”资助开展的系列国际援助项目之一。

2月28日 中宣部、中央文明办在北京召开全国学雷锋志愿服务工作暨岗位学雷锋活动推进会，公布2018年学雷锋志愿服务最美志愿者、最佳志愿服务组织、最佳志愿服务项目和最美志愿服务社区“四个100”先进典型名单。全国红十字会系统共有7名志愿者、4个志愿服务组织、2个志愿服务项目、2个志愿服务社区入选，河南省郑州市红十字水上义务救援队队长牛振西、四川省成都市金牛区九里堤街道北路社区作为代表受邀参加大会。

3月19日至22日 中国红十字基金会理事长郭长江率调研组先后对湖北武汉东湖磨山景区红十字救护站、黄鹤楼景区以及咸宁赤壁古战场景区进行实地调研。郭长江高度肯定了已建成的东湖磨山景区红十字救护站在保障游客安全、提升景区应急急救水平方面发挥的重要作用。他指出，景区救护站的建设以保障游客生命安全为宗旨，是中国红十字会践行以人民为中心发展理念的具体体现。他表示，中国红十字会总会、中国红基会和各省级红十字会共同努力，携手打造5A级景区的“红十字救护站”项目，是中国红十字会实施改革的一项重要举措。

中国红基会从2012年开始启动景区“红十字救护站”建设项目，旨在增强旅游景区处理突发意外事故的能力，提高旅游景区应急救护水平和游客的自救、互救意识，提升旅游景区人道救援的工作水平。截至2018年12月底，中国红基会在全国23个省（自治区、直辖市）共援建景区“红十字救护站”184所，培训景区应急救护人员22450名，累计服务人群超过8000万人次，已成为中国红基会的重要品牌项目之一。

3月20日 由中国红十字会总会主办，中国红十字基金会、京东数字科技承办的全国红十字会系统第二届众筹扶贫大赛在北京正式启动。中国红十字会副会长王汝鹏，京东集团副总裁龙宝正、许凌等出席启动仪式。来自28个省（区、市）红十字会的代表及60余家媒体记者参加启动仪式。本次大赛是继2017年全国红十字会系统首届众筹扶贫大赛后，中国红十字会助力国家脱贫攻坚的又一次实际行动，是全国红十字会系统参与精准扶贫系列行动的新开篇、再出发。

3月21日 江苏省响水县陈家港镇天嘉宜化工有限公司发生特大爆

炸事故。中国红十字会总会、江苏省红十字会根据需求，迅速组织当地红十字会开展救援救助工作，向灾区调拨 40 顶帐篷、1340 床棉被、150 张折叠床和 60 个家庭包，并提供 20 万元现金用于转移安置群众救助。同时，组织红十字志愿者开展安置点服务，并做好心理救援队支持准备。

3 月 22 日 中国驻印尼大使馆公使衔参赞孙伟德赴印尼红十字会总部，转交中国红十字会就巴布亚省圣塔尼地区洪水灾害向印尼红十字会提供的 10 万美元人道主义紧急现汇援助。印尼红十字会执行主席吉南加尔代表印尼红十字会接受援款，并向中方颁发捐助证书。

3 月 22 日至 29 日 为积极配合外交部第二届澜湄周活动，推动与越南、老挝红十字会的项目合作，中国红十字会副会长王海京率团访问两国红十字会。

访问期间，王海京与越南红十字会会长阮氏春秋、老挝红十字会会长坎洪·禾环翁西分别举行会谈，与越南红十字会副会长兼秘书长阮海英、老挝红十字会副会长通帕·颂纳辛签署社区发展项目合作协议，正式启动与两国红十字会合作开展的 2019 年项目，同时对位于越南宁顺省、老挝万象省的 2018 年社区项目地点进行实地考察。

据悉，在外交部和财政部支持下，中国红十字会已连续两年支持越南和老挝红十字会开展社区发展项目，内容主要覆盖社区为本的水与卫生、备灾减灾、生计项目、无偿献血促进、急救服务、道路安全、红十字青少年等，总受益人数约 9 万人。今年，中国红十字会将继续支持越南红十字会开展备灾救灾和急救能力建设项目，支持老挝红十字会开展急救服务和社区为本的减灾备灾项目。

3 月 24 日 中国驻巴基斯坦大使姚敬代表中国红十字会向巴基斯坦俾路支省提供紧急救灾援助。俾路支省省督阿马努拉、巴基斯坦红新月会秘书长哈立德代表俾路支省和巴红新月会接受援助。

3 月 28 日 全国人大常委会副委员长、中国红十字会会长陈竺，中国红十字会常务副会长梁惠玲一行赴应急总医院调研医院能力建设并召开座谈会。应急管理部党组书记、副部长黄明陪同调研并主持座谈会。

陈竺指出，党中央、国务院对应急医疗救援工作高度重视，我们要深入贯彻习近平总书记关于应急医疗救援工作的各项重要指示精神，全面落实党中央、国务院的有关决策部署。中国红十字会和应急管理部在防灾减灾救灾合作中达成许多重要共识，并决定签署双方合作协议，共同合作提升应急医疗救援能力，是其中一项重要内容。

梁惠玲表示，《中华人民共和国红十字会法》赋予了红十字会建立红十字应急救援体系，在战争、武装冲突和自然灾害、事故灾难、公共卫生事件等突发事件中开展紧急救援、人道救助以及国际人道主义救援工作的重要职责。协助政府应急管理部门推进应急体系建设，是红十字会义不容辞的责任。长期以来，中国红十字会在协助政府做好国内自然灾害及事故灾难救援，以及国际人道救援方面做了大量工作，发挥了重要作用。下一步，红十字会将进一步发挥红十字会在国内国际应急领域的独特作用和优势，配合应急管理部，努力将应急总医院打造成国内应急救援的主力军和国际救援的重要力量。

调研期间，陈竺一行察看了支气管镜手术室、ICU 治疗室，详细了解了医院院区建设情况。中国红十字会副会长王汝鹏、副会长兼秘书长王平，应急管理部副部长郑国光出席座谈会。

3 月 28 日　“曜阳互联网养老院成立发布会暨微医捐助千院行动”启动仪式在北京举行。江西省原省委书记舒惠国，全国政协第十二届委员、人民日报社原副总编辑陈俊宏，原农业部党组成员、中央纪委驻农业部纪检组原组长朱保成，全国政协第十三届委员、中央党校原副校长黄宪起，中国红十字会副会长尹德明等出席活动。

据悉，“曜阳互联网养老院”将以老年人健康管理为核心，借助移动互联网、云计算、大数据、物联网等信息技术，全面整合跨区域优质资源，为老年人和相关服务机构搭建供需平台，同时利用老年智能终端设备，为广大老人提供全程连续、方便可及的综合性养老服务。服务主要分为生活照料、医疗健康和精神文化三大类，如助餐、助浴、助洁、健康档案管理、健康评估与管理、身体状况远程监测、预约挂号、远程专家问诊、老年护理、康复指导及心理慰藉、文体活动、精神评估、旅居养老等。

3 月 28 日至 29 日　中国造血干细胞捐献者资料库（中华骨髓库）2019 年工作会在河北省石家庄市召开。会议要求，以改革思想贯彻始终，坚持问题导向，以提质增效为核心，以跨越式发展为目标，统筹做好各项工作。中国红十字会副会长兼秘书长王平、河北省红十字会专职副会长宋振江及中华骨髓库、各省级红十字会主管领导、管理中心负责人、HLA 实验室负责人、志愿者以及工作人员等约 130 人参加会议。中国工程院院士、生物芯片北京国家工程研究中心主任程京，北京理工大学网络与攻防研究所所长闫怀志等专家受邀参会并授课。

3 月 29 日　中国红十字会 2019 年组织宣传工作会议在北京召开。

会议以习近平新时代中国特色社会主义思想为指导，深入学习贯彻习近平总书记关于群团工作和红十字工作的重要论述，贯彻落实全国两会精神和全国组织部长会议、全国宣传部长会议、中国红十字会十届六次理事会议精神，结合推进红十字会改革重点任务，统一思想认识，交流工作经验，对2019年红十字组织宣传工作进行安排部署。中国红十字会副会长尹德明出席会议并讲话。

尹德明指出，2018年全国红十字会组织宣传系统以习近平新时代中国特色社会主义思想为指导，认真学习贯彻党的十九大和十九届二中、三中全会精神，贯彻落实习近平总书记关于红十字事业的重要论述，真抓实干，积极作为，取得了明显工作成效。他要求各级红十字会切实提高政治站位，进一步增强责任感、使命感、紧迫感，从深入学习贯彻习近平总书记关于群团工作和红十字事业的一系列重要论述、贯彻落实党中央决策部署、推动红十字工作改革创新发展的高度，充分认识做好2019年红十字组织宣传工作的重要意义，以奋发有为的精神状态和创新求实的工作作风，抓好红十字会改革方案的贯彻落实，推动各项改革举措落地见效。

尹德明就2019年推进红十字组织宣传工作提出4点要求：一是要着力推进改革，改进红十字会治理结构；二是要着力加强基层组织建设，推动红十字工作进乡镇、进街道、进学校、进社区、进企事业单位；三是要着力顺应时代要求，加强红十字志愿服务组织培育，大力发展红十字志愿者队伍，完善体制机制，健全综合性激励机制，推进红十字志愿服务工作制度化规范化发展；四是要着力加强红十字宣传工作，弘扬主旋律，打好主动仗。

会议围绕2019年组织宣传工作进行了研究讨论。北京、上海、内蒙古、浙江、广东、湖南、广西、甘肃、沈阳、武汉等地方红十字会分别围绕增强代表大会、理事会、常务理事会代表性广泛性，监事会建设，理顺管理体制，红十字基层组织建设，红十字青少年工作，红十字志愿服务工作，红十字宣传工作和网上红十字会建设等内容做了交流发言。

3月29日 山西省长治市沁源县发生森林火灾，根据灾情及需求，中国红十字会总会向灾区紧急调拨单帐篷100顶、棉被600床、赈济家庭包500个、折叠床200张，总价值32.32万元。山西省红十字会紧急调拨帐篷150顶、救灾折叠床300张、棉被600床，长治市红十字会筹备矿泉水、方便面等发往灾区。青海省红十字会向灾区调拨60顶帐篷、

100 床棉被，总价值 10.6 万元。山西省、长治市及沁源县红十字会组成救援工作组赴现场发放物资，同时派遣赈济救援队第一时间前往火灾现场参与救援。

3 月 31 日　全国人体器官捐献工作会议在重庆召开，中国红十字会副会长兼秘书长王平出席会议并讲话。

王平指出，多年以来，在政府相关部门和社会各界的大力支持下，全国各级红十字会和相关医疗机构密切合作，在器官捐献的宣传动员、报名登记、捐献见证、救助激励、缅怀纪念等方面做了大量工作，取得了显著成效，得到社会普遍认可，器官捐献正被越来越多的人所接受，逐渐成为引领社会文明进步的新风尚。

王平强调，在肯定成绩的同时，要认识到开展人体器官捐献工作还面临诸多风险和挑战。同时，他也希望各级红十字会器官捐献工作者用发展的眼光、国际的视野、开放的心态、包容的胸怀，在已取得成绩的基础上，继续保持顾全大局、甘于奉献、砥砺前行的风范，不畏艰难，直面挑战，努力开创器官捐献工作的新局面。

会议对 2018 年的人体器官捐献工作进行了总结并对 2019 年的重点工作进行了部署。来自全国 31 个省（区、市）红十字会主管领导、人体器官捐献管理机构负责人、协调员、志愿者等 80 余人参加会议。

3 月 31 日　“生命如花 · 2019 全国人体器官捐献缅怀纪念暨宣传普及活动”在重庆市璧山区举办。全国人大常委会副委员长、中国红十字会会长陈竺，中国红十字会常务副会长梁惠玲，重庆市副市长、市红十字会会长屈谦等出席活动，并为“生命之花”雕塑揭幕。

在璧山区文化艺术中心，主题短片《生命如花》拉开了室内纪念活动的序幕，中国红十字会、国家卫生健康委员会、重庆市人民政府领导分别讲话。移植受者代表、捐献者家属代表、协调员代表、移植医生代表、志愿者代表分别发言，从不同角度分享了感受和体会。陈竺为现场的 5 位捐献者家属颁发纪念杯，为 2018 年度全国优秀人体器官捐献协调员颁发荣誉证书。梁惠玲为中央广播电视总台和腾讯公益慈善基金会颁发特别公益合作伙伴纪念杯。

据悉，截至今年 3 月 28 日，全国已登记器官捐献志愿者 116 万余人，成功实现捐献 2.2 万余例，救治器官衰竭患者 6.5 万余名。我国每百万人口年捐献率已从 2010 年的 0.03 提高到目前的 4.53，年捐献量位居世界第二位。

4 月 3 日　全国人大常委会副委员长、中国红十字会会长陈竺率队赴宁夏，就助力宁夏脱贫攻坚工作进行调研，并推动有关工作落地落实。宁夏回族自治区副主席杨培君，自治区政协副主席、自治区卫生健康委主任马秀珍及相关人员陪同视察并参加座谈会。

陈竺首先来到宁夏医科大学总医院远程会诊中心，了解院方“互联网+医疗健康”工作推进情况及规划介绍，并观看宁夏医科大学总医院与北京301医院及宁夏部分县（区）医院开展远程会诊平台演示。随后在召开的助力宁夏脱贫富民战略座谈会上，陈竺听取了中国红十字会总会、中华医学会、宁夏红十字会、宁夏医科大学总医院等助力宁夏脱贫攻坚工作的推进情况汇报。会上，中国红十字基金会与宁夏红十字会签署了合作框架协议。

陈竺发表讲话指出，脱贫攻坚工作是当前各项工作的重中之重。要深入学习贯彻习近平总书记关于扶贫工作的重要论述，进一步增强做好扶贫工作的责任感、使命感、紧迫感，认真总结梳理扶贫工作好的经验和做法，用好用活社会资源这盘棋，确保到2020年我国现行标准下农村贫困人口实现脱贫，贫困县全部摘帽，解决区域性整体贫困。中国红十字会、中华医学会等各类社会组织要进一步抓好各项备忘录、框架协议计划的落实，抓紧和宁夏相关部门的对接，协同推进项目尽快落地，早日惠及宁夏群众。要以项目执行促进宁夏各部门技术能力、管理能力、服务群众能力的提升，切实提高执行力，确保项目管理好、执行好，让援助方满意，让群众满意。

4月4日 中国红十字会召开关于做好自然灾害等突发公共事件应急工作电视电话会议。全国人大常委会副委员长、中国红十字会会长陈竺，中国红十字会常务副会长梁惠玲，应急管理部消防局副局长罗永强出席会议并讲话。中国红十字会副会长王海京主持会议，副会长王汝鹏、王平、尹德明，总会机关副处级以上干部及直属单位班子成员，以及各省（区、市）、地（市）、县（区）红十字会全体干部及志愿者骨干参加会议。

陈竺在讲话中指出，应急救援是中国红十字会的核心业务之一，也是法定职责。在全国安全生产形势严峻、自然灾害多发的关键时刻召开这次电视电话会议，既是以实际行动落实习近平总书记对红十字工作的系列重要指示精神，也是在全国红十字会系统全面深化改革的落实之年，不忘初心、牢记使命、积极作为、依法履职的一次动员会、部署会。

梁惠玲在讲话中强调，各级红十字会要切实提高政治站位，增强责任担当，增强“四个意识”，做到“两个维护”，坚决贯彻落实党中央决策部署，自觉在思想上政治上行动上同以习近平同志为核心的党中央保持高度一致；要深刻认识到做好防灾减灾救灾工作对于保障人民群众生命财产安全和社会和谐稳定的极端重要性，深刻认识到开展救援救灾、做好应急工作是各级红十字会法定职责和义不容辞的责任，坚持以人民为中心，把做好应急救援工作作为落实“两个维护”的具体检验，依法履行职责的有力行动，弘扬“人道、博爱、奉献”红十字精神的生动实践，在各类紧急救援、人道救助中积极作为，勇于担当，以实际行动落实党中央、国务院关于防灾减灾救灾工作的部署要求。

4月6日　中国驻尼泊尔大使侯艳琪向尼泊尔总理奥利转交中国红十字会向尼泊尔暴风雨灾区提供的5万美元捐款。奥利感谢中国红十字会的慷慨捐助，简要介绍了当前灾情及尼政府所做工作，并表示这笔捐款充分体现了中国人民对尼泊尔人民的真挚情谊。中方长期以来在防灾减灾、灾后重建等方面向尼方提供了大量援助，发挥了重要作用，双方可继续加强这一领域合作。

4月11日　2019年“‘一带一路’光明行”蒙古国行动暨内蒙古“光明行”公益活动启动仪式在呼伦贝尔市新巴尔虎右旗举行。内蒙古自治区主席、自治区红十字会名誉会长布小林宣布活动启动并向医疗队授旗。自治区副主席、自治区红十字会会长欧阳晓晖主持活动。中国红十字会副会长王汝鹏、中国红十字基金会理事长郭长江出席活动。

王汝鹏在讲话中指出，蒙古国是中国的近邻，中蒙两国红十字会一直保持着长期友好的双边关系，特别是2017年以来，在中国红十字会陈竺会长倡导下，中国红十字会、中国红十字基金会和内蒙古自治区红十字会实施了“天使之旅——‘一带一路’大病患儿人道救助计划蒙古国行动”，免费救治了100名蒙古国先心病患儿；在布小林主席亲自推动下，内蒙古自治区红十字会开展“‘一带一路’光明行”蒙古国行动，承诺未来5年为蒙古国实施1000例白内障复明手术、为100名先心病患儿进行救治、培训500名应急救护师资、支持援建一批应急救护培训设施和老年康复设备，为中蒙友好合作交流做出了应有的贡献。

蒙古国红十字会秘书长宝勒尔玛出席活动并致辞，她说中蒙两国山水相连、民心相融，始终保持着长期稳定的睦邻友好合作关系。尤其是蒙古国红十字会与中国红十字会在人道领域方面不断拓展交流合作空间，在推动两国友好交流合作中发挥了重要作用。

启动仪式上，内蒙古自治区红十字会常务副会长王芳通报了“光明行”公益活动进展情况。蒙古国和呼伦贝尔市白内障患者代表做了感谢发言。中国红十字基金会、内蒙古自治区红十字会、朝聚眼科医院集团共同签署“‘一带一路’光明行”蒙古国行动合作协议。内蒙古自治区红十字会与蒙古国红十字会签署了红十字应急救护师资培训合作协议。

据悉，内蒙古“光明行”公益活动面向全区城乡贫困家庭白内障患者广泛开展人道救助行动。截至目前，医疗队行程65万公里，累计筛查眼疾患者48万人次，实施免费复明手术20358例，手术成功率达到100%，荣获第十届“中华慈善奖”。

4月12日 中国红十字会常务副会长梁惠玲一行在北京开展调研，实地察看了红十字安全体验馆建设、应急救护培训、999院前急救和航空救援等工作，分别召开了市级红十字工作座谈会和基层红十字工作者、会员和志愿者代表座谈会。

梁惠玲指出，要切实增强全面深化改革的内生动力，把党的政治建设放在首位，坚持和加强党的领导，坚定不移走中国特色社会主义群团发展道路。要坚持问题导向，着力破解重点难点问题，实行挂图作战、销号管理，确保各项改革举措落地见效。要坚持依法治会、从严治会，加强制度建设，强化内部管理，着力打造高效规范、公开透明的红十字组织。要加强基层组织和队伍建设，广泛动员社会力量参与，着力实现组织和工作有效覆盖。要坚决转职能、转方式、转作风，重心下移、工作下沉，不断提升人道服务能力和水平。

梁惠玲强调，各级红十字会要强化责任担当，以习近平新时代中国特色社会主义思想为指导，紧紧围绕“强三性”“去四化”目标，全面推进红十字会系统深化改革。

4月16日至19日 中国红十字会常务副会长梁惠玲一行赴辽宁省沈阳市、抚顺市和吉林省长春市、延边州进行调研。其间，梁惠玲一行实地调研了贫困先心病患儿救助、造血干细胞捐献、应急救护培训及学校、农村和社区红十字工作等，召开了不同类型的红十字工作座谈会，认真听取红十字工作者、志愿者、捐赠者的意见建议。

梁惠玲强调，各级红十字会要以习近平新时代中国特色社会主义思想为指导，深入贯彻落实习近平总书记关于红十字事业重要指示批示精神，适应新形势新任务，坚持围绕中心、服务大局、服务群众；深入推进改革创新，加强自身建设，提高人道服务能力；坚持依法履职，开展人道救助，真心关爱群众，充分发挥党和政府在人道领域的助手和联系群众的桥梁纽带作用。

梁惠玲要求，各级红十字会要聚焦主责主业，切实加强应急救援、应急救护、人道救助工作，推动应急救护培训进学校、进社区、进机关，普及自救互救知识、提高应急救护技能，切实加强无偿献血、造血干细胞捐献、人体器官捐献工作。当前，要针对应对自然灾害等突发公共安全事件，加强应急救援救护能力建设，做好应对各种突发事件准备，密切与有关部门沟通联系，积极参与防灾减灾备灾工作，为保护群众生命健康贡献力量。

4月18日　红十字应急救护科普知识正式上线“学习强国”学习平台手机客户端首页“推荐”版块的“每日慕课”栏目和PC端“慕课”版块，有关红十字应急救护科普知识及其动画和测试题也将陆续上线“学习强国”学习平台。这标志着中国红十字会“加强党员领导干部红十字工作方面的教育培训”工作进入新阶段。

据悉，本次和后期将陆续上线的红十字应急救护“慕课”，源于中国红十字会总会训练中心开发的应急救护培训和普及教育内容，主要包括：心搏骤停现场心肺复苏术、自动体外除颤器（AED）使用操作，脑卒中、心梗、糖尿病急症等常见急症现场急救，气道异物梗阻、烧烫伤、冻伤、中暑、骨折、出血、动物咬伤等意外伤害和创伤现场急救，地震、火灾、水灾、踩踏等突发事件现场逃生和自救互救，溺水、触电等现场救援救护，交通、消防、校园、家庭安全知识，以及红十字精神和红十字运动知识等内容。

4月25日　中国红十字会总会党组召开机关青年干部座谈会，集中学习习近平总书记在中央党校（国家行政学院）中青年干部培训班开班式上的重要讲话精神，座谈交流青年干部如何在实践中历练成长成才，10名青年干部代表结合思想工作和个人成长经历畅谈了认识和体会。总会党组书记、常务副会长梁惠玲出席座谈会，强调青年干部要加强政治历练和实践磨炼，在干事创业中成长成才，书写人生精彩。党组成员、副会长兼秘书长王平主持会议。

4月25日　第二届“一带一路”国际合作高峰论坛在北京开幕。论坛召开前夕，新华社发布专题片《一带一路的礼物》，其中第一集《笑从心中来》讲述了阿富汗先心病患儿比拉尔·沙菲克在中国红十字会帮助下，跨越喀喇昆仑山脉，来到中国接受免费手术的感人故事。

比拉尔的故事，是中国红十字会全面实施“红十字与‘一带一路’同行”战略，优化人道服务供给，增进“一带一路”沿线国家人民福祉的一个缩影。

截至目前，中国红十字会已先后在“一带一路”沿线21个国家展开人道行动，投入人道资金数千万元，开展防灾减灾、社区发展、卫生健康等人道救助和服务项目，使红十字人道外交成为“一带一路”民心相通的重要力量。

4月27日 第二届“一带一路”国际合作高峰论坛清单发布，“中国红十字会继续在巴基斯坦推进中巴急救走廊”被列入成果清单。

据悉，截至目前，中国红十字会共派出3批队员，接诊患者3545人次，其中中国籍患者898人次、巴基斯坦籍患者2647人次。

4月29日 湖北省政府印发通知，批准英山等17个县（市、区）退出贫困县，并要求英山县继续完成剩余贫困人口脱贫任务，实现已脱贫人口的稳定脱贫，做到摘帽不摘责任、不摘政策、不摘帮扶、不摘监管，不断巩固提升脱贫成果，确保脱贫成效经得起实践和历史的检验。

英山县是中国红十字会总会定点扶贫县。据悉，截至2019年一季度，英山县已实现78个贫困村全部脱贫出列、36582户103563人脱贫销号，贫困户和贫困人口存量降至231户513人，贫困发生率降至0.15%。

4月29日至5月3日 全国人大常委会副委员长、红十字会与红新月会国际联合会副主席、中国红十字会会长陈竺率中国红十字会代表团在瑞士日内瓦出席国际联合会第39次领导委员会会议。本次会议审议了国际联合会重点工作进展，与红十字国际委员会召开共同会议，讨论2019年国际联合会全体大会、运动代表会议和国际大会筹备情况并启动国际联合会成立100周年纪念活动等。

会议期间，陈竺还主持了亚太和中东地区领导委员会成员会议，出席强大国家红会与志愿服务工作组会议，分别会见了国际联合会主席罗卡和秘书长阿西。

4月30日 纪念五四运动100周年大会在北京举行。中国红十字会总会团委积极组织总会机关各部室及各直属单位团支部青年干部收看大会直播，认真学习领会习近平总书记在大会上的重要讲话精神。青年干部们观看后纷纷表示，习近平总书记的讲话立意高远、内涵丰富、感情真挚，体现了以习近平同志为核心的党中央对青年的深切关怀，也为新时代中国青年的成长成才指明了方向。青年干部们表示，要把学习贯彻习总书记的讲话精神融入为国奉献、为民造福的红十字事业当中，更好地发挥党和政府在人道领域的助手和桥梁纽带作用，立足本职岗位、树立远大理想、练就过硬本领，勇于担当、务实奉献，在新时代的接力跑中彰显青春力量，为红十字会改革与红十字事业发展贡献力量。

5月4日 中国红十字援外医疗队在阿富汗首都喀布尔的皇家医院对当地先天性心脏病患儿开展筛查，标志着“天使之旅——‘一带一路’大病患儿人道救助计划阿富汗二期行动”正式启动。这也是中国红十字援外医疗队自2017年以来第四次赴阿开展先心病患儿筛查救治工作。

医疗队筛查期间，全国人大常委会副委员长、红十字会与红新月会国际联合会副主席、中国红十字会会长陈竺，阿富汗第一夫人鲁拉·加尼，阿富汗红新月会代理会长加兹娜法尔，中国红十字会副会长兼秘书长王平，中国驻阿富汗大使刘劲松等共同看望了正在紧张工作的中国红十字援外医疗队的医生和接受检查、等候筛查的患儿，并为患儿们送上来自中国的大熊猫玩偶。

5月4日至5日 全国人大常委会副委员长、红十字会与红新月会国际联合会副主席、中国红十字会会长陈竺率中国红十字会代表团访问阿富汗，会见了总统加尼及第一夫人鲁拉·加尼、公共卫生部部长费罗兹及阿富汗红新月会代理会长加兹娜法尔，探望了正在接受中国红十字援外医疗队筛查的阿富汗先天性心脏病患儿，看望了中国使馆工作人员和在阿工人代表，出席了使馆举行的阿富汗医学界招待会，参观了中国政府援建的喀布尔共和国医院。陈竺一行受到阿富汗各界热烈欢迎，访问取得圆满成功。中国红十字会副会长兼秘书长王平、中国驻阿富汗大使刘劲松陪同出席上述活动。

陈竺感谢加尼总统等对人道主义事业和中阿医疗合作的支持，表示在中阿两国领导人的关心和指导下，中国红十字会与阿富汗红新月会成功在阿开展医疗救助活动。中阿两国是友好邻邦，近年来，中国红十字会在“一带一路”框架下积极开展人道主义领域国际交流与合作，取得很好效果，阿富汗人民也是受益者。一年多来，中国红十字会圆满完成救治100名阿富汗先心病患儿的目标，让100名孩童和他们的家长重现笑容。这是中国红十字会在阿富汗开展人道主义行动踏出的第一步，接下来还要再踏出第二步、第三步和更坚实长远的步伐。今明两年，中阿两国红会将继续合作，再筛查和救治300名阿富汗先心病患儿。中方还将协助提升阿富汗相关医疗能力和水平，帮助阿富汗医护人员自行开展先心病患儿救治手术。除救助阿富汗先心病患儿外，中国红十字会还通过阿富汗红新月会向阿富汗受灾民众提供物资援助和紧急人道主义援助，并专门为阿方举办灾害管理培训班。

陈竺赞赏阿富汗红新月会的出色工作与国际合作能力，表示作为红十字会与红新月会国际联合会副主席，他将进一步推动和协调各国红会整合资源为阿富汗提供更多人道主义援助，为构建人类命运共同体做出积极贡献。

加尼总统感谢中国红十字会在阿富汗开展的先心病救治等人道主义援助行动，感谢乌鲁木齐等中国各地的医护工作者为阿富汗患儿付出的心血，表示阿方愿以同中方共建“一带一路”为契机，拓展中阿各领域合作。

陈竺还代表中国红十字会向阿富汗红新月会捐赠20万美元紧急人道主义援助，用于救助遭受洪灾的阿富汗民众，为阿富汗红新月会优秀志愿者颁发证书，勉励他们继续为红十字事业奋斗。

5月6日至7日　全国人大常委会副委员长、红十字会与红新月会国际联合会副主席、中国红十字会会长陈竺率中国红十字会代表团访问科威特。

访问期间，陈竺会见了科威特副首相兼外交大臣萨巴赫亲王。陈竺对萨巴赫亲王在斋月期间会见表示感谢，并对科威特红新月会在中东地区和国际红十字与红新月运动中发挥的重要作用表示赞赏。

萨巴赫亲王表示，科威特政府倡导人道援助，重视红会作用，非常感谢陈竺副主席对科威特红新月会的支持，希望中科两国在人道领域加强合作。

陈竺还与科威特红新月会会长希拉勒举行会谈，考察了科威特红新月会应急指挥中心等部门、阿卜杜拉之家儿童临终关怀医院和达斯曼糖尿病研究所，并赴科威特自然康复医院亲切看望了中国援科医疗队队员。

中国红十字会副会长兼秘书长王平、中国驻科威特大使李名刚、红十字会与红新月会国际联合会中东北非地区代表处副主任穆罕默德·穆基尔陪同参加相关活动。

5月7日至9日　全国首届社会应急力量技能竞赛决赛在重庆举行，红十字救援队伍表现优异，以10支队伍打入决赛、3支获得亚军、1支获得季军的成绩向社会交出了一份优异的答卷。中国红十字会副会长王海京应邀出席颁奖仪式，并看望慰问红十字救援队员。

5月8日　在第72个世界红十字日和第11个全国防灾减灾日来临之际，中国红十字会在位于绍兴的浙江省消防总队培训基地举办“同心协力—2019”应急救援综合演练。此次演练由中国红十字会总会主办，目的是进一步提升各级、各类红十字救援队联合救援能力，更好地发挥红十字救援队在自然灾害等突发公共事件应急救援中的积极作用。中国红十字会常务副会长梁惠玲出席活动并在开幕式上讲话。

梁惠玲强调，加强红十字应急救援综合演练，全面提升应急救援能力，配合政府做好自然灾害等突发公共事件应急救援工作，事关最困难、最需要帮助、最易受损害群体的切身福祉，事关人民群众的获得感、幸福感、安全感，责任重大、意义重大。党的十八大以来，习近平总书记多次就防灾减灾救灾工作做出重要论述，为中国红十字会强化应急救援能力，加强应急救援体系建设，积极参与自然灾害等突发公共事件应急救援工作指明了方向，提供了重要遵循。

梁惠玲（左二）等实地查看救援队设备

此次演练以国内某地发生 8 级地震为背景，采取实景现场模拟方式，演练赈济、医疗、供水、大众卫生、搜救、心理、水上救生共 7 类救援队实战救援课目和后勤、通信等保障课目，以及受灾群众现场自救互救等课目，中国红十字医疗救援队、中国红十字（湖北）供水救援队、中国红十字（云南）大众卫生救援队、中国红十字（宁夏、广西）赈济救援队、贵州省红十字会供水救援队、浙江省红十字应急搜救队等 16 支红十字救援队参加演练。

浙江省委常委、组织部部长黄建发，副省长、省红十字会会长成岳冲，中国红十字会副会长王海京，绍兴市委书记马卫光等领导，应急管理部、国家卫健委、外交部、教育部、国家发改委、中国气象局、中国地震局等部委相关部门负责人以及红十字国际委员会东亚地区代表处、红十字会与红新月会国际联合会东亚地区代表处、丹麦红十字会相关代表出席开幕式并观摩演练。

5 月 9 日至 10 日 中国红十字会常务副会长梁惠玲一行赴甘肃省兰

州市、定西市，实地调研应急救援体系建设、应急救护培训、红十字志愿服务、造血干细胞捐献、社区红十字工作、助力脱贫攻坚等，召开红十字工作座谈会，认真听取红十字工作者、志愿者的意见建议。

梁惠玲强调，要以习近平新时代中国特色社会主义思想为指导，深入贯彻落实习近平总书记关于红十字事业重要指示批示精神，扎实推进红十字会系统全面深化改革，务求取得改革实效。

梁惠玲指出，今年是红十字会系统改革落实年，各地红十字会要把抓好改革任务落实摆在重中之重的突出位置，切实担负起全面深化改革的政治责任。要增强改革的内生动力，组织开展大学习、大讨论、大调研，推动解放思想、更新观念，进一步凝聚改革共识、激发改革动力，切实增强改革的思想自觉和行动自觉。要压实领导责任，红十字会党组要切实担负起组织实施改革的主体责任，主要负责同志要落实第一责任人职责，当好“施工队长”，亲自抓、带头干、负总责。要尽快制定出台省级红十字会改革方案，及时研究制定重要改革举措分工方案，细化实化全面深化改革的任务书、施工图，确保各项改革举措落地见效，并实行省市县联动、依次推进。要突出红十字会特色，提高改革质量，着力研究破解改革重点难点问题，以重点突破实现改革整体推进。要强化改革宣传，组织各类媒体全方位、多渠道广泛深入宣传红十字会改革，唱响改革主旋律，在全社会营造关心、理解、支持、参与改革的浓厚氛围。要强化督促检查，认真抓好改革决策部署和各项举措的落实，及时跟踪掌握改革措施落实情况，及时有效纠正改革偏差，切实增强改革的系统性、整体性、协同性、针对性、时效性。

梁惠玲要求，要主动融入党委政府工作大局，发挥红十字会独特优势，广泛动员社会资源，助力打赢脱贫攻坚战。要切实加强应急救援救护能力建设，做好应对自然灾害等突发事件准备，积极参与防灾减灾备灾工作，为保护群众生命健康贡献力量。

5月10日　天津市首家红十字应急救护示范基地在滨海新区正式落成开馆。该基地是由中国红十字会总会专项支持的特色项目，是开展群众性应急救护培训与体验活动、普及自救互救知识和逃生避险技能的场所。

5月13日　中国红十字会“健康社区发展基金”捐赠仪式在深圳举行。中国红十字会副会长王汝鹏、深圳亚派投资集团董事长王迺玉出席仪式。“健康社区发展基金”是由深圳亚派投资集团以及股东共同发起，王迺玉个人捐款200万元作为创始资金，在中国红十字会设立的专项基金，专门用于资助符合红十字会宗旨的公益项目。

5月14日至18日 朝鲜红十字会常务副会长白永浩率团对中国红十字会进行友好访问。中国红十字会常务副会长梁惠玲会见了白永浩一行，双方就加强在组织发展、能力建设、红十字青少年、志愿服务等方面的交流与合作进行了交流。白永浩一行还参观了北京市红十字会紧急救援中心，并赴辽宁省考察红十字工作。

5月15日 由中国红十字会总会主办，中国红十字基金会、京东数字科技承办的全国红十字会系统第二届众筹扶贫大赛（红十字·众筹扶贫大赛）省级赛正式拉开帷幕。本次大赛主题为“同在，同改变——红十字助力脱贫攻坚”。截至5月10日，共有来自28个省（区、市）的785个“脱贫带头人+贫困户”团队报名参赛，众筹目标逾千万元。

5月21日至23日 中国红十字会常务副会长梁惠玲一行赴湖北省调研，深入宜昌市、武汉市及英山县，实地了解应急救护培训、遗体和组织捐献、红十字博爱家园、红十字进社区和助力脱贫攻坚等工作情况，召开红十字工作座谈会，听取红十字工作者、志愿者的意见建议。

梁惠玲强调，要以习近平新时代中国特色社会主义思想为指导，深入贯彻习近平总书记关于红十字事业重要指示批示精神，扎实落实中国红十字会全面深化改革任务，适应新形势新任务，围绕中心、服务大局，坚持依法履职，着力改革创新，加强自身建设，开展人道救助，真心关爱群众，充分发挥红十字会作为党和政府在人道领域的助手和联系群众的桥梁纽带作用。

在中国红十字会定点扶贫县英山县调研脱贫攻坚工作时，梁惠玲指出，脱贫摘帽只是取得阶段性目标成果，并不代表脱贫攻坚战的完全胜利。要深入贯彻习近平总书记关于扶贫工作的重要论述，聚焦解决“两不愁三保障”，围绕提高脱贫质量、巩固脱贫成果，扎实推进精准扶贫、精准脱贫，确保如期高质量完成脱贫攻坚任务。要发挥红十字会独特优势，提升帮扶质量，聚焦重点、压实责任，创新方式、加大力度，多管齐下、多措并举，助力全面打赢脱贫攻坚战。

5月21日至24日 中国红十字会总会报刊社、红十字国际委员会东亚地区代表处联合主办的2019年度新闻传播业务培训班在广东省珠海市开班。中国红十字会副会长尹德明，广东省红十字会常务副会长史先东，珠海市副市长、市红十字会会长阎武等出席开班式。

在珠海期间，尹德明一行与珠海市红十字会工作人员及志愿者进行座谈，实地走访珠海市红十字志愿服务基地、“博爱家园”项目点、生命安全体验馆。他充分肯定了珠海市红十字会多年来取得的成绩，并就基层组织建设、新闻宣传、红十字志愿服务等工作提出意见和建议。

5月22日 中国红十字会总会印发《关于加强红十字会财务工作的指导意见》，从完善财务管理制度、健全内部控制机制、规范会计基础工作、强化预算管理、严格收支管理、加强资产管理、建立财务报告制度和加强组织领导等方面对红十字会财务工作做出规范。

5月22日 根据福建省红十字会上报洪涝灾情及需求情况，总会启动四级应急响应，从福建省红十字会备灾仓库调拨3000床棉被、3000件夹克衫，从杭州备灾救灾中心调拨2000个赈济家庭包，拨付10万元紧急备用金，款物价值共计89.084万元。

5月29日 根据湖南洪涝灾区需求，总会启动四级应急响应，从湖南省红十字会备灾中心调拨棉被2000床、赈济家庭包250个，从广州备灾救灾中心调拨赈济家庭包1000个，从广西红十字会备灾仓库调拨赈济家庭包750个，物资价值63.59万元。

5月29日 根据贵州洪涝灾区需求，总会启动四级应急响应，从贵州省红十字会备灾救助服务中心调拨棉被1500床、夹克衫400件，从成都备灾救灾中心调拨赈济家庭包1500个、夹克衫1100件，物资价值共计51.51万元。

5月30日 根据安徽洪涝灾区需求，总会启动四级应急响应，从安徽省红十字会备灾中心调拨棉被2500床、赈济家庭包1000个，从杭州备灾救灾中心调拨赈济家庭包1500个、折叠床160张，物资价值共计80.41万元。

5月30日 根据广西洪涝灾区需求，总会启动三级应急响应，从广西红十字会备灾仓库调拨棉被3000床、赈济家庭包2500个，拨付紧急备用金10万元，款物价值共计110.17万元。

6月3日 第三期"院士+"内蒙古儿科医师研修班开班仪式在上海儿童医学中心举行。中国红十字基金会副理事长刘选国、内蒙古自治区红十字会常务副会长王芳及捐赠方代表等出席开班仪式。

来自内蒙古自治区人民医院、武警内蒙古总队医院、乌兰察布市中心医院、赤峰市医院、巴彦淖尔市中心医院等医疗机构的儿科医师参加培训。

6月3日 根据湖北洪涝灾区需求，总会启动四级应急响应，从中国红十字会湖北备灾救灾中心调拨夹克衫2500件、赈济家庭包500个，从杭州备灾救灾中心调拨赈济家庭包2000个，物资价值共计68.5万元。

6月8日 根据江西风雹洪涝灾情，中国红十字会总会启动四级应急响应，从江西省红十字会备灾仓库调拨2000床棉被，从杭州备灾救灾中心调拨2000个赈济家庭包，物资价值共计76.76万元。

6月10日 由于江西灾情持续发展并加重，总会将响应由四级提升至三级，在8日救助的基础上，向江西灾区追加调拨棉被2223床、赈济家庭包2000个，从杭州备灾救灾中心追加调拨棉被1000床、赈济家庭包1000个，物资价值共计117.71万元。同时，派遣工作组赶赴江西灾区察看灾情，进一步了解灾区需求，以做好后续救灾工作。

6月11日 根据广西洪涝灾区需求，总会启动四级应急响应，从广西红十字会备灾仓库调拨棉被2500床、赈济家庭包2000个，物资价值共计80.76万元。总会还将密切关注灾情，及时向各地提供援助。

6月11日至13日 中国红十字基金会在甘肃省援建的首批11个“博爱校医室”相继落成。据悉，“博爱校医室”项目是中国红基会于2016年11月发起的融合助医、助学两大领域的新型公益项目，截至今年6月，已先后在贵州、江西、湖北、四川、云南等地援建106个“博爱校医室”，举办17期校医培训，培训1700余名校（园）医和保健老师，在30余所学校开展校园健康教育活动。

6月12日 为深入贯彻习近平总书记关于防灾减灾救灾工作系列重要论述，全面落实党中央、国务院有关决策部署，更好发挥各自优势，有力有序有效应对自然灾害、生产安全事故等突发事件，保护人民群众生命财产安全，中国红十字会常务副会长梁惠玲与应急管理部党组书记、副部长黄明签署防灾减灾救灾联动工作机制合作协议。

根据协议，双方将加强信息共享，建立数据共享共用机制和信息通报机制；强化应急联动，建立统一指挥调度机制和资源协同保障机制；提升应急能力，重点提升应急医疗救援能力和航空应急救援能力，加强基层防灾减灾能力建设，并引导社会应急力量发展；加强国际合作，积极开展国际交流，参与国际救援。同时，双方将加强日常沟通联络，开展应急管理、应急救护等联合培训演练，并推动省、市、县三级应急管理部门和红十字会加强合作，不断健全完善地方各级防灾减灾救灾联动工作机制。

防灾减灾救灾联动工作机制合作协议的签署，对于中国红十字会融入国家总体应急体系，引导社会救援力量参与应急工作等具有基础性重要意义。

6月13日 根据湖南洪涝灾情，总会启动四级应急响应，从湖南省红十字会备灾中心调拨棉被2000床、赈济家庭包2000个，物资价值共计76.96万元。

6月14日 由国家卫生健康委、中国红十字会总会、中央军委后勤保障部卫生局、湖北省政府联合主办的纪念2019年世界献血者日全国主会场活动在武汉举行。今年的活动主题是“献血和普及安全输血，这是实现全面健康覆盖的一个组成部分”，口号为“人人享有安全血液”。

自1998年《中华人民共和国献血法》实施以来，在政府大力推动和群众积极参与下，我国仅用20年时间就全面建立了无偿献血制度，实现从有偿献血到自愿无偿献血的转变，血液核酸检测实现全覆盖。

中国红十字会副会长王海京出席活动，为无偿献血先进典型代表颁奖。他指出，湖北省无偿献血工作一直走在全国前列，在2016—2017年度无偿献血表彰工作中，湖北省荣获“全国无偿献血先进省”荣誉称号，武汉等13个州市获“无偿献血先进市”荣誉称号。

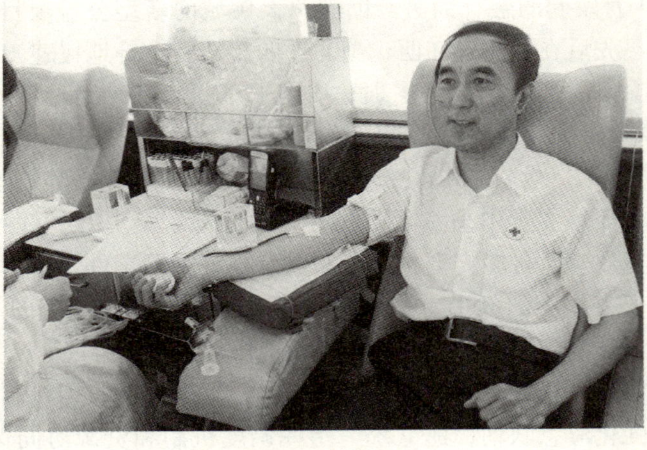

王海京在现场献血

据悉，2018年全国共有1500余万人次参加无偿献血，采血总量达2500多万单位，采血人次和采血量20年连续增长，实现临床用血全部来自自愿无偿捐献。

湖北省副省长杨云彦、中央军委后勤保障部卫生局师职助理李芳、湖北省红十字会常务副会长宋悦明等出席活动，并为无偿献血先进典型代表颁奖。

6月17日至18日 由中国红十字会总会主办，台湾红十字组织、慈济骨髓干细胞中心、中华耆人之扶发展协会协办，福建省红十字会、厦门市红十字会承办的第九届海峡两岸红十字博爱论坛在厦门举行。中国红十字会副会长兼秘书长王平、台湾红十字组织常务监事召集人曹尔忠、福建省红十字会常务副会长林圣魁、厦门市副市长国桂荣等出席论坛开幕式。

来自中国红十字会总会及福建、重庆、内蒙古、浙江、安徽、山东、海南、四川、云南等省（区、市）红十字会的代表，台湾红十字组织、台湾慈济骨髓干细胞中心、台湾慈善机构代表，海峡两岸志愿者、专家学者，以及港澳红十字会代表等百余人出席论坛。

6月17日至21日 按照中共中央《关于在全党开展“不忘初心、牢记使命”主题教育的意见》，中国红十字会总会举办处级以上党员领导干部“不忘初心、牢记使命”主题教育读书班，组织总会党组成员，总会机关各部门、直属单位处级以上党员干部和党支部委员利用一周时间集中学习研讨习近平总书记关于“不忘初心、牢记使命”重要论述，深入学习贯彻习近平新时代中国特色社会主义思想。

总会党组成员、副会长王海京、王汝鹏、王平、尹德明参加了读书班。

6月18日至19日 四川省宜宾市长宁县17日发生6.0级地震，并发生多次余震。截至19日16时，此次地震共造成220人受伤，24万余人受灾，紧急转移安置5万余人。

地震发生后，中国红十字会迅速启动三级应急响应，派遣救援队伍紧急驰援灾区，调拨救灾物资帮助受灾群众解决燃眉之急。中国红十字会首批救援人员和救灾物资于18日凌晨4时抵达震中双河镇，总会救灾工作组也于当天中午在双河镇中学成立，协调组织各级红十字会开展救灾工作。

据悉，截至目前，中国红十字会总会和灾区各级红十字会共调拨救灾帐篷150顶、赈济家庭包2000个、棉被2000床、服装1880件、折叠床200张，用于受灾群众的转移安置；共出动搜救、医疗、赈济等救援队伍4支共36人，成功将3名被困老人转移至当地医院；建立临时安置点3个，搭建帐篷110顶，安置受灾群众600余人；在双河镇中心卫生院与县卫生健康局设立红十字帐篷医院一所，救治转运伤病员160余人次。

6月24日 根据贵州洪涝灾区需求，总会启动四级应急响应，从贵州省红十字会备灾中心调拨棉被2000床、赈济家庭包2000个，拨付紧急备用金10万元，物资价值共计85.96万元。

6月25日 针对湖南洪涝灾区需求，总会启动四级响应，从湖南省红十字会备灾中心调拨赈济家庭包1500个、棉被1500床，物资价值共计57.82万元。

针对江西洪涝灾区需求，总会启动四级响应，从江西省红十字会备灾仓库调拨毛巾被4000条，从湖北备灾救灾中心调拨赈济家庭包2000个，物资价值共计85.76万元。

6月26日至27日 中国红十字会2019年“博爱家园”助力脱贫攻坚项目现场会在云南昭通举行。中国红十字会副会长王海京，云南省红十字会党组书记董和春、常务副会长张宽寿，昭通市委书记杨亚林、市长郭大进等出席开幕式。开幕式上，中国红十字会总会为获得全国红十字会系统“博爱家园”项目助力脱贫攻坚十大精品项目和十大优秀项目颁发了奖牌。各省（区、市）红十字会分管领导及项目人员出席会议，云南省各地（州、市）红十字会领导列席会议。

王海京在讲话中强调，实施“博爱家园”项目是红十字会参与社区治理的具体体现，是参与精准扶贫的重要抓手，是实施核心业务的重要平台，是传播红十字精神的重要阵地。

会议期间，与会代表考察了昭通市昭阳区永丰海升苹果种植基地生计发展项目、鲁甸县光明村“博爱家园”项目、鲁甸县龙头山新集镇（甘家寨）“博爱家园”项目，分享了项目经验和做法，学习了中国红十字会项目信息管理系统。同时，与会代表结合第三方评估报告梳理的“博爱家园”项目管理中存在的问题，就新形势下“博爱家园”项目的定位与发展、启动城市社区“博爱家园”项目、夯实基层红十字阵地、破解生计金难题等问题进行了深入探讨。

6月27日 浙江省瑞安市陶山服务区红十字服务站正式亮相，30余种应急设备、物品及药品一应俱全，40余位服务区一线工作人员学习应急救护技能，24小时为过往旅客提供服务，最大限度保障服务区旅客及工作人员生命健康安全。据悉，陶山服务区是浙江省第一个设立红十字服务站的高速服务区，它的建成不仅完善了高速公路应急救援体系，使公众出行更加安全、便利，也向群众传播了红十字精神，让更多人了解红十字运动。

6月30日 中国红十字会总会、苏州大学、中国红十字基金会在北京签署创办红十字国际学院合作协议。全国人大常委会副委员长、中国红十字会会长陈竺出席签字仪式，中国红十字会副会长王汝鹏、苏州大学校长熊思东、中国红十字基金会理事长郭长江分别代表合作方在协议上签字。中国红十字会常务副会长梁惠玲主持签字仪式，红十字国际学院筹建工作领导小组成员、苏州大学有关方面负责人参加签字仪式。

陈竺在讲话中指出，中国红十字事业正处在新的历史起点上，红十字国际学院的创办正当其时，它不仅将为中国特色红十字事业的可持续发展注入新的动力，也将为解决国际人道问题、促进国际红十字运动发展贡献中国智慧和中国方案。他希望合作各方加快学院筹建工作，做好顶层设计，调动各方资源和力量，使红十字国际学院早日建成开学、发挥作用。

陈竺（后排左三）出席红十字国际学院合作协议签字仪式

7月1日　为庆祝中国共产党建党98周年，中国红十字会总会组织党员干部来到中国人民抗日战争纪念馆，开展“不忘初心、牢记使命”主题党日活动。中国红十字会党组书记、常务副会长梁惠玲，党组成员王海京、王平、尹德明及总会机关、直属单位近90名处级以上党员干部和党支部委员参加了活动。

7月1日　中国红十字基金会在宁夏银川市第十六中学举行“博爱校医室”揭牌仪式。全国人大常委会副委员长、中国红十字会会长陈竺出席仪式，并实地考察“博爱校医室”运行情况。中国红十字会副会长王汝鹏、宁夏回族自治区人大常委会副主任姚爱兴、自治区副主席杨培君等参加活动。

据悉，银川市第十六中学“博爱校医室”是宁夏设立的首家示范“博爱校医室”，也是中国红十字基金会援建的第117所“博爱校医室”。中国红十字基金会理事长郭长江介绍，今年计划在宁夏援建20所“博爱校医室”，并培训100名校医。

7月2日　中国红十字基金会“院士+博爱基金”发展座谈会暨管委会会议在宁夏银川市召开。会议总结了基金成立来的工作成果，研讨了基金下一步发展战略，还启动了罕见病关爱行动。全国人大常委会副委员长、中国红十字会会长陈竺及“院士+博爱基金”联合发起人饶子和等5位院士，中国红十字会副会长王汝鹏、宁夏回族自治区人大常委会副主任姚爱兴、自治区副主席杨培君等出席会议。中国红十字基金会理事长郭长江主持座谈会。来自宁夏、内蒙古红十字会及“院士+博爱基金”合作医院、爱心企业、参加“院士+”西部儿科医师培训的代表共80人出席会议。

陈竺在讲话中充分肯定了“院士+博爱基金”3年来的工作成果，积极评价基金在人道供给侧改革及专业管理方面发挥的引领作用，并鼓励基金勇于创新、敢于尝试，加大宣传力度，更广泛地动员社会人道资源，为构建人类命运共同体贡献力量。

据悉，“院士+博爱基金”自2016年2月设立以来，共接受社会捐赠款物5932.51万元，培养优秀儿科医师226名、基层医师95名、乡村医生95名，惠及新疆、贵州、青海、内蒙古、云南、陕西等地多个地区；奖励了优秀在校医学生97名；先后资助开展了5期养老介护培训，共培训养老介护员和养老服务师资189名；救助急性心梗患者267778人；已有超过400位贫困急性血栓性脑梗死患者受益；培训介入领域医生1000余名；并向全国128家基层医疗机构捐赠了全科诊疗设备。

7月9日至10日　针对江西、福建洪涝灾害，中国红十字会总会相继启动2次四级应急响应，向灾区紧急调拨救灾物资。9日，针对江西灾区需求，总会从江西省红十字会备灾救灾中心调拨毛巾被3000条，从湖北备灾救灾中心调拨赈济家庭包2000个；10日，总会提升应急响应等级，在前期救助的基础上，从总会备灾救灾中心追加调拨赈济家庭包4000个、棉被2000床，两批物资总价值188.62万元。

9日，针对福建灾区需求，总会从福建省红十字会备灾救灾中心调拨赈济家庭包2000个、毛巾被2000条、夹克衫1300件，拨付紧急备用金10万元，款物价值共计88.16万元。

7月10日　根据湖南洪涝灾区需求，总会启动三级应急响应，从湖南省红十字会备灾救灾中心调拨棉被3000床、毛巾被6000条，从总会备灾救灾中心调拨赈济家庭包4000个，物资价值共计151.68万元。

7月16日至17日　根据江西灾区需求，总会于16日启动三级应急响应，从总会备灾救灾中心调拨赈济家庭包4500个、棉被5000床，物资价值共计 144.33 万元。

根据广西灾区需求，总会于 17 日启动四级应急响应，从广西红十字会仓库调拨赈济家庭包 1600 个、棉被 1300 床、毛巾被 500 条、单帐篷 30 顶、折叠床 300 张，物资价值共计 70.8 万元。

根据湖南灾区需求，总会于 17 日启动四级应急响应，从湖南省红十字会备灾救灾中心调拨赈济家庭包 1250 个、棉被 1220 床、毛巾被 2000 条，物资价值共计 60.28 万元，

7 月 20 日 中国红十字援外医疗队第三批队员圆满完成任务回国。截至目前，中国红十字援外医疗队共向巴基斯坦派出四批队员，累计为当地民众提供医疗服务 3915 人次，获得各方赞誉。

7 月 22 日至 25 日 中国红十字会党组书记、常务副会长梁惠玲一行赴山东省进行“不忘初心、牢记使命”主题教育调研，深入济南市、淄博市社区、学校，实地了解红十字志愿服务、红十字青少年、红十字基层组织建设、博爱家园、“三救”“三献”等工作情况，并召开座谈会，认真听取红十字工作者、志愿者及有关部门代表的意见建议。山东省副省长、省红十字会会长孙继业陪同在济南的调研活动。

梁惠玲强调，要以习近平新时代中国特色社会主义思想为指导，深入贯彻落实习近平总书记关于红十字事业重要指示批示精神，紧紧围绕党和国家中心任务，增强责任意识，推进改革创新，加强自身建设，聚焦主责主业，积极开展人道救助，充分发挥红十字会作为党和政府在人道领域的助手和联系群众的桥梁和纽带作用，努力为国奉献、为民造福。

7 月 23 日 为进一步做好红十字理论研究，推动新时代中国特色红十字事业发展，上海红十字运动研究会召开 2019 年学术年会暨会员大会。上海市红十字会党组书记、常务副会长张浩亮，副会长李江英，苏州大学红十字运动研究中心主任、博士生导师池子华教授等出席活动。上海市红十字会副会长、研究会会长程国樑主持会议。

会上，张浩亮肯定了研究会近年来的工作和取得的成绩。他指出，做好红十字理论研究工作要突出“三个着力”：一是不忘初心，着力发展中国特色红十字理论；二是立足实际，着力推动理论与实践有机结合；三是促进发展，着力实现共建、共研、共享。

据了解，上海红十字运动研究会成立于 2015 年 12 月，是全国首家由红十字会设立的以红十字运动为专门研究对象的内设机构。研究会以“开展理论研究、搭建交流平台、架通传播桥梁、发挥智库作用”为目的，着眼上海红十字事业发展的“历史厚度、国际高度、群众广度”，

积极开展理论与实践研究。

7月24日至26日 由中国红十字会总会、红十字国际委员会主办，中国红十字会总会备灾救灾中心承办的中国红十字救援队“遇难者遗体处理”培训班在北京举行。中国红十字会副会长王海京、红十字国际委员会东亚地区代表处主任蒂埃里·梅拉出席开班式。6支国家级红十字医疗救援队、3支国家级红十字水上救援队，以及辽宁、浙江、山东、广西、四川、云南、新疆等地红十字搜救队伍参加培训。来自应急总医院的中国救援队骨干队员应邀参加培训。

“遇难者遗体处理”培训班根据红十字国际委员会在全球范围内确定的需求设立，旨在帮助受训者掌握在紧急状况、自然灾害、事故灾难等发生后管理遇难者遗体的标准和方法。为增强课程实用性，中国红十字会与红十字国际委员会还结合中国实际对课程进行了“本土化改造”。

据悉，本课程为《中国红十字救援队培训演练大纲》规定课程，也是中国红十字会首次将该课程完整引入国内，今后将根据各地救援队伍需求不定期开展培训。

7月25日 第二届全国红十字会系统众筹扶贫大赛组委会第三次会议在北京召开。著名影视演员杨童舒在会上获聘“红十字众筹扶贫大赛”公益形象大使，中国红十字会副会长、大赛组委会主席王汝鹏向杨童舒颁发公益形象大使证书。未来，杨童舒将通过走访扶贫地区、拍摄主题海报、推荐扶贫产品等方式助力大赛宣传与推广。同时，杨童舒还受邀担任大赛特邀评委参加大赛相关活动，为贫困地区扶贫产品销售加油助力。

据悉，自2016年12月1日至今，京东众筹已帮扶近200个国家级贫困县，成功完成500余个项目的众筹，筹款总金额超过2000万元，共计获得20万名普通用户的认可和支持，帮助数万户贫困家庭提升收入。

7月26日 根据四川洪涝灾区灾情，总会启动四级应急响应，从成都备灾救灾中心调拨棉被2000床、冲锋衣2000件、赈济家庭包1000个、单帐篷40顶，物资价值74.27万元。

7月31日 中国造血干细胞捐献者资料库管理中心公布了最新统计数据：自红会“十大”以来，中华骨髓库库容以每年约15万人份的速度在增加；捐献例数逐年递增，仅今年1月至7月，就实现捐献766例，超过2014年全年捐献总数。

8月5日至9日 为落实中央和国家机关工委《关于开展“根在基层”2019年中央和国家机关青年干部调研实践活动的通知》有关要求，

总会机关团委组织 6 名青年干部赴新疆维吾尔自治区开展 2019 年“根在基层”调研实践活动，全程参与自治区红十字会组织的“我和亲戚逛首府，感受祖国大变化”融情联谊活动，对自治区红十字会开展的“民族团结一家亲”活动、助力精准扶贫脱贫工作进行实地调研。

8 月 6 日至 7 日 根据四川洪涝灾区需求，总会于 6 日启动四级应急响应，从成都备灾救灾中心调拨赈济家庭包 2500 个，物资价值 77 万元。

根据湖北洪涝灾区需求，总会于 7 日启动四级应急响应，从湖北备灾救灾中心调拨夹克衫 2000 件、棉被 2000 床、赈济家庭包 1500 个、单帐篷 50 顶，物资价值共计 72.75 万元。

根据陕西灾区需求，总会于 7 日启动四级应急响应，从西安备灾救灾中心调拨棉被 3000 床、夹克衫 2000 件，从宁夏红十字会备灾中心调拨赈济家庭包 2000 个，物资价值 78.43 万元。

8 月 8 日 中国红十字会总会举办“不忘初心、牢记使命”主题教育第二场专题辅导讲座。总会党组书记、常务副会长梁惠玲参加讲座，党组成员、副会长、直属机关党委书记王海京主持讲座。中央纪委国家监委办公厅副主任赵保国以“警钟长鸣　保持为民清廉的政治本色”为题，就如何理解反腐败斗争取得压倒性胜利和形势依然严峻复杂的判断，以及党员干部如何汲取典型案例的教训，在实践中坚守初心使命、做到忠诚干净担当等，谈了自己的认识和体会。总会机关和直属单位处级以上党员，各党支部委员参加讲座。

8 月 8 日 根据山西洪涝灾区需求，总会启动四级应急响应，从山西省红十字会备灾仓库调拨赈济家庭包 500 个、毛巾被 2000 条、单帐篷 100 顶、折叠床 100 张，物资价值共计 40.54 万元。

8 月 8 日至 9 日 中国红十字会总会党组分别召开对照党章党规找差距集体学习会和专题会议，贯彻落实中央“不忘初心、牢记使命”主题教育领导小组部署要求，在前期自学基础上集中学习党章党规，重点对照党章、《关于新形势下党内政治生活的若干准则》和《中国共产党纪律处分条例》，全面查找问题，从严整改落实，推动主题教育走深走实。中国红十字会党组书记、常务副会长梁惠玲主持会议并讲话。中央第 16 指导组副组长张伯里、组员詹琳到会指导。党组成员王海京、王汝鹏、王平、尹德明出席会议。

会议首先对标对表中央主题教育领导小组《关于在“不忘初心、牢记使命”主题教育中对照党章党规找差距的工作方案》有关要求，党组全体成员集体认真学习了党章、《关于新形势下党内政治生活的若干准则》和《中国共产党纪律处分条例》等党内重要法规制度。在深入学习研讨的基础上，党组成员认真对照党章党规，把自己摆进去、把职责摆进去、把工作摆进去，紧扣中央提出的“18个是否”，逐条逐项对照检查讲清楚，逐一发言进行检视分析，并相互进行了点评提醒。

张伯里对总会党组采取集体学习和专题会议方式进行对照党章党规找差距的做法予以肯定，指出总会党组学习认真、思考认真、自我检查认真、点评提醒认真。他要求下一步要持续深入学习对照找差距，并与专项整治、民主生活会有机地结合起来；要持续地把自我对照检查与“咬耳扯袖、提醒警醒”结合起来。

梁惠玲在总结讲话中提出4点要求：一是在主题教育中，要放下思想包袱，敞开心扉，以一颗诚心对待检视问题；二是要全面对照、系统梳理，找准找实存在的问题；三是即知即改、不等不拖，要件件有着落，事事见成效；四是发挥示范作用，以上率下，开好各党支部的专题会议，把总会各级党组织的对照党章党规找差距工作落到实处。

8月11日至12日 超强台风“利奇马”10日在浙江温岭登陆，截至12日7时，已致39人遇难、9人失踪，紧急转移安置126万人，667.9万余人受灾。

灾害发生后，全国人大常委会副委员长、中国红十字会会长陈竺高度重视灾害救援救助工作，第一时间对红十字会系统抗风救灾工作做出重要指示。中国红十字会常务副会长梁惠玲要求总会和灾区各级红十字会加强24小时应急值班，根据灾区救援实际，迅速向灾区派出救灾工作组，紧急出动红十字救援队并调拨救灾款物，配合各级应急管理部门全方位做好救援救助工作。

截至11日24时，灾区各级红十字会共派出搜救、水上救援、赈济等各类救援队73支3508名救援队员，累计出勤683次，成功转移受灾群众19030人，其中24支红十字救援队360名救援队员自10日晚一直在临海市一线开展紧急救援行动，共抢救转移灾区群众2000余人。中国红十字会总会及浙江省各级红十字会首批向灾区调拨赈济家庭包7900个、夹克衫2000件、毛巾被3900条等救灾物资，拨付救灾备用金20万元用于紧急采购水和食品，款物合计278.82万元。中国红十字基金会安排100万元救灾资金，向3000户受灾家庭提供赈济家庭箱。

根据“利奇马”台风发展和总会指令，山东、江苏、安徽等省红十字会也积极开展抗风救灾工作。8月11日，山东省红十字会派出21支红十字救援队1355名救援队员参与救灾救援工作，累计协助转移受灾群众4680名。江苏、安徽两省红十字会共13支救援队550名队员进入备勤状态。

8月11日至18日 由中国红十字会总会主办，红十字会与红新月会国际联合会、红十字国际委员会支持的第三届“一带一路”沿线国家红十字青年国际交流营在北京举行。来自中国、巴基斯坦、哈萨克斯坦、吉尔吉斯斯坦、蒙古、日本、柬埔寨、缅甸、马来西亚、菲律宾、伊拉克、亚美尼亚、波兰、意大利、澳大利亚等“一带一路”沿线国家红会的青年代表共66人参加。

“一带一路”沿线国家红十字青年国际交流营是中国红十字会总会积极响应“一带一路”倡议的重要举措，有利于推动“一带一路”沿线国家红十字青少年交往，有利于加强交流合作，发挥红十字会作为民间外交渠道的重要作用。

在为期7天的交流营活动中，各国红十字青年代表共同学习了国际红十字运动基本原则、国际人道法和中国红十字会发展史等相关知识，完成了“青春善言行”青年同伴教育培训，并就各国红十字青少年工作进行了交流。

8月12日 在前期救助的基础上，中国红十字会总会向浙江追加调拨赈济家庭包5000个（其中2000个为澳门红十字会捐赠）、夹克衫1000件、毛巾被4800床。截至目前，总会共计向浙江台风灾区调拨赈济家庭包8000个、夹克衫3000件、毛巾被7800床，拨付紧急备用金20万元，款物价值合计315.537万元。

总会于12日启动三级应急响应，向山东台风灾区调拨赈济家庭包4000个、单帐篷200顶，拨付紧急备用金10万元，款物价值共计157.36万元。其中，赈济家庭包分别从山东省红十字会备灾中心及中国红十字会辽宁备灾中心各调拨2000个；单帐篷分别从山东省红十字会备灾中心及青岛市红十字会备灾中心各调拨100顶。

总会于12日启动四级应急响应，从安徽省红十字会备灾中心调拨赈济家庭包1500个、棉被1500床、单帐篷50顶，物资价值共计64.15万元，支持安徽受灾地区红十字会开展灾害救助工作。

8月19日 中国红十字基金会召开第四届理事会第七次会议，听取并审议中国红基会2019年上半年工作报告和财务报告，对下半年工作规划做出安排部署。中国红基会理事长郭长江主持会议。

中国红基会常务副理事长兼秘书长孙硕鹏做题为《在坚守初心中不懈前行》的工作报告，中国红基会副理事长刘选国做2019年上半年财务报告。与会人员围绕工作报告、财务报告，聚焦初心使命，展开充分研讨，一致通过了工作报告、财务报告并形成《中国红十字基金会第四届理事会第七次会议决议》。

8月20日 根据黑龙江洪涝灾区需求，中国红十字会总会启动四级应急响应，从辽宁备灾救灾中心调拨棉被2000床、夹克衫2000件，从吉林省红十字会备灾救灾中心调拨赈济家庭包2000个，物资价值共计85.65万元。

8月30日 中国红十字会总会举行“不忘初心、牢记使命”主题教育总结会。中央第16指导组组长耿惠昌出席并讲话，中国红十字会党组书记、常务副会长梁惠玲作总结讲话。中国红十字会党组成员、副会长、机关党委书记王海京主持会议。

梁惠玲指出，自6月初总会主题教育工作启动以来，在中央第16指导组精心指导和严格要求下，总会党组和各级党组织认真贯彻落实习近平总书记重要讲话精神和党中央决策部署，坚持把学习教育、调查研究、检视问题、整改落实贯通起来，有机融合，贯穿主题教育全过程，统筹推进，狠抓思想认识到位、检视问题到位、整改落实到位、组织领导到位，取得了实实在在的成效。

中央第16指导组副组长张伯里，中国红十字会党组成员、副会长兼秘书长王平，党组成员、副会长尹德明，总会离退休干部党支部书记、机关全体党员、直属单位党支部委员及处级以上党员参加会议。

8月31日 由中国红十字会和苏州大学联合创办的红十字国际学院在苏州挂牌成立。全国人大常委会副委员长、中国红十字会会长、红十字会与红新月会国际联合会副主席陈竺，红十字会与红新月会国际联合会主席弗朗西斯科·罗卡等共同为学院揭牌。教育部、财政部、国家卫健委、应急管理部、国家国际发展合作署等有关部委，江苏省、苏州市领导，苏州大学领导和各界人士出席了挂牌成立仪式。

陈竺在题为《共建共享人道教育　为践行人类命运共同体贡献智慧和力量》的主旨演讲中指出，红十字国际学院的成立，是红十字运动发展史上的一件大事，不仅为中国红十字事业发展注入新的动力，还将为全球人道事业发展提供平台、智慧和方案。习近平总书记提出了构建人类命运共同体思想，赢得了国际社会的高度关注和广泛认同，为开创人类更加文明的未来指明了方向，凝聚了共识。我们共同见证红十字国际学院的成立，就是向世界发出邀请，希望所有关心人类进步事业的同道，与我们携手并肩，共同踏上共建人类命运共同体的伟大征程。

陈竺在红十字国际学院挂牌仪式上做主旨演讲

他希望红十字国际学院成为红十字运动研究、红十字人才培养、红十字文化传播、国际人道交流合作的基地和平台；要求学院重视和加强人道问题研究，建立包括应急管理、灾难医学、急救医学、老年医学、社区发展、社会工作等在内的综合性人道学科体系，进一步优化人道服务供给，提供多层次、多样化的人道行动方案；重视和加强法治建设，重视人道工作队伍素质能力的培养，面向广大红十字专兼职工作者制定综合性培养规划，面向会员志愿者以及社会公众开展人道主义教育和社会工作技能培训，服务“一带一路”建设，开展国际化人才培养。

红十字国际学院在苏州大学挂牌

红十字会与红新月会国际联合会主席弗朗西斯科·罗卡在致辞中代表国际联合会对红十字国际学院的成立表示祝贺，并感谢学院邀请他担任名誉院长。他说，学院的成立顺应了当前日益增长和日趋复杂的人道需求，是中国红十字会对国际红十字运动的贡献，希望学院能成为专业人道工作者的培训中心、人道理论的研究中心以及国际人道交流与合作的平台。

红十字国际委员会东亚地区代表处主任蒂埃里·梅拉在致辞中指出，中国红十字会成立红十字国际学院是一个创举，对于开展人道教育、理论研究和国际人道合作具有重要意义。红十字国际委员会愿意与中国红十字会一道，将学院建设成推广国际人道法、提升人道工作者专业和领导能力、研究和创新人道政策和人道外交的中心和平台。

中国红十字会党组成员、副会长王汝鹏，苏州大学党委书记江涌分别代表主办方致辞，介绍了中国红十字会与苏州大学联合共建红十字国际学院的背景、意义和未来规划设想，对热情支持学院建设的各有关方面表示衷心感谢。江苏省副省长王江、苏州市市长李亚平、教育部体卫司副司长万丽君等分别发表致辞，对红十字国际学院成立表示祝贺和支持。

仪式上，陈竺为弗朗西斯科·罗卡颁发红十字国际学院名誉院长聘书，为红十字国际学院首届理事会理事颁发证书。苏州大学校长熊思东为红十字国际学院执行院长、副院长颁发聘书。

陈竺（左）为弗朗西斯科·罗卡颁发红十字国际学院名誉院长聘书

据了解，国际上至今还没有一所真正意义上的红十字大学（学院），红十字国际学院的成立填补了这一空白。苏州大学是国内较早从事红十字运动研究的高校。早在 2005 年，国内第一家以红十字运动为专门研究对象的学术研究机构——红十字运动研究中心在苏大成立。中心设立

14 年来已产生了一批在全国有广泛影响力的研究成果，《红十字运动研究》刊物、“红十字文化丛书”等相继出版，培养了一批从事红十字运动研究的优秀人才，成为我国红十字运动相关领域研究的一面旗帜。经过多年论证和筹备，今年6 月30 日，中国红十字会总会、苏州大学、中国红十字基金会正式签署合作创办协议。学院成立后，将设立红十字运动、国际人道法、“一带一路”国际交流合作、南丁格尔救护、人道资源动员与文化传播、应急管理与备灾救灾等6 个研究中心，开发设计不同类型的人道教育培训和教学课程，开展短期培训、中期培训及高级研修班等职业培训，招收相关专业的硕士、博士研究生等。

9 月 1 日　中国红十字会第十届理事会第七次会议在北京召开。全国人大常委会副委员长、中国红十字会会长陈竺主持会议。

会议听取了中国红十字会常务副会长梁惠玲做的中国红十字会第十一次全国会员代表大会筹备工作有关情况的报告，审议通过了中国红十字会第十届理事会第七次会议决议，同意召开中国红十字会第十一次全国会员代表大会，同意《中国红十字会第十届理事会工作报告》《中国红十字会章程（修正案）》《中国红十字事业发展规划纲要（2020—2024 年）（草案）》《中国红十字会第十一届理事会组成方案（草案）》《中国红十字会第十一次全国会员代表大会代表资格审查委员会组成方案（草案）》《中国红十字会第十一次全国会员代表大会主席团组成方案（草案）》，并决定将上述文件提交中国红十字会第十一次全国会员代表大会审议。

陈竺表示，经党中央、国务院批准，中国红十字会第十一次全国会员代表大会将于2 日开幕。这次大会的主要任务是：以习近平新时代中国特色社会主义思想为指导，回顾总结中国红十字会第十次全国会员代表大会以来的工作，全面把握党和国家对红十字事业发展新要求和人民群众新期待，对未来5 年中国红十字会的工作做出规划和部署。5 年来，各位理事为红十字事业发展做出了积极贡献，向大家表示衷心感谢。希望各位理事能够继续关心和支持红十字事业，在以习近平同志为核心的党中央坚强领导下，不忘初心、牢记使命，推动红十字事业再上新台阶、开创新局面。

民政部副部长、中国红十字会副会长高晓兵，中国红十字会党组成员、副会长王海京，党组成员、副会长兼秘书长王平，党组成员、副会长尹德明及中国红十字会第十届理事会理事参加会议。

9 月 2 日　中国红十字会第十一次全国会员代表大会在北京开幕。

中共中央总书记、国家主席、中央军委主席习近平在人民大会堂亲切会见了全体代表，向他们表示诚挚问候和热烈祝贺，勉励他们弘扬人道、博爱、奉献精神，改革创新、奋发有为，为红十字事业发展做出新的更大贡献。中共中央政治局常委、国务院总理李克强，中共中央政治局常委、中央书记处书记王沪宁参加会见，国家副主席王岐山参加会见并出席大会开幕式。

国务院副总理孙春兰参加会见并在开幕式上代表党中央、国务院致辞。她说，中国红十字会第十次全国会员代表大会以来，在以习近平同志为核心的党中央坚强领导下，红十字事业取得显著成就。站在新的起点上，红十字工作要深入贯彻习近平新时代中国特色社会主义思想，坚持党的领导、坚定正确方向，凝聚人道力量、保护生命健康，深化改革创新、依法履职尽责，开展国际援助、拓展民间外交，努力为国奉献、为民造福。

大会开幕式由全国人大常委会副委员长、中国红十字会会长陈竺主持，红十字国际委员会主席彼得·莫雷尔发表视频致辞，红十字会与红新月会国际联合会主席弗兰西斯科·罗卡致辞，中华全国总工会书记处第一书记李玉赋代表群众团体致贺词。会议为第 47 届南丁格尔奖章中国获奖者颁奖，并表彰了 32 个全国红十字系统先进集体和 10 名先进工作者。

9 月 2 日 中国红十字会第十一次全国会员代表大会举行第一次全体会议。国务委员王勇出席会议，全国人大常委会副委员长、大会执行主席陈竺主持会议。

会上，大会执行主席梁惠玲代表第十届理事会做工作报告。报告指出，中国红十字会第十次全国会员代表大会以来，全国红十字会系统以习近平新时代中国特色社会主义思想为指导，深入贯彻落实习近平总书记关于群团工作重要论述和红十字事业重要指示批示精神，紧紧围绕党和国家中心任务，大力弘扬人道、博爱、奉献精神，全面实施《中国红十字事业 2015—2019 年发展规划纲要》，认真依法履职尽责，大力推进改革创新，攻坚克难、砥砺奋进，中国特色红十字事业发展取得新成就：一是应急救援救护工作更加有力，在国家应急救援体系中发挥重要作用；二是人道救助范围不断扩大，成为党和政府保障改善民生的得力助手；三是人道资源动员能力不断增强，社会参与度明显提升；四是对外交流合作不断深化，民间外交重要渠道作用日益突显；五是全面深化改革取得重要进展，组织活力明显增强；六是党的建设全面加强，为中国特色红十字事业发展提供了坚强的政治保证。

报告强调，习近平总书记关于红十字事业重要指示批示是习近平新时代中国特色社会主义思想的重要组成部分，是发展中国特色红十字事业的根本遵循和行动指南。要用习近平新时代中国特色社会主义思想统领红十字事业发展，坚定不移走中国特色红十字事业发展道路，必须始终坚持党对红十字事业的领导，必须始终坚持以人民为中心的工作导向，必须始终坚持围绕中心、服务大局，必须始终坚持与时俱进、改革创新，必须始终坚持依法治会、从严治会，必须始终坚持培育和践行社会主义核心价值观，必须始终坚持践行人类命运共同体思想。

报告提出，未来5年红十字事业的发展思路是“认真贯彻落实习近平新时代中国特色社会主义思想和党中央决策部署，适应新形势新任务新要求，紧紧围绕党和国家中心任务，以为国奉献、为民造福为主题，以全面深化改革、推进高质量发展为主线，以重点领域、关键环节为突破，健全体制机制、增强能力实力，聚焦主责主业、提升服务质效，努力建设更具凝聚力、影响力和公信力的红十字组织”。

报告要求，全国红十字会系统要努力为国奉献、为民造福，充分发挥人道领域助手作用，着力聚焦主责主业，在履行人道使命中彰显新作为；着力汇聚人道资源，在动员社会力量方面实现新突破；着力传播人道文化，在培育和践行社会主义核心价值观中引领新风尚；着力健全组织体系，在发挥桥梁纽带作用上展现新气象。要深化改革创新，加强自身建设，为中国特色红十字事业发展提供不竭动力和坚强保障，着力把坚持党的领导落到实处；着力构建高效透明规范的体制机制；着力创新工作方式方法；着力建设政治坚定、本领过硬、敬业奉献、担当作为、清正廉洁的红十字干部队伍。

中国红十字会第十一次全国会员代表大会代表、中国红十字会总会干部代表、红十字志愿者代表和医护人员代表等共约1100人参加会议。

9月3日 中国红十字会第十一次全国会员代表大会在北京闭幕。中国红十字会第十一届理事会根据《中国红十字会章程》有关规定，聘请国家副主席王岐山为中国红十字会名誉会长。

中国红十字会第十一届理事会第一次会议选举全国人大常委会副委员长陈竺为中国红十字会会长，选举梁惠玲为中国红十字会常务副会长，马朝旭、钟登华、余蔚平、王贺胜、郑国光、王平、尹德明、孙硕鹏、于福龙、白岩松为副会长。中国红十字会第十一届监事会第一次会议选举陈健为中国红十字会第十一届监事会监事长，李立东为副监事长。

闭幕会上，中国红十字会新任会长陈竺强调，要用习近平新时代中国特色社会主义思想统领红十字事业发展，坚定不移走中国特色红十字事业发展道路，始终坚定正确发展方向。要自觉接受并紧紧依靠党的领导，增强“四个意识”，坚定“四个自信”，坚决维护习近平总书记党中央的核心、全党的核心地位，坚决维护党中央权威和集中统一领导，自觉在思想上政治上行动上始终同以习近平同志为核心的党中央保持高度一致。要坚定不移用习近平新时代中国特色社会主义思想武装头脑、指导实践、推动工作，认真履行政治责任，更好地承担起引导群众听党话、跟党走的政治任务，把所联系群众最广泛最紧密地团结在党的周围。要始终坚持围绕中心、服务大局，自觉在大局下思考、在大局下行动，聚焦主责主业，找准切入点和着力点，充分发挥红十字会作为党和政府在人道领域的助手和联系群众的桥梁纽带作用。要秉承人道宗旨，践行人道使命，服务人民群众，充分发挥红十字会特殊优势，切实做好“三救”“三献”工作，当好人民群众生命健康的“守护者”，困难群众的“暖心人”，架好党和政府与群众之间的连心桥。

大会审议通过了关于中国红十字会第十届理事会工作报告的决议、关于中国红十字会章程（修正案）的决议和关于中国红十字事业发展规划纲要（2020—2024 年）的决议。

9 月 10 日至 11 日　由中国红十字会主办，内蒙古自治区红十字会、中国红十字会总会训练中心承办的第五届全国红十字应急救护大赛在呼和浩特市举办。大赛主题为“关爱生命　‘救’在身边”，旨在集中展示红十字应急救护培训成果，检验应急救护技能实际应用能力。中国红十字会常务副会长梁惠玲，内蒙古自治区主席、自治区红十字会名誉会长布小林，自治区副主席、自治区红十字会会长欧阳晓晖，自治区人民政府秘书长包振玉，自治区人民政府副秘书长、自治区红十字会副会长任福生，自治区红十字会常务副会长王芳，中国红十字会副会长尹德明、孙硕鹏、于福龙，副监事长李立东，以及国家应急管理部、国家卫生健康委员会相关负责人等出席活动。

中国红十字会党组成员王海京在大赛开幕式上致辞。他指出，近年来，在党和政府领导下，中国红十字会积极推动红十字救护培训进社区、进农村、进学校、进企业、进机关，着力打造“红十字‘救’在身边”品牌，全国红十字会系统平均每年培训救护员 300 余万名，支持地方建设生命健康安全体验馆 120 家，2018 年服务马拉松及相关运动赛事

380场，积极推动公共场所自动体外除颤器配置工作，深入宣传“人人学急救、急救为人人”的红十字救护理念，普及防灾避险和应急救护知识技能。此次大赛是对近年来红十字应急救护培训工作的一次集中展示，希望各参赛队积极进取、发挥水平、展示风采，希望社会各方面能给予群众性应急救护更多的关注与支持，呼吁更多的人参加红十字应急救护培训，在紧急情况发生时能够勇于施救、科学施救，保护自己和他人的生命与安全。

此次大赛分复赛和决赛两个阶段进行。来自全国各省（区、市）红十字会、新疆生产建设兵团红十字会、铁路系统红十字会和香港、澳门特别行政区红十字会的35支代表队400余名红十字救护员齐聚一堂，切磋技艺、展示风采。最终，天津队荣获冠军，北京队、上海队获亚军，山西队、内蒙古队、重庆队获季军。

9月11日 内蒙古红十字运动100周年纪念大会在呼和浩特隆重举行。内蒙古自治区党委书记、人大常委会主任李纪恒，中国红十字会常务副会长梁惠玲出席会议并讲话。自治区主席、自治区红十字会名誉会长布小林主持会议。

全国人大常委会副委员长、中国红十字会会长陈竺发表视频致辞，向内蒙古红十字运动100周年纪念大会召开表示祝贺，向长期以来关心和支持红十字事业的内蒙古自治区党委、人大、政府、政协及有关部门和社会各界人士表示感谢，向内蒙古人道事业先辈，以及复会以来接力奋斗的内蒙古红十字事业老领导、老同志致敬，向内蒙古广大红十字工作者、理事、会员、志愿者致以诚挚问候。

陈竺对内蒙古自治区红十字会多年来取得的成就给予充分肯定。他说，内蒙古红十字运动发端于1919年东北直奉战争，是全国建会较早的地区之一。历经几代人的孜孜探索和默默付出，内蒙古红十字事业走过了不平凡的风雨历程。自治区红十字会率先在全国理顺自治区、盟市、旗县三级红十字会管理体制，形成了总会号召全国红十字会系统学习的“云曙碧精神”；率先在全国制定贯彻落实《中华人民共和国红十字会法》办法，建立了“博爱一日捐”长效机制和“五进六有”组织机制。“十三五”以来，致力改革创新、推进依法治会，依法设立了全国首个省级红十字会监事会，率先推动由党政两办联合印发改革方案，推动出台《内蒙古自治区红十字会工作条例》；推动“一带一路·光明行”蒙古国行动列入《中蒙建交70周年纪念活动计划》，践行“一带一路”倡议，促进民心相通。

陈竺希望内蒙古自治区红十字会站在新起点，把握新机遇，勇担使命、探索实践，始终坚定自觉地以习近平新时代中国特色社会主义思想为指导，坚持党的领导、坚定正确政治方向；紧紧围绕党和国家中心任务，牢记人道使命，践行根本宗旨，聚焦主责主业，努力为国奉献、为民造福；推动改革创新、依法履职尽责，积极开展国际援助和民间外交，奋力开创新时代内蒙古红十字事业改革创新发展新局面。

李纪恒指出，红十字事业是造福人类的崇高事业。作为红十字运动的一支重要力量，内蒙古红十字会走过了不平凡的百年历程，为全区经济社会发展和民族团结进步做出了重要贡献。在新的历史时期，全区各级红十字会要深入学习贯彻习近平总书记关于群团工作重要论述和关于红十字事业重要指示批示精神，为打造祖国北疆亮丽风景线贡献更大的人道智慧和力量。

大会表彰了自治区红十字会系统先进集体、先进工作者。自治区党委副书记林少春，自治区党委常委、秘书长张韶春，自治区人大常委会副主任、党组成员廉素，自治区副主席、红十字会会长欧阳晓晖等出席会议。

9月11日　在内蒙古自治区呼和浩特市举行的第五届全国红十字应急救护大赛决赛现场，红十字会与红新月会国际联合会全球急救资源中心将国际急救认证（IFAA）正式授予书颁发给中国红十字会，有效期5年。这标志着中国红十字会成为世界上首个获得IFAA的国家红会。

9月12日　由中国红十字会、红十字会与红新月会国际联合会东亚地区代表处联合举办的东亚地区急救研讨会在内蒙古呼和浩特召开。国际联合会副主席、中国红十字会会长陈竺向研讨会发来视频致辞，预祝会议成功召开并寄予高度期望。陈竺表示，希望借此机会，东亚以及亚太地区的国家红会进一步加强在急救领域的交流与合作，共同提高急救工作的水平，更好地造福民众。中国红十字会副会长于福龙，内蒙古自治区红十字会常务副会长王芳，国际联合会亚太地区代表处主任哈维·卡斯特里亚诺斯等出席开幕式。

卡斯特里亚诺斯对会议加以肯定，并表示愿意支持各国红会在急救等领域的工作以及区域之间的合作交流。来自中国、日本、韩国、蒙古国等国家红十字会的20余名代表围绕“东亚地区急救挑战：急救中的技术与创新”主题，展示了急救中的科技创新成果，交流了急救培训经验，并就如何利用技术与创新丰富急救教育进行了讨论。中国红十字会代表分享了中国红十字会成功申请国际急救认证证书的经验，并介绍其开展的急救工作和急救师资培训项目。

9月17日　中国红十字会总会与北京冬奥组委签署《合作备忘录》。中国红十字会常务副会长梁惠玲与北京市副市长、北京冬奥组委执行副主席张建东出席仪式，梁惠玲和北京冬奥组委专职副主席、秘书长韩子荣在仪式上致辞。中国红十字会党组成员王海京、副会长兼秘书长王平、副监事长李立东，以及国家卫生健康委员会、应急管理部、红十字会与红新月会国际联合会代表和北京市红十字会、河北省红十字会的有关负责同志参加启动仪式。

梁惠玲指出，维护世界和平与进步、实现人类健康与幸福是国际红十字运动和国际奥林匹克运动共同的追求。中国红十字会作为国际红十字运动重要成员，始终秉承“保护人的生命和健康”宗旨，发扬“人道、博爱、奉献”的红十字精神，积极参与奥运志愿服务工作。2008年北京奥运会期间，组织了2200名红十字救护员、8万余名红十字志愿者，积极为运动员和游客提供医疗救护、信息咨询等服务，为北京奥运会的成功举办做出了积极贡献，得到了北京奥组委充分肯定，受到时任国际奥委会主席罗格和红十字会与红新月会国际联合会主席托罗的高度评价。

梁惠玲强调，《合作备忘录》的签署标志着中国红十字会参与2022北京冬奥会工作正式启动。中国红十字会将认真落实习近平总书记关于冬奥会筹办工作的重要指示精神，与北京冬奥组委密切配合，充分发挥红十字会独特优势，全力以赴投入到冬奥会的准备中去，努力做到红十字救护站在冬奥会竞赛场馆和运动员村全覆盖，真正实现红十字应急救护服务“‘救’在身边”，向世界展示我国志愿者的风采、展现北京冬奥会的人文关怀与人道精神，为北京冬奥会的成功举办做出应有贡献。

韩子荣代表北京冬奥组委，对给予北京冬奥会关心支持的红十字会与红新月会国际联合会和中国红十字会表示衷心感谢。她高度评价长期以来中国红十字会在人道领域的工作，希望中国红十字会充分发挥优势，作为为北京冬奥会志愿服务与急救保障的一支重要力量，紧紧围绕冬奥会筹办需求，积极参与构建冬奥会救护救援保障体系，为北京冬奥会提供优质的救护救援服务，续写服务保障奥运会的新辉煌。

启动仪式在《红十字与奥运同行》宣传片中拉开序幕。随后，梁惠玲向“北京2022年冬奥会和冬残奥会红十字博爱救护队”授旗，并为红十字服务2022年冬奥“爱心大使”、冠军运动员叶乔波、庞清、佟健、刘秋宏、张丹颁发荣誉聘书。在热烈的掌声中，梁惠玲与张建东共同为首钢冬奥园区“红十字救护站”揭牌。

梁惠玲（左）与张建东共同为首钢冬奥园区“红十字救护站”揭牌

仪式结束后，与会领导和嘉宾共同参观了北京2022年冬奥会和冬残奥会展示中心、首钢冬奥园区“红十字救护站”。

9月16日 中国红十字援外医疗队第四批队员从北京出发，前往巴基斯坦瓜达尔港，开展为期半年的人道医疗与急救服务。

本批援外医疗队由来自复旦大学附属华山医院、北京红十字会999急救中心的4位医务人员及1名湖北省红十字会工作人员组成，医务人员均具有丰富的临床和援外经验，涵盖了检验科、内科、护理科等科室。

2017年5月，在“丝路博爱基金”的资助下，中巴急救走廊首个应急单元——瓜达尔港中巴博爱医疗急救中心在巴基斯坦瓜达尔港落成。2017年9月，首批医疗队12名队员正式入驻急救中心，为当地居民和港区企业员工提供医疗服务。截至2019年8月15日，三批医疗队共接诊4280人次，其中巴基斯坦籍3087人次、中国籍1193人次。医疗队还为法曲尔中学的学生、瓜达尔港务局的员工、港口巴籍员工及驻瓜中资企业员工进行免费体检并举行大型义诊活动及会议医疗保障工作10余次，赢得了当地民众高度赞誉。

9月20日至21日 由中国造血干细胞捐献者资料库管理中心、陕西省红十字会主办，中华骨髓库陕西省分库承办的纪念第五个“世界骨髓捐献者日”活动20日晚在西安举行。

9月21日是第五个世界骨髓捐献者日，今年的主题为“点亮国家建筑物 感谢捐献者”，世界骨髓捐献者协会为此发起“Light Red Blue White”活动。当日，中华骨髓库联合陕西省红十字会，采用红白蓝三色灯光点亮了著名历史建筑——西安城墙安远门（北门），向全国的捐献者及志愿者致意。

中国红十字会总会、国家卫生健康委、陕西省红十字会、陕西省卫生健康委、中华骨髓库管理中心等有关单位负责人，造血干细胞捐献者、志愿者代表以及发展中国家培训班成员等220余人参加活动。

9月20日至22日 第七届中国公益慈善项目交流展示会在广东省深圳市举行，来自31个省（区、市）以及港澳台地区的791家机构、896个项目和917种消费扶贫产品参展。

中国红十字会总会、中国红十字基金会、红十字国际委员会以及10余个省、市红十字会亮相慈展会，围绕“聚焦脱贫攻坚，共创美好生活”的主题，举办了内容丰富、形式多样的展览，赢得好评。

9月23日 国务委员兼外交部部长王毅在美国纽约联合国总部出席《日内瓦公约》签署70周年纪念活动。

王毅表示，2019年是《日内瓦公约》签署70周年。196个国家加入《日内瓦公约》，传递着这样一种信念：和平安宁始终是人类追求的目标，即使面对最残酷的境遇，也要努力坚守尊重生命的人道底线。当今世界仍面临各种人道主义危机，我们需要传承人道的理念、博爱的思想、奉献的精神，为深陷困境的无辜百姓送去关爱和希望。

王毅表示，中国是首批加入《日内瓦公约》及其附加议定书的国家之一，始终积极承担国际人道主义责任，先后为100多个国家渡过人道主义危机提供帮助。我们主张，人道主义行动应秉承中立、公正、独立的原则，避免人道问题政治化和人道援助军事化。联合国应在国际人道救援方面进一步发挥好动员和协调作用。从根本上讲，有效预防冲突，和平解决争端，才是解决国际人道主义问题的出路所在，让我们为此而共同努力。

9月24日 2019年报刊宣传工作会议在湖北武汉召开。中国红十字会副会长尹德明出席会议并讲话，湖北省红十字会常务副会长宋悦明出席会议并致辞。中国红十字会总会报刊社社长金宝杰出席会议，总编辑吕进福主持会议。

尹德明强调，《中国红十字报》和《博爱》杂志，是中国红十字会的“机关报”和“机关刊”，是红十字会系统宣传的“喉舌”与重要“阵地”，是中国特色红十字事业的重要组成部分。通过扩大“一报一刊”的覆盖面，提高“一报一刊”的影响力，有利于弘扬主旋律、传播正能量，真正发挥好舆论引导作用；有利于展示红会形象，凝聚团结奋进、奋发向上的精神力量，为推动红十字事业发展营造良好社会氛围和舆论环境。

会议表彰了2019年度全国红十字报刊宣传工作先进集体和先进个人，颁发了2019年度优秀新闻作品奖。四川省、陕西省延安市、上海市浦东新区、浙江省杭州市、陕西省西安市鄠邑区、重庆市忠县、安徽省天长市、山东省临沂市费县、江苏省无锡市梁溪区、江苏省南京市秦淮区等地方红十字会做经验交流。各省级红十字会和部分市、县红十字会负责人及业务骨干参加会议。

9月24日 中国红十字会常务副会长梁惠玲在北京会见红十字国际委员会东亚地区代表处新任主任白良一行。双方通报了各自的工作重点，探讨了中国红十字会与红十字国际委员会未来的合作方向。

梁惠玲代表中国红十字会对白良正式到京履职表示欢迎，向白良介绍了中国红十字会第十一次全国会员代表大会的成果，表示中国红十字会希望双方在高层互访、国际人道法的探索和传播、博爱家园、假肢康复和重建家庭联系等方面开展富有成效的合作。希望国际委员会进一步支持"一带一路"倡议，大力推动中国红十字会与沿线国家红会的合作，服务国际人道需求。梁惠玲强调，中国一贯主张人道主义行动应秉持中立、公正、独立原则，避免人道问题政治化和人道援助军事化。中国红十字会重视国际人道法在国内的传播和推广，并通过设立国际人道法国家委员会、在红十字国际学院设立国际人道法研究中心等加强这一领域的探索，中国红十字会希望继续得到国际委员会的专家人才支持。梁惠玲并希望在国际委员会的支持下，中国红十字会能够继续为红十字国际组织输送中国职员，更好地发挥负责任大国红会在国际人道事务中的积极作用。

白良表示，国际委员会将在陈竺会长和莫雷尔主席签署的《中国红十字会与红十字国际委员会谅解备忘录》的指引下与中国红十字会继续开展相关工作，期待双方就在"一带一路"沿线国家开展人道工作加强对话，并就开好第33届红十字与红新月国际大会做出共同努力。

9月30日 中国红十字会总会隆重举行庆祝中华人民共和国成立70周年升国旗仪式暨座谈会。中国红十字会党组书记、常务副会长梁惠玲，党组成员、副会长兼秘书长王平，党组成员、副会长尹德明，监事会副监事长李立东参加活动。党组成员王海京主持活动，总会机关全体干部职工、各直属单位代表、离退休老干部代表约100余人参加活动。

10 月 16 日至 17 日 由中国红十字会总会主办，中国红十字基金会和京东数科承办的全国红十字会系统第二届众筹扶贫大赛圆满收官。

本届大赛于今年 3 月 20 日启动，28 个省（区、市）的 797 个项目报名参加，409 个项目成功上线，包含了 127 个国家级贫困县的助农产品。截至 10 月 17 日，大赛募集金额超过 3000 万元，其中，京东数科捐赠人民币 400 万元、伊利集团捐赠人民币 60 万元。大赛发动了 252 万社会公众参与，对接了超过 2 万户贫困户、6 万余人。

经过评委会现场评审，大赛最终评选出"滇秘味天然果干坚果""山珍嗨味笋片"等 20 个优秀项目获得"红品"项目称号，它们将获得由中国红基会提供的 15 万元"博爱家园·生计保护"项目的生计扶贫资金，吴克峰、周家继等 10 位项目团队带头人获评"优秀脱贫带头人"。同时，对大赛组织工作、宣传工作表现突出的省级红十字会，以及支持大赛的爱心企业和机构等予以表彰。中国红十字会副会长孙硕鹏、京东数科副总裁许凌、中国红十字基金会理事长郭长江，以及红十字众筹扶贫大赛公益形象大使杨童舒等为"红品"项目团队和优秀脱贫带头人颁奖。

10 月 17 日 中国红十字基金会启动"公益厨房"项目，旨在使红十字众筹扶贫常态化，并继续通过互联网推介、销售，引导公众形成"消费即慈善、购买即扶贫"的理念，持续为乡村农户赋能，让"老乡们放心的食材"变成"人们日常餐桌上的美味"。这一过程就是"公益厨房"加工过程。"人人成为公益的'吃货'、公益的'料理师'"是项目目标。

中国红十字会总会、中国红十字基金会总结两届红十字众筹扶贫大赛的经验，在国家扶贫日之际发起"公益厨房"项目，力图通过搭建有效率的共享公益平台与通路，链接乡村与城市，探索科学帮扶新模式。与会人员、嘉宾、媒体记者等还现场参与感受了"公益厨房"项目的体验活动。

10 月 17 日 中国红十字基金会联合伊利集团再次来到四川省凉山彝族自治州美姑县中学（西昌校区），向该校学生捐赠 6000 箱学生营养奶。这是中国红基会与伊利集团继 2017 年、2018 年良好合作基础之上，2019 年继续深入推进的"伊利营养 2020"精准扶贫公益项目内容之一。目前，该项目已在全国 53 个市（县）捐赠了 624 万盒学生奶，特别是深入"三区三州"（"三区"指西藏自治区，青海、四川、甘肃、云南四省藏区，以及南疆四地州，即和田地区、阿克苏地区、喀什地区、克孜勒苏柯尔克孜自治州；“三州”指四川凉山州、云南怒江州、甘肃临夏州），以及陕西蓝田等精准扶贫重点区域，帮助贫困地区儿童提升营养水平。

10月17日 中央和国家机关工委组织召开“健身你我他，奋进新时代”中央和国家机关职工运动会总结大会，中国红十字会总会被授予“优秀组织奖”。

10月22日至24日 根据中国红十字会总会党组安排，中国红十字会党组成员、副会长尹德明赴浙江宣讲中国红十字会第十一次全国会员代表大会精神，实地调研浙江省红十字会基层组织建设试点工作推进情况，并参加浙江省红十字会基层组织建设工作推进会。

尹德明在宣讲中指出，学习宣传贯彻中国红十字会“十一大”精神，是全国红十字会系统当前和今后一段时期的一项重要政治任务。浙江各级红十字会要持续深入学习领会大会精神，聚焦以习近平新时代中国特色社会主义思想统领红十字事业发展，坚定不移走中国特色红十字事业发展道路；聚焦深入贯彻落实习近平总书记关于群团工作重要论述、红十字事业重要指示批示精神和党中央决策部署，努力为国奉献、为民造福；聚焦保持和增强政治性、先进性、群众性目标，扎实推进全面深化改革和高质量发展；聚焦自觉坚持和紧紧依靠党的领导，充分发挥红十字会作为党和政府在人道领域的助手和联系群众的桥梁纽带作用。

在浙江期间，尹德明一行还到杭州市上城区惠兴中学、小营巷社区，绍兴市上虞区红十字会员服务中心和区职业教育中心、小越街道倪梁村、崧厦镇蔡林村等红十字会基层组织进行调研。浙江省红十字会专职副会长陶竞，总会组织宣传部部长姚立新以及杭州市、绍兴市有关方面负责同志参加调研和会议。

10月31日 由中国红十字会总会主办、红十字国际学院承办的全国红十字会系统首期青年骨干培训班在苏州大学正式开班。全国人大常委会副委员长、红十字会与红新月会国际联合会副主席、中国红十字会会长陈竺用英文以“对我国红十字会工作的若干思考”为题，为学员讲授第一堂课。来自全国红十字会系统的70余名青年骨干，以及红十字国际学院专家咨询委员会成员、苏州市红十字会干部、苏州大学师生共180余人参加听课。

陈竺在课上介绍了国际红十字运动和中国红十字会的发展历史，回顾了近年来我国红十字事业的改革发展成就，分析了当前国际红十字运动的发展态势和中国红十字会在国际红十字运动中的新机遇、新使命、新挑战，擘画了新时代中国特色红十字事业的发展蓝图。他指出，当前国际体系和国际秩序深度调整，和平与发展仍是时代主题，但局部冲突和战争不断，人道危机与恐怖主义、能源、气候、环境等问题相互交织，人道需求不断增长，红十字组织在国际人道主义救援、促进世界和平中的作用更加突出。中国红十字会作为党和政府在人道领域的助手和民间外交的重要渠道，服务“一带一路”建设是围绕中心、服务大局的必然要求，也是作为国际红十字运动重要成员、履行国际人道主义义务的应有之义。中国红十字会要抓住“一带一路”建设机遇，促进国际红十字运动的创新发展。

陈竺强调，中国红十字会要健全人道救助体系，提升人道服务水平；要促进红十字文化传播，增强社会动员能力；要推进公开透明，提升社会公信力；要完善组织建设和管理，提高依法履职能力；要服务经济社会发展大局，发挥在保护人的生命健康、促进社会和谐文明进步中的作用。

陈竺在开班仪式上为荣丰控股、爱尔眼科医院、恒瑞医药、名泽医疗、朝聚眼科医院、中国初级卫生保健基金会、中国人口福利基金会、广东省陈绍常慈善基金会，以及江苏、苏州、内蒙古、山西、广东、安徽、四川、澳门红十字会等16家红十字国际学院首批联合发起人单位颁发证书。仪式上还成立了专家咨询委员会，陈竺为专家咨询委员会委员颁发聘书。

陈竺（右一）为专家咨询委员会委员颁发聘书

苏州大学校长熊思东向中国红十字会原副会长王汝鹏颁发红十字国际学院院长聘书。广东省陈绍常慈善基金会创始人陈绍常，湖南省红十字会工作人员张琦分别作为联合发起人代表和学员代表在仪式上发表感言。仪式由中国红十字会副会长孙硕鹏主持，副会长于福龙出席开班仪式。

首期培训班为期 5 天。孙硕鹏、于福龙、王汝鹏、任浩、刘选国、郑庚、池子华、苏婉娴，以及红十字国际组织白良、彭玉美等国（境）内外人道公益领域的专家先后为学员授课。课程涵盖中国红十字会“十一大”精神宣讲、国际形势、人道外交、“一带一路”倡议、红十字运动发展、人道资源动员等内容。

10 月 31 日　红十字国际学院专家咨询委员会在苏州大学成立并举行第一次会议。全国人大常委会副委员长、红十字会与红新月会国际联合会副主席、中国红十字会会长陈竺出席会议。

陈竺在认真听取学院学科建设规划、教材编写计划和招生培训计划及专家讨论发言后，充分肯定了成立红十字国际学院专家咨询委员会的重要意义，要求学院认真研究和吸收专家们的意见建议，进一步明确学院建设目标，修改完善学科发展规划、教材编写计划和招生培训计划，抓紧组建成立相关教育研究中心，开展有关课题研究和培训教材的编写工作，进一步细化培训和招生计划并推进落地实施。希望中国红十字会总会和苏州大学在人员配备、资金投入等方面继续加大对学院的支持力度，努力把红十字国际学院办出成效、办出特色、办出影响，为中国特色红十字事业和国际红十字运动发展贡献智慧和力量。

11 月 2 日　“红十字爱心相髓——谢谢您！捐献者”中华骨髓库捐献造血干细胞突破 9000 例庆祝活动在山东济南举行。中国红十字会副会长于福龙出席活动并讲话，山东省副省长、省红十字会会长孙继业，省红十字会常务副会长李全太，中国造血干细胞捐献者资料库管理中心主任李黎等出席活动。

于福龙在讲话中强调，造血干细胞捐献事业是中国红十字事业的重要组成部分。中华骨髓库始终坚持“人道、博爱、奉献”的红十字精神以及“自愿、无偿”捐献的伦理原则，勇于开拓，不断创新，提质增效，成绩显著。今年前 9 个月历史性突破 1000 例捐献，比去年同期增长了 60%。他充分肯定了中华骨髓库所取得的骄人成绩，并表示中华骨髓库实现捐献造血干细胞 9000 例，是一个重要里程碑。9000 例代表的不仅是一个数字，一种规模，而且是一种民族精神，一种奉献爱心、挽救

于福龙（右）、孙继业（左）为中华骨髓库第 9000 例捐献者
刘晨颁授捐献证书和奖杯

生命的社会风尚。其中凝聚着各省红十字会、中华骨髓库工作者的辛勤和汗水，更凝聚着捐献者的大爱情操，以及志愿者坚持不懈、无怨无悔的正能量，生动诠释了社会主义核心价值观。

11 月 4 日至 8 日 根据中国红十字会总会党组安排，中国红十字会副会长于福龙赴云南、福建宣讲中国红十字会第十一次全国会员代表大会精神，并对云南、福建两省红十字会工作进行调研。

于福龙在宣讲中指出，贯彻落实中国红十字会“十一大”精神，关键要紧紧围绕习近平总书记关于群团工作的重要论述和对红十字事业的重要指示批示精神，以习近平新时代中国特色社会主义思想统领红十字事业发展，深入学习“十一大”工作报告，贯彻落实国务院指导意见、总会改革方案和《中国红十字事业发展规划纲要（2020—2024 年）》等重要文件，将重点工作进行细化分解，制定时间表，明确具体任务和责任人，将工作真正落到实处，扎实推动红十字会改革进程，充分发挥红十字会作为党和政府在人道领域的助手和联系群众的桥梁纽带作用。

在云南调研期间，于福龙实地考察了云南省红十字会造血干细胞捐献者资料库管理中心、备灾中心、假肢办公室、老年公寓、昆明市第一人民医院和中国红十字会云南阜外心血管病医院。他充分肯定了云南省红十字会在筹资、志愿服务、养老、假肢项目、国际交流等方面的工作特色，希望云南省各级红十字会充分发挥地缘优势，在“一带一路”框架下继续深化与缅甸、老挝和越南等周边国家红会的交流合作，为民心相通贡献力量。

在福建调研期间，于福龙实地考察了厦门市海沧区天竺社区、东孚中学和省红十字应急救护培训基地、福建协和医院等地，听取了福建省、厦门市红十字会和福建省台办等相关单位的意见建议，对福建发挥地缘优势、积极推进对台交流交往，贯彻改革举措、聚焦主责主业打造人道品牌，激发基层活力、拓展服务平台阵地等所取得的成绩予以充分肯定和赞赏。他指出，福建省各级红十字会要充分发挥福建在对台交流中的前沿优势，为促进两岸民心相通，推动融合发展发挥独特作用；要借助福建在侨务和文化上的优势，积极参与并助力“一带一路”建设；要继续全面推进红十字会深化改革，增强组织活力，夯实基层基础。

11 月 10 日　第 13 期曜阳养老院长暨第 29 期曜阳养老护理员培训班结业仪式在江苏省扬州市举行。来自全国 180 余家养老机构的 200 余名学员参加活动。

培训班旨在全面贯彻落实党的十九大精神，大力发展养老事业和产业，帮助广大养老服务管理骨干得到科学、系统的培训，提升养老综合管理和服务水平；并为养老服务工作者提供交流互动、相互学习、相互借鉴的平台，感召和动员更多社会力量关心、关爱特殊困难老年群体，积极构建养老、孝老、敬老政策体系和社会环境。

活动现场，中国红十字会总会事业发展中心和扬州技师学院就共同成立培训学院相关事宜签订战略合作协议，并举办了曜阳养老华东培训基地授牌仪式。

据悉，2012 年至今，总会事业发展中心共举办培训班 40 期，累计培训全国 1300 余家养老机构的护理人员、院长，帮助大家对国家养老政策、养老机构建筑标准、养老运营、沟通技巧、老年人慢性病预防和康复、养老机构服务质量与规范管理等内容有了更为深入的了解。

11 月 11 日　中国红十字会总会召开会议，传达学习党的十九届四中全会精神，要求总会机关各部门、各直属单位和广大党员干部把学习贯彻党的十九届四中全会精神作为重要政治任务，准确把握全会的重大意义和精神实质，切实增强“四个意识”、坚定“四个自信”、做到“两个维护”，在学习贯彻全会精神上走在前、做表率。

总会党组成员王海京主持会议，党组成员、副会长尹德明，总会机关各部门、各直属单位党支部书记参加会议。

11 月 11 日至 15 日　“红十字与奥运同行”京冀联合迎冬奥航空

医疗救援演练暨系列宣传活动在河北省张家口市崇礼区举办。

活动现场，北京市红十字会医疗救援队、北京市红十字会航空医疗救援队、北京市红十字军红救援队、河北省红十字会救援队、北医三院崇礼院区、中信海洋直升机股份有限公司、太舞滑雪山地度假有限公司等多方密切配合，现场进行了高山滑雪赛道紧急医疗救援、直升机长绳救援、地空救援指挥体系配合和医疗直升机伤员转运等多个项目的综合实战演练。

11 月 12 日 新一轮内蒙古自治区“光明行”社会公益活动完成万例手术慰问宣传活动在呼和浩特举行。据悉，新一轮“光明行”社会公益活动从 2018 年 5 月启动，截至 2019 年 11 月 12 日，已经累计筛查眼疾患者 30.34 万人次，免费实施白内障复明手术 10003 例，提前完成了在 2020 年底前完成万例手术的目标任务。全区“光明行”社会公益活动组委会办公室成员单位负责人、内蒙古老牛慈善基金会、中国平安保险公司、光大银行、内蒙古城市规划市政设计研究院等爱心捐助企业和公益组织代表、组委会办公室成员及医疗机构负责人及红十字志愿者、医务人员代表、白内障患者受益代表及家属参加活动。

11 月 16 日 中国红十字会监事会监事工作座谈会在北京召开。中国红十字会监事会监事长陈健出席座谈会并讲话，中国红十字会副会长兼秘书长王平出席座谈会，中国红十字会监事会副监事长李立东主持座谈会。会议审议通过了《中国红十字会监事工作规则（试行）》及监事会下一步工作安排。

中国红十字会监事会监事、30 个省级红十字会监事会负责人或分管会领导及总会相关部门负责人出席座谈会。

11 月 20 日 全国人大常委会副委员长、中国红十字会会长陈竺在北京会见了比尔及梅琳达·盖茨基金会联席主席比尔·盖茨，双方对各自正在进行的重点项目做了介绍和交流，对未来如何促进全球健康进行了深入探讨。

陈竺对比尔·盖茨的到访表示欢迎，对盖茨基金会为中国公共卫生及发展领域提供的帮助表示感谢，向比尔·盖茨介绍了中国红十字会在“一带一路”沿线国家及其他国家和地区开展的抵御疾病方面的项目和成果，以及中国在促进健康方面所做的工作和努力。他表示，希望并欢迎盖茨基金会能够加入到这些项目中来。

比尔·盖茨对中国在预防疾病等方面所做的努力，以及帮助其他国家和地区抵御疾病做出的贡献表示肯定和赞赏，并积极评价中国红十字

陈竺（右）会见比尔·盖茨

会正在开展的疾病防治项目，期待中国为促进全球健康做出更大贡献。

中国红十字会副会长于福龙、盖茨基金会北京代表处首席代表李一诺参加会见。

11 月 20 日　中国红十字基金会“心拯救”暨急性心肌梗死急救“一包药”项目，联合全国百家医院开展以“时间就是心肌，急救分秒必争”为主题的义诊和宣教活动。

活动现场，来自全国百家医院的 963 位心血管医学专家和医护人员，为医院所在地居民进行血压、血脂检查，向市民宣传普及如何预防和控制心血管疾病、科学饮食、合理运动等知识，累计接待咨询和义诊群众 10401 人，发放宣传资料、宣传品共计 39063 份。部分医院现场开展心肺复苏急救演练，提升群众的急救意识和技能。

据《中国心血管病报告 2018》，我国现有心血管病患者 2.9 亿人，其中冠心病患者 1100 万、心梗患者 250 万，且每年新发心肌梗死患者约 60 万例，只有 5% 的患者得到规范治疗。为提高急性心梗救治成功率，中国红十字基金会联合阿斯利康药业（中国）有限公司于 2015 年 4 月发起急性心梗救助“一包药”公益项目。截至今年 11 月 20 日，“一包药”项目通过全国 4986 家医院及急救指挥中心，累计救助急性心梗患者超过 230 万人。“一包药”项目还为 G20 峰会、武汉马拉松等重大活动护航，获得来自社会各界的广泛好评，并于 2018 年荣获“中华慈善奖”。

11 月 21 日　中国红十字会定点扶贫工作座谈会在湖北召开。全国人大常委会副委员长、中国红十字会会长陈竺出席座谈会，现场听取湖北省黄冈市政协副主席、英山县委书记陈武斌关于英山脱贫攻坚巩固提升工作情况的汇报，对英山县委、县政府积极履行脱贫攻坚主体责任所取得的成绩给予充分肯定。

国务院扶贫办副主任夏更生，中国红十字会副会长兼秘书长、总会扶贫办主任王平，中国红十字会副监事长、总会扶贫办副主任李立东，湖北省人大常委会常务副主任王玲，湖北省副省长、省红十字会会长赵海山，红十字会与红新月会国际联合会东亚地区代表处主任彭玉美等参加座谈会。

座谈会现场，北京潮星集团援建英山县孔家坊同心学校，山西省红十字会、善时国际医疗集团有限公司向英山县捐赠健康扶贫医疗设备，上海市红十字会、福建省红十字会、浙江省红十字会向英山县捐赠扶贫物资，捐助款物合计 1374 万元。陈竺向捐赠单位一一颁发感谢状。

中国红十字会总会自 2015 年联系英山县开展定点扶贫工作以来，始终把助力英山脱贫攻坚作为重大政治任务扛在肩上，切实加强组织领导，精选优派挂职扶贫干部和驻村“第一书记”，广泛动员红十字会系统和社会各界人道力量，从资金、项目、人才等方面对英山县开展认真扎实的帮扶行动。2018 年共整合价值 3000 余万元的款物支持英山脱贫攻坚。今年在英山投入帮扶款物价值 1773.3 万元，并引进无偿帮扶 1400 余万元，为英山培训基层干部、乡村医生、校医、养老护理员、救护师资、救护员、教师等 1995 人次。近两年，通过定点扶贫使英山受益群众达 17.36 万人次。

11 月 28 日　由中国红十字会、红十字会与红新月会国际联合会共同主办，主题为“构筑人道桥梁”的人道交流合作国际研讨班在苏州大学红十字国际学院开班。

全国人大常委会副委员长、中国红十字会会长、红十字会与红新月会国际联合会副主席陈竺出席并发表主旨演讲。红十字会与红新月会国际联合会副秘书长亚甘·查普干，中国红十字会副会长孙硕鹏、于福龙，红十字会与红新月会国际联合会东亚地区代表处主任彭玉美以及来自加拿大、伊拉克、阿富汗、蒙古、马来西亚、尼泊尔、卡塔尔、斯里兰卡、缅甸、埃及、也门等 11 个国家红会的代表及国内外学员 70 余人参加研讨班。开班仪式由红十字国际学院院长王汝鹏主持。

陈竺发表了题为“构筑人道桥梁，共建人类命运共同体”的主旨演讲。他指出，此次研讨班是红十字国际学院首次面向国际红十字与红新月同人的人道教育和交流活动，是继 2018 年东吴国际人道交流合作研讨会后，中国红十字会联合红十字会与红新月会国际联合会为加强红十字国际人道交流合作、促进新时代人道事业持续健康发展的又一次重要行动。陈竺提出，要高度重视人道教育和人才培养，不断加强自身能力建设，携手推进人道事业持续健康发展。要更加注重青年骨干的培养和发挥红十字青少年的作用，携手面向未来。

陈竺在人道交流合作国际研讨班上发表演讲

亚甘·查普干代表主办方致欢迎辞，并以“国际联合会百年回顾与展望”为主题发表演讲。他表示，2019 年正值红十字会与红新月会国际联合会成立 100 周年，纪念白求恩大夫逝世 80 周年，《日内瓦公约》签署 70 周年之际，本期研讨班具有十分重要的意义。他回顾了国际联合会 100 年发展历史的不同时期，并探讨“百年老店”在新时期的定位和发展规划。国际联合会即将召开第 22 届代表大会，大会将通过《2030 战略》，并将其作为国际联合会和成员国家红会未来 10 年的发展指南。未来，国际联合会将继续支持国家红会发展成强大而有效的本地行动者，激励和动员志愿者开展人道主义行动。

加拿大红十字会主席康纳德·苏维、伊拉克红新月会主席亚森·阿拔斯、马海德基金会理事长周幼马、红十字国际委员会东亚代表处合作部主管基拉·苏莱曼扬以及阿富汗、蒙古国、卡塔尔、斯里兰卡、伊拉克、缅甸、也门、马来西亚、尼泊尔等国家红会代表围绕“‘一带一路’人道合作”“武装冲突中的人道主义行动”“亚太地区人道事业的机遇与挑战”等主题进行分享和研讨交流。各国红会代表们还参访了苏州的红十字社区工作站。

此次研讨班期间，《劫难之后：从1937南京记忆到1949文明的庇护——纪念〈日内瓦公约〉签署70周年》主题展览在苏州大学博物馆开幕。该展览由侵华日军南京大屠杀遇难同胞纪念馆、红十字国际学院、江苏省红十字会和南京市红十字会共同主办，分为“庇护文明的共识”“尊重生命的人性底线”“跨越国界的人道自觉”“劫难后的链接”4个部分。在《日内瓦公约》签署70周年之际，希望通过此次展览，为人道事业搭建传播的桥梁，重申只有行动才是庇护生命的信条。

11月28日至29日　中华骨髓库宣传和志愿服务工作交流会在安徽省马鞍山市召开。会议强调，加强宣传和志愿服务工作是坚持和完善中国特色社会主义制度，推进国家治理体系和治理能力现代化的要求；加强宣传和志愿服务工作是由红十字工作的性质和定位所决定的；加强宣传和志愿服务工作的政策环境，为造血干细胞捐献和无偿献血工作迎来了难得的发展机遇。

2019年，中华骨髓库各项工作取得明显进展，造血干细胞捐献累计突破9200例，当年前11个月完成造血干细胞捐献超过1200例。

本月　中国红十字基金会上汽通用五菱博爱基金援建的卫生院、血站项目在印度尼西亚勿加泗地区竣工，计划于2020年3月投入使用，服务该地区240万民众。

印尼是“一带一路”沿线具有重要影响力的国家。2017年底，上汽通用五菱汽车股份有限公司通过中国红十字基金会向印度尼西亚红十字会捐赠200万元人民币，用于支持印度尼西亚基础医疗体系建设，在当地援建卫生院和血站。

今年11月12日，博爱卫生站、血站竣工前夕，上汽通用五菱博爱基金又向印尼捐赠4辆救护车，分别服务于雅加达、芝加朗和日惹地区，捐赠1辆移动诊疗车作为流动诊所，为茂物地区提供卫生服务。根据援助计划，基金将累计捐赠13辆救护车、移动诊疗车，覆盖爪哇岛主要地区、苏门答腊岛主要省份棉兰、北干巴鲁和西加里曼丹岛坤甸等地区，每年每车预计可以服务7200名当地民众。

12月2日　“恒爱行动——百万家庭亲情一线牵”援疆公益活动和“手拉手，一线牵”为湖北英山献爱心活动毛线编织品展示会在总会机关举行。中国红十字会副会长尹德明出席展示会，为总会女职工的爱心奉献和优秀作品点赞。

“恒爱行动”和“手拉手，一线牵”活动是总会连续多年开展的女职工献爱心活动，本次总会机关及各直属单位女职工和兴趣小组成员利用业余时间编织织品 237 件，创历年之最。其中，131 件织品送往新疆，106 件织品送往湖北英山。

12 月 3 日　中国红十字会总会召开会议，传达学习习近平总书记在中央政治局第十九次集体学习上的重要讲话，结合中国红十字会开展应急救援、应急救护、人道救助及社区防灾减灾等工作实际，研究深入贯彻落实习近平总书记重要讲话精神的具体措施。

会议认为，习近平总书记的重要讲话，站在推动国家治理体系和治理能力现代化的高度，深刻分析了我国应急管理体系和能力建设的重大理论现实问题，系统阐明了应急管理工作的理念、原则、目标、路径、方法和要求，蕴含丰富的国家治理现代化思想，为新时代应急管理工作指明了发展方向，提供了根本遵循。

会议强调，要深入学习贯彻习近平总书记重要讲话精神，以强烈的政治担当、历史担当、责任担当，积极推进红十字应急管理体系和能力现代化，有力协助各级党委政府防范化解重大安全风险，及时应对处置各类灾害事故，坚决保护人民群众生命财产安全和维护社会稳定。要围绕我国当前应急管理工作的重点，结合红十字会工作实际，从进一步加强党对红十字应急工作的领导、进一步健全红十字应急工作体制机制、推动防灾减灾救灾相结合、推进应急救护和防灾减灾知识“五进”、加强红十字应急队伍建设、强化应急管理装备技术支撑、引导社会力量有序参与等方面，制定深入贯彻落实习近平总书记重要讲话精神的具体措施，切实履行好红十字会“救援救灾”的法定职责。

12 月 3 日至 4 日　第 22 届红十字会与红新月会国际联合会大会青年论坛在瑞士日内瓦举行。本次青年论坛介绍了国际联合会《2030 战略》、国际联合会 2019 年全球调查各国红会青少年工作简要情况，首次发布了青年参与战略实施工具包，交流了部分国家红会运用工具包的经验做法。论坛期间，举行了各区域青年网络会议。

中国红十字会代表团成员积极参与青年论坛各项议程，与国际联合会青年委员会及各国红会代表广泛交流，向与会代表介绍中国红十字会推进实施青年参与战略等方面的举措和成效，并与参会代表针对青年参与和国际红十字与红新月运动面临的机遇和挑战进行了讨论。

12 月 3 日至 4 日　中国红十字会党组成员、副会长兼秘书长王平赴新疆宣讲党的十九届四中全会精神及中国红十字会第十一次全国会员代表大会精神，并实地调研新疆红十字会工作。

王平在宣讲中指出，学习宣传贯彻党的十九届四中全会精神是当前和今后一个时期的重要政治任务，要将学习宣传贯彻落实全会精神和贯彻落实习近平总书记关于群团工作重要论述和对红十字事业重要指示批示精神结合起来，与贯彻落实中国红十字会“十一大”精神结合起来，推进改革创新、推进依法治会，进一步增强红十字会的政治性、先进性、群众性，坚定不移走中国特色社会主义群团发展道路，增强“四个意识”，坚定“四个自信”，做到“两个维护”，在思想上政治上行动上始终同以习近平同志为核心的党中央保持高度一致。

在新疆期间，王平一行还前往昌吉市董景福乐护养院、苏玉琴志愿服务工作站、昌吉市团结院社区应急救护培训基地以及乌鲁木齐市米东区三道坝镇十二户西村博爱家园项目点，对新疆红十字会参与养老服务、社区治理、志愿服务及博爱家园项目等工作进行调研。他强调，新疆各级红十字会要围绕中心、服务大局，聚焦主责主业，发挥阵地作用，注重精神引领，在脱贫攻坚、服务民生、城乡社区治理、培育和践行社会主义核心价值观等方面奋力作为，充分发挥红十字会作为党和政府在人道领域的助手和联系群众的桥梁纽带作用。

新疆维吾尔自治区政协常务副主席、自治区红十字会会长程振山，自治区红十字会常务副会长隋霞等参加宣讲和调研。

12 月 4 日　第 22 届红十字会与红新月会国际联合会大会、2019 年红十字与红新月运动代表会议在瑞士日内瓦开幕。红十字会与红新月会国际联合会副主席、中国红十字会会长陈竺率中国红十字会代表团参加会议并出席开幕式。

本次大会适逢红十字会与红新月会国际联合会成立 100 周年。会上，国际联合会主席弗兰西斯科 · 罗卡发表致辞。会议将讨论并通过《2030 战略》，为未来 10 年国际联合会与国家红会工作提供框架性意见。中国红十字会代表团将参加联合会大会及运动代表会议的全体会议、分组讨论等议程，就重大议题提出意见。

12 月 4 日至 5 日　中国红十字会总会在湖北省英山县举办红十字专兼职干部能力建设培训班，近 40 名英山县红十字会系统专兼职干部参加培训。总会举办此次培训班，旨在进一步提升英山县红十字会系统专兼职干部的综合能力，促进英山县红十字事业发展，充分发挥红十字会在当地经济社会发展中的重要作用，希望参训学员珍惜学习机会，全面提高自身综合素质和能力，推动英山县红十字会工作再上新台阶。

12 月 5 日　红十字会与红新月会国际联合会副主席、中国红十字会会长陈竺在瑞士日内瓦出席第 22 届红十字会与红新月会国际联合会大会“科克斯巴扎尔人口迁移行动”边会，并就孟加拉国科克斯巴扎尔人口迁移行动发言。

陈竺指出，位于孟加拉国科克斯巴扎尔的安置营正在经历前所未有的人道危机。过去两年多来，红十字与红新月运动成员为这里的人们提供了大量的人道援助。然而，这里的易受损社群仍然面临自然灾害、卫生健康等诸多新的风险，这一区域的脆弱性还在加剧，给孟加拉、缅甸两国也带来巨大负担。

陈竺呼吁红十字与红新月运动成员集中力量、协同行动，与孟加拉红新月会一起为科克斯巴扎尔安置营持续提供人道援助。他强调各国红会要在本国加强人道倡导，唤起更多对科克斯巴扎尔易受损社群境况及需求的关注与行动。

国际联合会主席弗兰西斯科·罗卡、秘书长阿西及相关国家红会代表出席边会并发言。据悉，科克斯巴扎尔位于孟加拉国东南部。2017 年 8 月，70 多万原先居住在缅甸若开邦的民众来此寻求避难，目前避难者人数已达 130 万。

12 月 6 日　红十字会与红新月会国际联合会副主席、中国红十字会会长陈竺在瑞士日内瓦会见国际联合会主席弗兰西斯科·罗卡。双方围绕红十字人道教育、国际人才交流、对叙利亚等地人道援助等相关议题交换了意见。

陈竺指出，在国际联合会大力支持下，中国红十字会积极推进人道教育事业，红十字国际学院成立以来，成功举办了青年骨干培训班、国际交流合作研讨会等，获得各方高度评价。今后，红十字国际学院还将发挥合作与交流的平台作用，推动国际红十字运动成员的合作与发展，促进区域及全球人道资源共享。

陈竺表示，在中国政府的支持下，中国红十字会将继续为需要帮助的国家提供人道援助。2018 年，中国红十字会向叙利亚捐赠大型多功能移动医疗单元，设置于阿尔霍尔营地的医疗单元持续为当地民众提供医疗服务，至今已为 350 人提供 X 光服务，为 1650 人提供外伤处理，为 700 人提供检验化验服务，受益总人数超 2000 人。

罗卡高度赞赏中国红十字会对叙利亚开展的医疗援助工作，并对陈竺和中国红十字会在推动人道教育与交流合作、开展国际人道援助等领域做出的努力表示感谢，希望中国红十字会今后在参与国际事务、推动人道合作与交流等方面做出更大贡献。

12 月 7 日　红十字会与红新月会国际联合会副主席、中国红十字会会长陈竺在瑞士日内瓦会见国际联合会秘书长阿西。双方围绕《2030战略》、国际人才交流、国际人道援助等相关议题交换了意见。

陈竺对联合会大会的成功举办及大会通过《2030战略》表示祝贺，高度赞赏阿西领导下的秘书处为大会成功举办付出的努力，对秘书处首次将中文纳入今年红十字法定会议工作语言给予的支持表示感谢。他表示将认真履行国际联合会副主席的职责，根据《2030战略》指导国际联合会开展好今后一个阶段工作，并带领中国红十字会为红十字与红新月运动做出新的贡献。

陈竺指出，在阿西支持下，中国红十字会与国际联合会人才交流工作取得重要进展，希望双方搭建稳定持续的人才交流机制，为红十字与红新月运动及国际人道事业培养更多优秀人才。

阿西感谢陈竺为推动人道交流与合作所付出的大量努力，高度赞赏陈竺和中国红十字会在推进国际人道援助方面取得的成就。他指出，近年来，中国红十字会在阿富汗开展先心病患儿救助工作，拯救了许多儿童的生命。2018年，中国红十字会向叙利亚和伊拉克捐赠大型移动医疗单元，在当地缺医少药的情况下发挥了积极作用。中国红十字会开展的“博爱单车”项目为支持一些国家和地区红十字志愿者扩大服务范围提供了重要支持。他希望中国红十字会未来在参与国际人道事务、推动国际人道交流与合作方面做出更大贡献。

12月9日 红十字国际学院教材编写座谈会在北京召开。中国红十字会原会长、中国红十字基金会名誉会长彭珮云出席座谈会，并为学院聘请的第二批专家咨询委员会委员颁发聘书。座谈会由中国红十字会副会长、中国红基会常务副理事长兼秘书长孙硕鹏主持。中国红基会理事长郭长江，红十字国际学院院长王汝鹏，中国人口福利基金会理事长郝林娜，苏州大学副校长、红十字国际学院执行院长杨一心，南都公益基金会理事长徐永光等出席会议。

彭珮云在讲话中首先对红十字国际学院成立及取得的良好开局表示祝贺。她说，红十字国际学院承担了红十字运动理论研究、人才培养、文化传播、国际交流合作等任务，使命光荣，责任重大。要建设一个有活力、有实力、有凝聚力和公信力的从事人道工作的社会团体，迫切需要加强理论研究和人才培养。学院制定的教材编写规划，首先要集中力量编写好《中国特色红十字事业概论》这本书，阐述清楚中国特色红十字事业的基本内涵、主要特征、基本理论、基本原则、基本经验和基本制度，在此基础上逐步形成一整套方向明确、观点正确且适用的教材体系。

彭珮云（前排右三）出席红十字国际学院教材编写座谈会

彭珮云强调，要坚持以习近平新时代中国特色社会主义思想为指导，这是引领新时代我国各项事业的强大思想武器和行动指南。要系统总结我国红十字事业取得的成就和经验，清醒地认识和解决面临的问题，为形成中国特色红十字事业基本理论奠定坚实基础。

座谈会上，红十字国际学院副院长刘选国介绍了教材编写计划和目前的工作进展情况，王汝鹏介绍了《中国特色红十字事业概论》编写大纲。与会人士就《中国特色红十字事业概论》的编写展开了热烈讨论，对教材编写计划发表了意见和建议。

据介绍，红十字国际学院专家咨询委员会于今年10月31日在苏州成立并召开了第一次会议，首批聘请了国内外53位人道公益领域的专家教授和资深实务工作者为委员。第二批增聘了江亦曼、郝林娜、徐永光、汤敏、韩陆、洪俊岭、吴苾雯、邓国胜、李然、程刚等10名委员。

12月9日 第33届红十字与红新月国际大会在日内瓦开幕。红十字会与红新月会国际联合会副主席、中国红十字会会长陈竺，中国常驻联合国日内瓦办事处和瑞士其他国际组织代表团特命全权大使陈旭，中国红十字会常务副会长梁惠玲、副会长于福龙及中国代表团全体团员出席大会开幕式。

陈竺在接受采访时表示，国际红十字与红新月运动对中国红十字会寄予厚望，期待中国红十字会提供更多成功经验。中国红十字会在国内的工作围绕国家发展大局展开，为国际同行提供了许多值得借鉴的经验。在9日举行的亚太地区国家红会会议上，与会国家红会希望中国红

陈竺（中）出席大会开幕式

十字会进一步发挥领导力，为地区各国红会注入新的力量。中国红十字会代表团在发扬自身优势、积极参加大会各项议程的同时，也在与各方交流中学到其他国家红会的最佳实践经验。

陈竺强调，人道主义其实也是人类命运共同体的核心价值所在，中国红十字会的工作重心是为国内的困难人群服务，同时关注世界其他地方人们的疾苦并尽可能为他们送去温暖和帮助。

红十字与红新月国际大会4年召开一次，《日内瓦公约》缔约国政府和国际红十字与红新月运动代表共同参会，讨论各方关注的国际人道事务并形成决议。本届国际大会以“今日行动，塑造未来”为主题，共设置“加强并尊重国际人道法”“变化中的脆弱性”和“人道行动中的信任”三大议题。

12月10日 中国红十字会常务副会长梁惠玲在瑞士日内瓦会见红十字会与红新月会国际联合会主席弗兰西斯科·罗卡。双方就应急救护、人道教育、改革创新与推动区域发展及人员借调等议题交换了意见。

梁惠玲对第22届国际联合会大会、运动代表会议的成功召开向罗卡表示祝贺，感谢罗卡和国际联合会对中国红十字会工作的支持和帮助。她表示，中国红十字国际学院在苏州大学成立并成功举办了人道交流合作研讨班，十几个国家红会交流了人道工作经验，未来还将建立国际人道主义研究中心等，以进一步加强运动理论研究。今年9月，中国红十字会获得首个由国际联合会全球急救资源中心颁发的国际急救认证，提升了应急救护培训的国际化、规范化、标准化水平，目前已在各级红十字会按照国际联合会认证标准实施。另外，中国红十字会也希望与国际联合会在红十字青少年、志愿服务、组织发展、人道传播等方面深化交流与合作。

罗卡感谢中国红十字会对国际联合会工作的支持与贡献，祝贺中国红十字会获得国际联合会全球急救中心颁发的首个国际急救认证，希望中国红十字会与国际联合会合作建立急救资源中心。他表示，近年来，中国红十字会在推动区域交流合作、开展国际人道援助、推动人道主义教育等方面成就斐然。希望中国红十字会在深化改革创新中进一步增强实力，在推动区域发展、参与国际人道事务方面做出更大贡献。

12 月 11 日 中国红十字会常务副会长梁惠玲在瑞士日内瓦会见红十字国际委员会主席彼得·莫雷尔。

梁惠玲（右二）会见彼得·莫雷尔

梁惠玲表示，莫雷尔和国际委员会一贯重视与中国的合作，并积极支持中国红十字会的倡议和理念。近年来，国际委员会与中国红十字会在国际人道法传播、国际人道援助、应急救援等方面开展务实合作，取得了实质性进展及丰硕成果。近年来，中国红十字会响应国家“一带一路”倡议，在巴基斯坦、叙利亚、伊拉克等 26 个沿线国家开展了一系列人道援助项目，促进了民心相通。今年，中国红十字会在苏州成立全球首个红十字国际学院，将打造成为红十字文化传播、理论研究、人才培训的基地。红十字国际学院将设立国际人道法研究中心，持续开展国际人道法研究与传播。中国红十字会非常期待未来继续加强在人道教育与传播方面的交流与合作。

莫雷尔感谢中国红十字会对国际委员会的支持。他表示在双方共同努力下，相关合作领域均取得积极进展。国际委员会对与中国红十字会一起在“一带一路”沿线国家开展人道行动充满期待，也希望中国红十字国际学院在运动人才培养与理论研究方面发挥积极作用。

12月11日至12日 红十字会与红新月会国际联合会副主席、中国红十字会会长陈竺在孟加拉国访问期间，走访了孟红新月会以及位于科克斯巴扎尔地区的由缅甸进入孟加拉国避难的民众安置营。

11日，陈竺走访中国红十字会援建的中孟博爱血液透析中心，会见孟红新月会主席马宗达、副主席米拉特。陈竺说，希望孟红新月会继续加强在国际联合会协调机制下的人道领域合作交流，希望中孟携手为国际红十字与红新月运动做出更大贡献。

12日，陈竺走访位于科克斯巴扎尔地区的安置营，考察安置营内的供水点、临时医院、供气站的运行情况，询问安置营内避难民众的需求并向部分民众发放救济物资。在接受新华社记者采访时，他代表国际联合会感谢孟红新月会为安置营内避难民众提供医疗、公共卫生方面的大力支持。他表示，希望能够把大家的力量聚集到一起，为避难民众提供更好的服务。

12月12日 第33届红十字与红新月国际大会在瑞士日内瓦闭幕。中国政府及中国红十字会代表团成员出席会议闭幕式。

来自168个国家的政府代表与187个国家红十字会或红新月会代表共2000余人出席了国际大会。此次国际大会的主题是“今日行动，塑造未来”，大会核心目标为探讨如何改善受到武装冲突、自然灾害及其他紧急情况影响的人们的生活境况。大会通过了有关国际人道法、心理健康、重建家庭联系、气候变化、流行病防治、女性领导力及“今日行动　塑造未来”等决议，选举产生了新一届红十字红新月常设委员会。

红十字会与红新月会国际联合会主席弗兰西斯科·罗卡表示，参会代表们积极参与大会，并就各项决议达成了共识，下一步国际联合会将支持国家红会履行职责，通过倡导本土化来确保这些决议得到实施。红十字国际委员会主席彼得·莫雷尔表示，国际大会为各国政府与国家红会共同探讨人道议题提供了良好的平台，很高兴看到各国政府和红十字与红新月运动携手致力于解决新的人道挑战。

大会期间，中国代表团认真参与大会一般性辩论、决议磋商等各项议程，围绕人道教育、应急救护、志愿服务、国际人道援助、重建家庭联系等议题积极发言。中国红十字会代表团在大会间隙积极开展双边会见与交流，与国际联合会、国际委员会高层领导进行会晤，就未来在人道领域进一步深化合作达成多项共识；与蒙古、越南、朝鲜、印度、俄罗斯、以色列、刚果、老挝、罗马尼亚、海地等国家红会代表进行双边会谈，增进了相互了解，促进了互信合作。同时，中国红十字会代表团在国际大会设立的“人道主义村”中设置中国红十字会主题展台，通过播放形象视频、展示讲解等形式向参会代表宣传中国红十字会在国内外开展的人道主义工作。

12 月 13 日　红十字会与红新月会国际联合会副主席、中国红十字会会长陈竺应缅甸红十字会邀请访问缅甸，在仰光会见了若开邦人道援助、安置与发展联合委员会首席协调员昂吞德及仰光省政府若开民族事务部部长佐埃貌，双方就若开邦问题进行深入交流。当日，陈竺与缅甸红十字会代理会长丁纽举行会谈。陈竺在会谈中肯定了缅甸红十字会在灾害救援、健康服务、道路交通、社区发展、红十字青少年队伍建设等方面取得的成绩。他表示，中国红十字会将继续支持缅方开展社区为本的卫生项目，并将根据缅方实际需求提供更多援助。丁纽介绍了缅甸红十字会及其在若开邦开展的移动健康诊所等相关工作，并表示希望缅中两国红十字会进一步加强合作。

12 月 16 日至 18 日　中国红十字会常务副会长梁惠玲率团对韩国红十字会进行友好访问。访问期间，梁惠玲在首尔与韩国红十字会会长朴庚绪举行会谈，听取了韩国红十字会情况介绍，并介绍了中国红十字会有关情况。双方签署了中韩两国红十字会合作备忘录，就共同关心的问

梁惠玲（右）、朴庚绪代表双方签署合作备忘录

题进行了深入交流。双方表示，中韩两国红十字会将进一步发展和增强合作伙伴关系，建立高层互访机制，开展业务合作和红十字青少年交流，鼓励分会之间加强沟通交流，提高两会服务弱势群体的能力。

梁惠玲一行还实地考察了首尔分会灾难安全中心、西部志愿服务中心，仁川分会总部、社会福利中心，韩国红十字会中央血液院、中央血液检查中心，以及首尔红十字医院等，深入了解韩国红十字会在灾害救援、志愿服务、资源动员、红十字青少年队伍建设等方面取得的成绩和经验。

12 月 17 日 全国人大常委会副委员长、中国红十字会会长陈竺赴国家级贫困县海南省临高县慰问困难群众，为他们送去党和政府以及红十字会的关怀和温暖，拉开了 2020 年“红十字博爱送万家”活动序幕。

陈竺（中）在临高县铺仔村走访慰问困难户

在临高县和舍镇铺仔村，陈竺与当地群众、红十字志愿者亲切交谈，向捐赠物资的爱心企业和参与义诊的医护人员表示感谢。中国红十字会自 1999 年开始，已连续 20 年开展“红十字博爱送万家”活动，累计筹集价值 20 余亿元的款物，为全国 3000 余万名困难群众送去救助金和慰问物资，受到社会广泛欢迎和认可。

海南省副省长苻彩香、中国红十字会监事会副监事长李立东等参加活动。

12 月 17 日 界面新闻发布 2019 中国最透明慈善公益基金会排行榜，中国红十字基金会与其他 4 家基金会并列满分 100 分夺冠，荣获中国最透明慈善公益基金会称号。

12月17日 中国红十字会总会训练中心应邀赴澎湃新闻开展应急救护知识与技能培训，以提升新闻工作者的生命安全意识和自救互救能力。此次讲座包括理论讲授和实践操作两个环节，分别介绍了红十字运动基本知识和现场应急救护原则，讲解了心搏骤停、气道异物梗阻等紧急情况的处理方法，现场演示了心肺复苏操作方法，并就成人和婴幼儿气道异物梗阻的处理方法进行了模拟演示和互动练习。

12月19日至23日 中国红十字会常务副会长梁惠玲率团对日本红十字会进行了友好访问。访问期间，梁惠玲在东京会见了日本红十字会会长大塚义治，听取了日本红十字会工作情况介绍，并向日方介绍了中国红十字会有关情况。双方就共同关心的问题进行了深入交流，并表示将进一步加强中日两国红十字会交流合作，建立高层互访机制，鼓励分会之间交往，在备灾救灾、志愿服务、养老服务、人道资源动员、红十字青少年等方面加强交流分享，就共同关注的国际红十字与红新月运动重大问题保持密切沟通，为人道主义事业发展做出努力和贡献。

梁惠玲（前排右三）在东京会见了日本红十字会会长大塚义治

梁惠玲一行在东京实地考察了日本红十字会医疗中心、老年人和残疾人关爱中心、日本红十字会儿童之家，深入了解日本红十字会在应急救援、志愿服务等方面取得的成绩和经验。代表团还考察了位于神户的人与防灾未来中心，深入了解日本的地震、海啸等灾害应对机制及有关经验。

12 月 21 日　中华骨髓库专家委员会 2019 年工作会议在北京召开。中国红十字会副会长于福龙出席会议并讲话。

于福龙对中华骨髓库在 2019 年取得的成绩给予肯定，对各位专家表示诚挚谢意，并就中华骨髓库下一步工作提出 3 点要求：一是要统一思想、认清形势、开拓创新；二是要努力做好 2020—2024 五年规划和中长期规划；三是要加强宏观战略研究，未雨绸缪，不断增强骨髓库可持续发展能力。

与会专家结合管理中心和专家委员会年度工作总结及国外骨髓库发展情况，就专家委员会 2020 年工作计划、HLA 数据质控报告、优化检索配型、血小板库建设可行性、科研基础建设等议题，积极建言献策，踊跃交流讨论，并听取了中华骨髓库中长期规划课题项目情况介绍，认真填写了相关调查问卷。

12 月 23 日　上海、江苏、浙江、安徽 4 地红十字会共同签署《长三角红十字会系统区域合作框架协议》，宣告长三角红十字会系统区域合作工作拉开帷幕。

张青、陶竞、齐敦品、张浩亮（前排左起）代表 4 地红十字会签约

签约仪式上，上海市红十字会常务副会长张浩亮介绍了框架协议形成过程及主要内容。张浩亮和江苏省红十字会常务副会长齐敦品、浙江省红十字会常务副会长陶竞、安徽省红十字会常务副会长张青分别代表各省（市）红十字会在框架协议上签字。与会人员围绕推进长三角红十字系统区域合作工作进行了深入探讨。

会议强调，长三角地区是我国经济发展最活跃、开放程度最高、创新能力最强的区域之一，在国家现代化建设大局和全方位开放格局中具有举足轻重的战略地位。推动并实现长三角区域红十字会系统协调发展，是红十字会服务国家战略，履行围绕中心、服务大局的使命要求，是红十字会深化改革开放，破解发展难题，实现创新发展、协调发展、高质量发展的需要，面临着重大的战略机遇，具有非常广阔的空间和扎实的基础。

会议商定，长三角红十字工作区域合作，在目标上分为近期和远期：近期实现“三个先”，即信息先通、项目先联、机制先建；远期是发挥“三大效应”，即辐射效应、集聚效应和品牌效应。在内容上主要是搭建“四大平台”：红十字应急救援联动平台、学校红十字工作交流平台、红十字文化传播平台、红十字理论研究平台。在机制上将建立“四个机制”：联席会议机制、轮值主席机制、联络员机制及多层次协作机制。力争通过4年时间，实现长三角区域红十字会工作优势更优、短板补长，整体提高、协调发展的目标，为全国红十字事业发展提供可复制、可借鉴的经验，发挥引领示范作用。

12月28日　中国红十字基金会“关注慢病　健康中国——Power+中国餐后血糖优化管理项目”2019年总结会在昆明召开。

会上，项目优秀医生代表分享了使用项目平台的心得体会。针对餐后血糖的多维管理，专家纷纷表示餐后血糖的概念不断延展，“互联网+多方联动”的管理模式也日益完善，社会各层面应不断探寻最适合的诊疗方式，以帮助患者获得更好的全程管理，达到全面获益。

该项目由中华医学会糖尿病学分会教育管理学组提供学术指导，拜耳医药保健有限公司捐资支持。项目自2016年启动至今，依托互联网为医患提供多元化服务，为医生在糖尿病患者个体化管理中提供依据，为患者提供自我管理的科学指导，从而推动餐后血糖管理达标。

12月29日至30日　中国红十字会常务副会长梁惠玲一行赴江西开展“红十字博爱送万家”慰问活动，走访慰问革命老区困难群众，为他们送去党和政府及红十字会的关怀与温暖，并在吉安、南昌的城乡社区、学校和江西省红十字会进行工作调研，看望红十字会工作者、会员、志愿者，向大家致以新年问候和祝福。

梁惠玲指出，近年来，江西省红十字会在省委、省政府领导下，锐意进取，攻坚克难，红十字工作实现了新突破新发展。特别是推动出台《江西省红十字会条例》，成为全国第二个以条例形式颁布红十字会地方法规的省份。

梁惠玲（右）慰问困难群众

梁惠玲强调，2020 年是全面落实中国红十字会“十一大”部署的第一年，要开好局，起好步，各级红十字会要以习近平新时代中国特色社会主义思想为指导，认真贯彻党的十九届二中、三中、四中全会精神和习近平总书记关于红十字事业的重要指示精神，全面落实“十一大”确定的各项目标任务，要以为国奉献、为民造福为主题，以全面深化改革、推动高质量发展为主线，以重点领域、关键环节为突破，聚焦主责主业，聚力品牌项目，聚效社会认同，不断创新工作方式方法，切实解决红十字事业发展的重点难点问题，着力提升红十字会的凝聚力、影响力、公信力。

12 月 30 日 中国红十字基金会第四届理事会第八次会议在北京召开。中国红十字会副会长、中国红基会常务副理事长兼秘书长孙硕鹏出席会议，中国红基会理事长郭长江主持会议。

孙硕鹏做了题为《奋进新征程》的工作报告。2019 年，中国红基会深入开展“不忘初心、牢记使命”主题教育，党建和队伍建设不断加强，人道救助、人道服务等各项工作迈上新台阶，年度实现收入 7.21 亿元，募捐筹资创历史新高，公开透明度荣获中基透明指数“自律透明奖”，位列界面 2019 年中国最透明慈善基金会榜首，内部治理水平和公信力持续提升。

中国红基会副理事长刘选国做 2019 年度财务报告。截至 2019 年 12 月 25 日，中国红基会实现年收入 7.2 亿元，为常态年份最好水平；公益支出 6.62 亿元，比上年增长 14.06%。报告指出，在过去 3 年快速增长的情况下，2019 年，中国红基会的总资产、总收入、总支出继续保持了稳步增长的良好态势。

会议高度评价 2019 年中国红基会的工作，认为在经济下行压力加大、公益竞争主体增多的“新常态”下，中国红基会不忘初心，牢记使命，攻坚克难，锐意进取，取得了募捐筹资、公益产出和公开透明的三项突破，这一成绩来之不易。经过充分讨论，形成《中国红十字基金会第四届理事会第八次会议决议》。

12 月 30 日 中国红十字会总会事业发展中心工作人员一行赴河南省濮阳市，与市红十字会、华龙区民政局、瑞福祥养老院合作落实曜阳护理员关爱基金发放工作。

曜阳护理员关爱基金由中国红十字会总会事业发展中心与北京中腾兴曜科技有限公司、中国太平洋财产保险股份有限公司北京分公司共同发起设立，旨在为养老护理员群体提供基本保障。该基金于今年 9 月推出“曜阳保”资助方案，河南省作为第一批试点资助省份之一参与了方案调研及实施。截至目前，“曜阳保”已资助河南省养老护理员千余名，在全国资助养老护理员逾万名。

后　记

中国红十字会成立于1904年，历经晚清、中华民国、中华人民共和国三个历史时期，是近代以来历史最为悠久的社团。为弘扬红十字人道主义精神，全面展现中国红十字会一个世纪波澜壮阔的历史画卷，推动中国人道事业发展，加强国际间的民间交流与合作，红十字运动研究中心组织编写了我国第一部专门检索红十字运动历史和重大事件的工具书——《中国红十字历史编年，1904—2004》和其续编《中国红十字历史编年，2005—2009》《中国红十字历史编年，2010—2014》。为了使这部工具书具有连续性，我们续编了这部《中国红十字历史编年，2015—2019》，纪录过去5年来红十字会重大活动和与红十字会相关的历史事件。本书资料由邓通收集整理，池子华统一审阅定稿。

要说明的是，因篇幅所限，本书以总会为主，地方红会涉及较少。尽管如此，因资料有限，本书也不可能面面俱到，遗漏或错误之处在所难免，恳请读者批评指正。

编　者

2020年2月